Exklusivstories

Europäische Hochschulschriften
Publications Universitaires Européennes
European University Studies

Reihe II
Rechtswissenschaft

Série II Series II
Droit
Law

Bd./Vol. 3505

PETER LANG
Frankfurt am Main · Berlin · Bern · Bruxelles · New York · Oxford · Wien

Oliver Moosmann

Exklusivstories

Zur rechtlichen Problematik der Exklusivvermarktung von Lebensgeschichten und anderen persönlichkeitsrechtlich geschützten Informationen

PETER LANG
Europäischer Verlag der Wissenschaften

Die Deutsche Bibliothek - CIP-Einheitsaufnahme

Moosmann, Oliver:

Exklusivstories : zur rechtlichen Problematik der Exklusivvermarktung von Lebensgeschichten und anderen persönlichkeitsrechtlich geschützten Informationen / Oliver Moosmann. - Frankfurt am Main ; Berlin ; Bern ; Bruxelles ; New York ; Oxford ; Wien : Lang, 2002
(Europäische Hochschulschriften : Reihe 2, Rechtswissenschaft ; Bd. 3505)
Zugl.: Freiburg (Breisgau), Univ., Diss., 2002
ISBN 3-631-39730-5

Gedruckt mit Unterstützung der Dr.-Carl-Böse-Stiftung.

D 25
ISSN 0531-7312
ISBN 3-631-39730-5

www.peterlang.de

Für

Dr. Paul Knippers

***8.5.1973 †31.3.2002**

Inhaltsverzeichnis

2. Kapitel Rechtsnatur des Exklusivvertrages

3. Kapitel Grenzen des Exklusivvertrag nach § 138 I BGB

Vorbemerkung

"I am suing the ABC television network because they plan on doing a story of my life which is completely fictionalized unless there was somebody under the carpet or under the bed during my 50 years. No matter who portrays me, she will not be me; I will not be she. I am my own commodity. I am my own industry. The way I look, the way I sound, that is my industry and if somebody else portrays me and fictionalizes my life, it is taking away from me. Someday I will write my own autobiography, and perhaps film it, but that will be my choice. By doing this, ABC is taking away from my income. (...)

- Whose life is it anyway ?"[1]

(Elizabeth Taylor)

---

[1] Die Aussage Frau *Taylors* fiel im Oktober 1982 auf einer Pressekonferenz, die sie anläßlich ihrer Klageerhebung gegen den US-Fernsehsender ABC gab. Zitiert nach *Sobel*, Entertainment Law Reporter, August 1983, S. 3 f.

§ 1 Einführung in die Problemstellung

Es nimmt nicht wunder, daß in einer Gesellschaft, deren sinnstiftende Gemeinschaften stetig an Bedeutung verlieren und die deshalb vielfach mit dem Ausdruck der "Vermassung" gekennzeichnet wird, der Schutz der Persönlichkeit verstärkt in das Blickfeld der rechtswissenschaftlichen Debatte gerückt ist. Wo Familie, Nachbarschaft und Gemeinde ihre Relevanz einbüßen, wächst der Einfluß der Massenmedien. Sie sind es, die heute in zunehmendem Maße anstatt des unmittelbaren sozialen Umfeldes die Vermittlung von Wissen, Werten, Lebenserfahrung sowie gesellschaftlichen und moralischen Standards, aber auch die Befriedigung der Sensationslust und des Unterhaltungsbedürfnisses der Menschen übernehmen. Neuigkeiten über die Wohltaten, Fehltritte, Krisen und Krankheiten anderer Personen werden in weitreichender Weise nicht mehr mündlich und innerhalb eines überschaubaren Gemeinwesens ausgetauscht, sondern über Rundfunk, Printmedien und Internet an die Massen verbreitet. Interpersonelle Verständigung wird so mehr und mehr durch massenmediale Großkommunikation substituiert.[1] Gerade wenn es um spektakuläre und enthüllende Nachrichten geht, steht die wachsende Nachfrage des Publikums aber vielfach im scharfen Gegensatz zum Interesse des betroffenen Individuums, vor den neugierigen Augen der Öffentlichkeit geschützt zu werden. Man will nicht gern als Gegenstand eines Artikels oder Filmes erscheinen, sei es, daß über unerfreuliche Prozesse berichtet wird, in die man verwickelt ist, sei es, daß sonstige Informationen publik gemacht werden, die man lieber für sich behalten würde. Konflikte sind so vorprogrammiert.

Diese gesellschaftlich bedingte, besondere Gefahr für den Persönlichkeitsschutz wird durch die wirtschaftlich-technischen Umwälzungen in der Medienlandschaft noch erheblich verschärft. Bereits mit der Einführung des Privatfernsehens konnte im Rundfunkbereich die Tendenz einer zunehmenden Boulevardisierung der Medienkultur bei gleichzeitiger Abnahme des Respekts vor dem Privatbereich und der Intimsphäre anderer beobachtet werden.[2] Im Zuge der Digitalisierung des

---

[1] *Di Fabio* AfP 99, 126 f.; vgl. auch *Grimm*, in: DIE ZEIT v. 15.11.96 ("Weltverständnis, Sinngebung und Standards für Normalität werden weitgehend vom Fernsehen geprägt.") und *Luhmann*, Die Realität der Massenmedien, S. 9 ("Was wir über unsere Gesellschaft, ja über die Welt, in der wir leben, wissen, wissen wir durch die Massenmedien.").

[2] *Wanckel*, Persönlichkeitsschutz in der Informationsgesellschaft, S. 176. Die sich in einer "Abflachungsspirale" und einem "perfiden Voyeurismus" ausdrückenden "Verfallserscheinungen des

Fernsehens wird es nunmehr schon in naher Zukunft zu einer weiteren spürbaren Vermehrung der angebotenen Programme kommen.[3] Die bereits eingeführten Vollprogramme öffentlich-rechtlicher und privater Anbieter werden dann durch eine Vielzahl kommerzieller Spartenkanäle ergänzt, die sich – ähnlich der "special interest"-Titel auf dem Zeitschriftenmarkt – an spezielle Zielgruppen richten.[4] Der Konkurrenzdruck zwischen den Rundfunkanbietern – mit all seinen unerwünschten Nebenwirkungen – wird so erheblich ansteigen. Eine ähnliche Entwicklung kann auch für den Bereich der Printmedien verzeichnet werden: Hier hat sich zum einen die Zahl der erscheinenden Publikumstitel in den letzten Jahren geradezu explosionsartig vermehrt.[5] Zum anderen erwächst den sich auf dem Markt befindlichen Zeitschriften in den zahlreichen Internet-Magazinen ein neuer, bedrohlicher Gegner, der ihnen in zunehmendem Maße sowohl Leser als auch lebensnotwendige Werbeeinnahmen abspenstig macht.[6] Auch hier ist damit zu rechnen, daß die seit langem konstatierbare Bereitschaft, zum Zwecke der Auflagensteigerung und Gewinnmaximierung die auf dem Spiel stehenden persönlichen Interessen der Betroffenen hintanzustellen, angesichts der Verschärfung der Wettbewerbssituation, welche aus der enormen Verbreiterung des Medienangebotes erwächst, noch weiter ansteigen wird.[7] Denn Reality-TV und sensationell aufgemachtes Infotainment stößt zumeist auf breitere Resonanz als nüchterne Berichterstattung und sachliche Reportagen: "Das umworbene Publikum will eben mit stets neuem Klatsch und Tratsch, Leid und Sensationen gefüttert werden. Und es scheint dabei unersättlich

---

Journalismus" wurden auch vom damaligen Bundespräsidenten *Herzog* in einer Rede vor Medienvertretern angeprangert, Journalist 7/96, S. 55 ff.

[3] *Eberle* CR 96, 193 geht von bis zu 500 Kanälen aus.

[4] *Wanckel*, Persönlichkeitsschutz in der Informationsgesellschaft, S. 58 f.

[5] So wurden laut DER SPIEGEL 11/1999, S. 112, allein im Jahr 1998 470 neue Zeitschriften gegründet. Nach *Vogel*, Media Perspektiven 2000, 464 (467) hat sich die Zahl der Publikumszeitschriften zwischen 1985 und 2000 von 627 auf 1114 gesteigert.

[6] In Europa handelt es sich bei dem Großteil der im Internet angebotenen Zeitungen und Magazine noch um die – redaktionell zudem "abgespeckte" – elektronische Version der auf dem Printmarkt erscheinenden Ausgabe. In den USA sind jedoch bereits eigene Web-Magazine mit zum Teil beachtlichem Zulauf gegründet worden. So wies beispielsweise der Newskanal von AOL Mitte 1999 bereits 14 Mio. Besucher im Monat auf, siehe DER SPIEGEL 33/1999, S. 103. Neben den deutlich geringeren Produktionskosten – der Ankauf etlicher Tonnen Papier, das noch bedruckt, zerschnitten, gefaltet und in kleinen Portionen im ganzen Land verteilt werden muß, entfällt komplett – liegt der Vorteil dieser elektronischen Publikationen vor allem in ihrer Reaktionsgeschwindigkeit, die auch mit Nachrichtenkanälen wie CNN Schritt halten kann. So wird die Site der NEW YORK TIMES etwa alle zehn Minuten auf den neuesten Stand gebracht.

[7] Vgl. *Hübner*, Das Persönlichkeitsrecht im Spannungsfeld zwischen Informationsauftrag und Menschenwürde, S. 10; auch *Peglau* ZRP 98, 249 konstatiert, daß das Privatleben insbesondere prominenter Personen immer häufiger unter Verletzung ihrer Privatsphäre an die Öffentlichkeit gezerrt wird, und nimmt dies zum Anlaß, unter Hinweis auf die tragischen Umstände um den Tod der *Prinzessin von Wales* einen stärkeren strafrechtlichen Schutz der Persönlichkeit zu fordern.

zu sein."[8] Die größtenteils kommerziellen Medienanbieter, deren wirtschaftlicher Erfolg sich nach Reichweite, Auflagenzahlen und Marktanteilen bemißt, kommen diesen Wünsche ihrer Kunden nach "attraktiven" Themen und verstärkter Personalisierung[9] der Beiträge zum eigenen Nutzen nach. Sie machen gutes Geld damit, wobei angesichts des stets größer werdenden wirtschaftlichen Konkurrenzkampfes immer weniger Rücksicht auf hinderliche persönlichkeitsrechtliche Grenzen genommen werden kann.[10] Denn letztlich "richtet der Konsument, er ist der Herr der Einschaltquote, die Käufer votieren am Kiosk."[11]

Allerdings bereitet die Grenzziehung zwischen einer zulässigen Mediendarstellung und einer Persönlichkeitsverletzung des einzelnen Individuums häufig auch erhebliche Mühe. Das allgemeine Persönlichkeitsrecht, das zum Schutze der Dargestellten berufen ist, zeichnet sich gerade durch seine generalklauselartige Weite und Unbestimmtheit aus. Trotz einer geradezu überwältigenden Flut an Judikaten und der damit partiell eingetretenen Konkretisierung des Persönlichkeitsschutzes können die Beteiligten oftmals nur schwer vorhersagen, ob der urteilende Richter im Einzelfall auch tatsächlich auf eine Persönlichkeitsverletzung entscheiden würde.[12] Eine Ursache hierfür liegt darin begründet, daß die richterrechtlich entwikkelten Entscheidungskriterien mitunter nicht die Klarheit vermitteln, die notwendig wäre, um den Ausgang eines Rechtsstreits prognostizierbar und Grenzüberschreitungen somit weniger wahrscheinlich zu machen.[13] Gegenstand dieser Arbeit ist deshalb unter anderem der Versuch, die Gesichtspunkte, welche von der

---

[8] *Ulrike Kaiser*, Journalist 10/97, 13 (18).

[9] Beispielhaft hierfür der Diskussionsbeitrag des Präsidenten des Bayerischen Obersten Rechnungshofes *Walther Spaeth* im Rahmen der Verhandlungen des 58. DJT in München (1990), K 97: "Wir [vom Rechnungshof] stellen seit einiger Zeit fest, daß unsere Kritik in den Medien nur dann erscheint, wenn man personalisieren, also wenn man einen Behördenleiter oder Politiker, grob gesagt, in die Pfanne hauen will. Unsere sehr finanzträchtigen Untersuchungen, die für den Steuerzahler (...) sehr viel bringen, gehen weitgehend unter."

[10] Dies zeigt auch die signifikante Vermehrung presserechtlicher Verfahren vor den Gerichten, vgl. die Zahlen bei *Prinz* NJW 95, 817 (FN 12).

[11] *Di Fabio* AfP 99, 126 (127). Bezeichnend auch der Beitrag des Chefredakteurs der Münchener Abendzeitung *Zimmer*, in: Journalist 8/2000, S. 42: "Vernunft ist nicht die entscheidende Leitlinie journalistischen Handelns. Die wird bestimmt durch Auflagen- und Quotenzwang. Also drucken und lesen wir Exklusivberichte von gequälten Menschen und lächelnden Folterknechten. Und verlängern womöglich durch eine grausam-realistische Big-Brother-Variante des öffentlichen Terrors das Leiden der Opfer. Und welcher Chefredakteur würde und dürfte es wagen, das Foto einer sterbenden Geisel, den Filmbericht von der Beerdigung im Dschungel nicht zu drucken, nicht zu zeigen ?"

[12] Vgl. *Herrmann*, Verhandlungen des 58. DJT in München (1990), K 35: Nur wenige zivilrechtliche Problemlagen weisen eine solche Streubreite der Ergebnisse auf.

[13] Vgl. *Lerche*, FS Schweizer, S. 45 ff.; *ders.* AfP 76, 55; *Rehm* AfP 99, 416 f.

Rechtsprechung zur Auflösung des Konflikts zwischen dem Veröffentlichungsinteresse der Medien und dem Interesse der Betroffenen, in Ruhe gelassen zu werden, herangezogen werden, kritisch zu analysieren und, soweit angezeigt, alternative Lösungsansätze anzubieten. Das Augenmerk soll hier darauf gerichtet sein, möglichst handhabbare Kriterien zur Bestimmung der Grenze herauszuarbeiten, jenseits derer eine Publikation nur mit Einwilligung des Betroffenen zulässig ist. Dabei müssen auch die erwähnten Veränderungen im tatsächlichen Bereich mitberücksichtigt werden. Gewandelte Publikumsbedürfnisse, ständig steigender Wettbewerbsdruck und neuartige Informationserlangungs- und -verbreitungsmöglichkeiten haben zu einer Gefährdung der Persönlichkeit des einzelnen durch die Medien geführt, die in dieser Qualität vor zwanzig Jahren noch nicht bestand. Es ist Aufgabe der Rechtswissenschaft, den durch gesellschaftliche, technische oder wirtschaftliche Entwicklungen hervorgerufenen Veränderungen der Rechtswirklichkeit Rechnung zu tragen.[14] Dies gilt in besonderem Maße für das allgemeine Persönlichkeitsrecht, das gerade im Hinblick auf moderne Entwicklungen und die mit ihnen verbundenen Gefährdungen der menschlichen Persönlichkeit kreiert wurde.[15] Es wird daher zu prüfen sein, ob die – mitunter vor geraumer Zeit – von der Rechtsprechung herausgearbeiteten Entscheidungskriterien der veränderten Rechtswirklichkeit heute noch gerecht werden.

Die Medienüberflutung macht die Aufmerksamkeit des potentiellen Nutzers zum kostbaren Gut. Ob sie errungen werden kann, hängt gerade im Wettbewerb von Programm- und Sendeformen, die sich strukturell häufig kaum mehr voneinander unterscheiden, wesentlich davon ab, inwieweit es gelingt, einen noch spektakuläreren, auf- und erregenderen Beitrag zu präsentieren als die Konkurrenz. Infolge der erwähnten Pluralisierung der Medienträger gibt es jedoch mehr Medien, als Stoff vorhanden ist: "Die Branche sucht weniger nach Medien für die Inhalte als vielmehr nach Inhalten für die Medien – sie braucht *content provider*, wie es im Jargon heißt, 'Inhaltsbesorger'."[16] Es erweist sich hier als strategischer Marktvorteil, wenn man seine Informationen mit dem Gütesiegel der Exklusivität versehen kann und dem Publikum auf diese Weise einen Informationsvorsprung oder vielleicht sogar ein Informationsmonopol gegenüber der Konkurrenz zu signalisieren vermag.[17] "Der Wettlauf der Redaktionen um (...) exklusive Informationen und

---

14 *Kaufmann / Hassemer*, Einführung in die Rechtsphilosophie und Rechtstheorie der Gegenwart, S. 440; ebenso BGH ZUM 2000, 583 (587) - "Marlene Dietrich".

15 BVerfGE 54, 148 (153) - "Eppler"; 65, 1 (41) - "Volkszählung"; ZUM 2000, 149 (154) - "Caroline von Monaco".

16 *De Weck*, in: DIE ZEIT v. 29. 12. 1999, S. 1.

17 Freilich entspricht der erweckte Schein oftmals nicht der Wahrheit. So strahlen etwa die Sender RTL bzw. RTL 2 mehrmals wöchentlich ein Boulevardmagazin bzw. eine Reportagenserie unter

Bilder ist daher ein wesentlicher Teil ihrer Arbeit. Er wird nicht nur unter Publikationen der gleichen Sparte ausgetragen wie Zeitungen, Magazinen oder Rundfunkredaktionen untereinander, sondern quer durch die verschiedenen Sparten der Medien. Er ist auch nicht etwa auf die 'großen' Zeitungen, Zeitschriften oder Funkredaktionen beschränkt, sondern spielt sich auf lokaler Ebene gleichermaßen ab wie auf überregionaler."[18]

Exklusivität kann dabei erlangt werden durch aufwendige und originelle Recherchemethoden, anhand derer Informationen an den Tag gebracht werden, über welche die Konkurrenz (noch) nicht verfügt. Hier stellt sich oftmals die Frage nach den Recherchegrenzen: Aus dem von der Konkurrenz und der Redaktion auf den Reporter vor Ort erzeugten Erfolgsdruck, die "heiße Story" möglichst schnell und exklusiv zu liefern, entstehen leicht journalistische Fehlleistungen bis hin zu strafbaren Handlungen.[19] In diesen Fällen ergibt sich dann das Problem, ob bzw. unter welchen Umständen derartige Informationen überhaupt publiziert werden dürfen. Auch hierauf soll im Laufe der Arbeit eingegangen werden.

Wo der Mensch zunehmend zum Objekt kommerzieller Berichterstattung wird, kann ein Medienunternehmen den Verteilungskampf um Informationen aber auch für sich entscheiden, indem es den Informationsträger exklusiv an sich bindet und auf diese Weise seine Person und seine Geschichte dem freien Markt entzieht. Der Abschluß von Exklusivverträgen zwischen Zeitungsredaktionen und Erlebnisträgern ist dabei kein neuartiges Phänomen: So wurden bereits 1928 anläßlich der -

---

dem Titel "EXKLUSIV !" bzw. "exklusiv." aus, ohne daß es sich bei den gesendeten Beiträgen auch wirklich um exklusive Informationen im hier gemeinten Sinne handeln würde. Die Zeitschrift BUNTE wurde hingegen zu einer Geldentschädigung verurteilt, weil sie ein "Exklusivinterview" mit *Caroline von Monaco* abdruckte, obwohl ein entsprechendes Gespräch mit ihr nie stattgefunden hatte, BGHZ 128, 1 ff. - "Caroline von Monaco I"; vgl. auch schon BVerfGE 34, 269 ff. - "Soraya".

[18] *Soehring* RN 1.2.

[19] *Haller*, FS Engelschall, S. 233 (236 f.). Eines der prominentesten Beispiele derartiger Fehlleistungen sind wohl die Umstände um die Publikation der Barschel-Fotos: Im Jahr 1987 drang ein Reporter des STERN in das Genfer Hotelzimmer des ehemaligen Ministerpräsidenten *Uwe Barschel*, der zuvor Suizid begangen hatte, ein und machte 51 Fotografien von der in der Badewanne liegenden Leiche, von denen später ein Teil in der Presse veröffentlicht wurde. Er wurde dafür u.a. wegen Hausfriedensbruchs zu einer Gefängnisstrafe von drei Monaten auf Bewährung und einer Geldstrafe von 10.000 Schweizer Franken verurteilt, siehe Schweizerisches Bundesgericht NJW 94, 504.
Ausdruck dieser Entwicklung ist aber auch das heute schon fast allgegenwärtige Paparazzi-Unwesen, das nicht erst seit dem Unfalltod der *Prinzessin von Wales* im August 1997 in Paris zu einer anhaltenden öffentlichen Diskussion über den Schutz der Privatsphäre und die Aufgaben der Medien geführt hat.

Amerikafahrt des Luftschiffes "Graf Zeppelin" die Exklusivrechte für die Berichterstattung von der Luftreederei an interessierte Verlage veräußert, Mannschaft und Passagiere zum Schweigen verpflichtet und angereiste Journalisten mit dem Hinweis auf bestehende vertragliche Bindungen abgewiesen.[20] Im Gegensatz zu früher ist diese Erscheinungsform medialer Vermarktung heute jedoch äußerst frequent. Seit der Einführung des dualen Rundfunksystems und der daraus erwachsenen Konkurrenzsituation streben neben den Tageszeitungen und Illustrierten auch die Fernsehstationen danach, sich durch den Erwerb der Exklusivrechte an Interviews, Fotos und sonstigen Informationen eine günstige Wettbewerbsposition zu sichern. Aber auch Produzenten, die ein besonders reizvolles reales Ereignis bzw. ein Lebensbild verfilmen möchten, haben ein Interesse daran, sich die Exklusivrechte an der Story zu sichern, wenn sie verhindern wollen, daß ein anderer denselben Stoff zum Gegenstand eines Kino- oder TV-Filmes macht.[21] Die Exklusivvermarktung von Krankheitsgeschichten, Verbrechermemoiren, Geiseldramen, Prunkhochzeiten, "home-stories" oder intimen Geständnissen bekannter Persönlichkeiten gehört deshalb mittlerweile zum alltäglichen Geschäft der Informations- und Unterhaltungsindustrie.

Mit dem Verkauf der Exklusivrechte an einer Story, die ein großes Publikumsinteresse zu wecken verspricht, können beachtliche Summen verdient werden, wobei die Tendenz hier deutlich nach oben zeigt: Während beispielsweise das Magazin STERN die exklusiven Verwertungsrechte an der Lebensgeschichte der wegen Selbstjustiz verurteilten *Marianne Bachmeier* in den Jahren 1981/82 noch für

---

[20] *Prantl*, Journalistische Information, S. 118.

[21] Daß dies in der Praxis tatsächlich vorkommt, zeigt etwa der Fall des Mädchens Olivia: Die Umstände um das aus Österreich stammende, krebskranke Kind waren 1994 Gegenstand ausführlicher Medienberichterstattung, da ihre die Schulmedizin scheuenden Eltern ausschließlich auf die Dienste eines obskuren "Wunderheilers" vertrauten. Olivias Geschichte wurde von gleich zwei Produktionsfirmen zu Spielfilmen verarbeitet, die dann 1996 von SAT 1 bzw. RTL ausgestrahlt wurden. Hierzu näher *Eickmeier* ZUM 98, 1.

Auch der Fall der *Marianne Bachmeier*, die 1981 den Mörder ihrer siebenjährigen Tochter im Gerichtssaal erschoß, wurde zum Gegenstand zweier Filme gemacht, welche kurz nach der Aburteilung der Tat 1983 fast zeitgleich in den deutschen Kinos erschienen ("Der Fall Bachmeier – Keine Zeit für Tränen", *Hark Bohm*, BRD 1984; "Annas Mutter", *Burkhard Driest*, BRD 1983).

RTL wurde schließlich nach einem Bericht der FAZ vom 15.5.2001, S. 58, von den Anwälten des Journalisten *Peter F. Müller*, dessen Dokumentarfilm über den Fall des in den USA in einer Todeszelle sitzenden Deutschen *Dieter Riechmann* Anfang Mai 2001 in der ARD gesendet wurde, aufgefordert, die für selbigen Monat geplante Ausstrahlung des Spielfilms "Todesstrafe. Ein Deutscher hinter Gittern", der das Schicksal eines gewissen *Klaus Jansen* erzählt, zu unterlassen, da RTL mit dem Film in Wirklichkeit die Geschichte *Riechmanns* nachzeichne, ohne im Besitz der Stoffrechte zu sein.

100.000 DM erstehen konnte,[22] wurden der wegen Mordes an ihren beiden Kindern verurteilten *Monika Böttcher*, geschiedene *Weimar*, 1995 von dem meistbietenden Bewerber, dem Sender RTL, für eine Exklusiv-Reportage bereits 250.000 DM geboten.[23] Denselben Betrag brachten das Magazin FOCUS und der Sender SAT 1 für ein Exklusivinterview mit dem Immobilienkaufmann und Bankrottier *Jürgen Schneider* kurz nach seiner Festnahme in Florida 1995 auf. Die Rechte an der fortlaufenden Berichterstattung vor und während des zu erwartenden Prozesses, Akteneinsicht inklusive, wurden von seinem Anwalt dem STERN sogar zum Preis von 1 Million DM offeriert.[24] Trotz dieser Summen stellen derartige Ausgaben für die beteiligten Medien gute Investitionen dar: Durch die mit dem Glanz der Exklusivität erzeugte größere Publikumsnachfrage werden die höheren Aufwendungen zumindest bei den Printmedien häufig bereits wieder über die unmittelbaren Mehreinnahmen ausgeglichen.[25] Aus dem durch die Auflagen- bzw. Quotensteigerung geschaffenen attraktiven Werbeumfeld resultieren zudem weitere, indirekte Vermögensvorteile wie die Vermehrung oder Verteuerung der Werbezeitbuchung bzw. der Anzeigenschaltung. Exklusivverträge stellen so für beide Vertragspartner ein lukratives Geschäft dar.

Obwohl in der medienrechtlichen Praxis zahlreiche Exklusivverträge abgeschlossen werden und die damit einhergehenden Fragen wiederholt Gegenstand der Judikatur gewesen sind, wird im Schrifttum immer wieder beklagt, daß hier in recht-

---

22 *Wagner*, Strafprozeßführung über Medien, S. 18; 110 ff.

23 OLG Frankfurt ZUM-RD 98, 277 (283) - "STERN/Böttcher".

24 *Tillmanns*, FS Schweizer, S. 227 (232); vgl. hierzu auch *Hamm*, Große Strafprozesse, S. 24 ff; 115 ff. Die bislang unübertroffene "Spitzenposition" nimmt freilich der STERN ein, der für den Erwerb der vermeintlichen Hitler-Tagebücher über neun Millionen DM bezahlte, um sie exklusiv veröffentlichen zu können, siehe *Eberle*, Information als Ware ?, S. 1 ff. Einen der höchsten in der BRD für eine Exklusivstory bezahlten Beträge erzielte daneben der Journalist *Dieter Kronzucker* beim Verkauf der Exklusivrechte an der Entführungsgeschichte seiner Kinder – zur Finanzierung des Lösegeldes. Den Zuschlag erhielt hier die BUNTE für einen Kaufpreis von über zwei Millionen DM, siehe *Wagner*, Strafprozeßführung über die Medien, S. 18.

25 So soll etwa die Zeitschrift BUNTE mit der Exklusivberichterstattung von der Hochzeit des Rennfahrers *Michael Schumacher*, für die sie 500.000 DM hatte aufwenden müssen, eine Auflagensteigerung von 200.000 Heften und damit Mehreinnahmen von 800.000 DM erzielt haben, indirekte Vermögensvorteile wie die Bindung neuer Leser an das Blatt und die zukünftige Steigerung der Werbeeinnahmen durch eine erhöhte Auflage nicht mitgerechnet, siehe *Prinz* NJW 96, 953 (956).
Entsprechend stellte der STERN - Chefredakteur *Thomas Osterkorn* in einem Internetchat für die Namen der anonymen Spender im Falle des Altbundeskanzlers *Kohl* eine sechsstellige Summe in Aussicht – allerdings ohne durchschlagenden Erfolg, nachzulesen unter http://www.stern.de/politik/chat/archiv/5150_ 5403 .htlm.

licher Hinsicht in vielen Punkten weiterhin erhebliche Unsicherheiten bestehen:[26] Welche Rechtsposition erlangt ein Medienunternehmen, das mit einem Betroffenen eine Exklusivvereinbarung abschließt ? Inwieweit darf man über sein Persönlichkeitsrecht überhaupt verfügen ? Wie läßt sich die Vereinbarung von Exklusivhonoraren mit Strafprozeßbeteiligten mit dem Grundsatz des "fair trial" in Einklang bringen ? Was geschieht, wenn ein konkurrierendes Unternehmen ein Interview oder sonstige Informationen über den exklusivvertraglich Gebundenen veröffentlicht, ohne eine Vereinbarung mit dem exklusivberechtigten Medium getroffen zu haben ? Welche Normen sind in diesen Fällen heranzuziehen ? Auf all diese und weitere Fragen soll im Laufe der Abhandlung eingegangen werden.

§ 2 Die Lebens- und Charakterbilddarstellung und das Recht an der eigenen Story

Modernes Infotainment versucht soweit wie möglich zu personalisieren, d.h. Verständnis für komplizierte Zustände und Zusammenhänge durch deren Anbindung an die persönlichen Schicksale der dahinter stehenden Akteure zu vermitteln. Die Thematisierung eines Menschen als Gegenstand von Berichterstattung und Unterhaltung berührt dabei dessen sogenanntes "Recht am Lebens- und Charakterbild". Unter dem Lebensbild versteht man nach einer Definition von *Hubmann* "das Lebensschicksal einer Person, ihre Handlungen, Taten, Worte, kurz den gesamten Ablauf ihres äußeren Lebens mit den einzelnen Ereignissen, aus denen es sich zusammensetzt."[27] Es ist ein Bild vom Werden, Wirken und Wesen des Menschen, wie es sich aus seinem Verhalten und den äußeren Ereignissen und Zufällen des Lebens ergibt.[28] Erfaßt wird dabei keineswegs nur die Gesamtheit des Lebensablaufs. Das Lebensbild setzt sich vielmehr wie ein Mosaik aus einzelnen Tatsachen der Lebensgeschichte einer Person zusammen, so daß man, je nach Ausschnittsgröße, auch vom "kleinen Lebensbild"[29] sprechen kann. Die äußere Geschichte eines Menschen läßt freilich immer auch Rückschlüsse auf sein inneres Wesen, seine Persönlichkeit zu: Der Charakter eines Menschen spiegelt sich in seinen

---

[26] So etwa *Eickmeier* ZUM 98, 1 (8); *Schertz* ZUM 98, 757 (765); *Tillmanns*, FS Schweizer, S. 227 (252); *ders.* ZRP 99, 339 (342 f.); vgl. auch *Soehring* RN 7.55; *Gülbay*, FS Nordemann, S. 63 (64).

[27] UFITA 26 (1958), S. 19 (23 f.).

[28] *Ramelow*, Lebensbildschutz, S. 33; zum Begriff des Lebens- und Charakterbildes siehe auch MüKo-*Schwerdtner* § 12 RN 181 f.; *Osiander*, Das Recht am eigenen Bild, S. 113 ff.; *Baston-Vogt*, Der sachliche Schutzbereich, S. 370 ff., *Peifer*, Individualität im Zivilrecht, S. 219 ff., jew. m. w. Nachw.

[29] *Prantl*, Journalistische Information, S. 128.

Worten und Taten wider. Mit der Schilderung des externen Lebensablaufs geht deshalb fast zwangsläufig auch eine charakterliche Portraitierung der dargestellten Person einher. Lebens- und Charakterbildschutz sind daher eng miteinander verknüpft.

Wie der Name, das Erscheinungsbild und die Stimme ist auch die eigene Lebensgeschichte mit der Person aufs engste verflochten. In der Lehre wurde deshalb schon früh postuliert, daß das Lebensbild ebenso wie andere, die Person individualisierende Güter geschützt werden müsse.[30] Ausdrückliche höchstrichterliche Anerkennung erfuhr der Schutz des persönlichen Lebensbildes jedoch erst mit der "Lebach"-Entscheidung des BVerfG.[31] Danach garantiert der verfassungsrechtliche Persönlichkeitsschutz jedermann das Recht, grundsätzlich selbst und allein bestimmen zu können, ob und wieweit andere sein Lebensbild im ganzen oder bestimmte Vorgänge aus seinem Leben öffentlich darstellen dürfen. Dem einzelnen wird damit ein prinzipielles Recht an seiner Biographie eingeräumt. Er soll davor bewahrt werden, daß sein Lebensschicksal als ganzes oder eine bestimmte Episode aus seinem Leben eigenmächtig an die Öffentlichkeit gezerrt wird.

Dieser Grundsatz unterliegt aber gewissen Einschränkungen. Nicht jede öffentliche Personendarstellung, die ohne Einwilligung des Betroffenen erfolgt, verletzt diesen in seinem Recht am Lebensbild. Es entspricht der Natur menschlichen Zusammenlebens, daß der einzelne nicht die uneingeschränkte Achtung seiner Interessen für sich in Anspruch nehmen kann, sondern Rücksicht auf konfligierende Bedürfnisse der Allgemeinheit zu nehmen hat. Das Problem besteht dabei darin, zu bestimmen, unter welchen Umständen eine identifizierende Darstellung des Betroffenen zugunsten überwiegender Gemeininteressen auch ohne Absprache mit diesem zulässig ist bzw. wann und inwieweit von diesem gegenläufige "Rechte an der eigenen Story" vorgebracht werden können. Die Beantwortung dieser Frage hängt von zahlreichen Faktoren ab, deren Erörterung Gegenstand dieser Arbeit ist. Ein weichenstellender Gesichtspunkt ist dabei der Anlaß der Lebensschilderung: So macht es einen nicht unwesentlichen Unterschied, ob die Darstellung einer Lebensgeschichte bzw. eines Abschnittes daraus vor dem Hintergrund einer journalistischen Berichterstattung oder aus künstlerischen Motiven erfolgt.

---

[30] Nachweise bei *Hubmann*, Das Persönlichkeitsrecht, S. 231 ff.

[31] BVerfGE 35, 202 (220); Erwähnung fand das Recht am Lebens- und Charakterbild jedoch bereits in der Entscheidung BGHZ 26, 52 (67) - "Sherlock Holmes".

§ 3 Die Sonderstellung des Künstlers beim Persönlichkeitsschutz

Das Leben und Schicksal realer Personen ist seit jeher dankbares Objekt künstlerischen Schaffens. Kunstwerke aller Gattungen, von der Dichtung über die bildenden Künste bis hin zur Musik vermögen sich prinzipiell dem Werden und Wirken eines Menschen zu widmen. Besonders prädestiniert für die künstlerische Schilderung einer Lebensgeschichte oder eines Lebensabschnittes sind jedoch literarische Werke (Romane, Novellen, Erzählungen, Dramen, Biographien etc.) sowie Fernseh- und Kinofilme.

Die historischen Beispiele literarischer Verarbeitung realer Ereignisse und Personen sind Legion. Schon *Dante* ließ in seiner "Divina Commedia" zahlreiche namentlich genannte Honoratioren seiner Zeit in die Hölle fahren. *Schiller* wurde vom Kriminalfall um den Ebersbacher Sonnenwirt Friedrich Schwan zu seiner Novelle "Der Verbrecher aus verlorener Ehre – Eine wahre Geschichte." inspiriert. *Thomas Mann* versetzte mit seinen Schilderungen der Lübecker Gesellschaft in den "Buddenbrooks" dieselbe in helle Aufregung. Das von seinem Sohn *Klaus* verfasste Buch "Mephisto – Roman einer Karriere" beschäftigte gar die höchsten deutschen Gerichte.[32] Die Darstellung fremder Lebensbilder erfolgt in diesen Fällen typischerweise in der Form des sogenannten Schlüsselromans. Dabei handelt es sich um die mehr oder weniger schwer enträtselbare Verschleierung wahrer Begebenheiten und wirklicher Personen unter Verwendung entstellter oder erdichteter Namen. Der Terminus rührt daher, daß im 17. und 18. Jahrhundert, als diese Romanform weit verbreitet war, Schlüssel existierten, in denen nachgeschlagen werden konnte, welche realen Personen gemeint waren.[33]

Heute sind es in zunehmendem Maße die Fernsehsender, welche an der Nacherzählung menschlicher Lebensschicksale interessiert sind. Um dem stetig steigenden Konkurrenzdruck, dem sie ausgeliefert sind, gerecht zu werden, benötigen sie immer wieder neue und quotenträchtige Filmproduktionen. Die großen Kinofilme sind indes teuer und in ihrer Zahl limitiert. Mit ausländischen "B - Movies" kann ein Sender im alltäglichen Quotenkampf wiederum kaum mehr bestehen. Die Fruchtbarmachung dem realen Leben entnommener Stories erfreut sich daher zunehmender Beliebtheit. Sie erschließt den Produktionsfirmen und Drehbuchauto-

---

32 BGHZ 50, 133 ff.; BVerfGE 30, 173 ff. - "Mephisto".

33 *Ramelow*, Lebensbildschutz, S. 34. Schlüssel zu deutschen Romanen und Dramen finden sich noch bei *Schneider*, Die Schlüsselliteratur, Bd. 2. Ein prominentes Beispiel aktueller Schlüsseldichtung ist etwa *Martin Walsers* Roman "Finks Krieg", der eine hessische Staatsaffäre um einen leitenden Ministerialrat zum Gegenstand hat. Der Roman und sein Thema wurden unlängst von *Wahl* (NJW 99, 1920 ff.) eingehend gewürdigt.

ren eine schier unerschöpfliche Quelle verwertbarer Stoffe. Durch die Realitätsbezogenheit des Dargestellten wird zudem ein besonderer Reiz vermittelt: Die Nachzeichnung aufsehenerregender, in der Erinnerung haftengebliebener Verbrechen, Skandale und Unglücksfälle, das Durchleuchten der dahinterstehenden Ursachen, Triebe und Motive, die hautnahe Schilderung der involvierten Schicksale und des zwischen ihnen bestehenden Beziehungsgeflechts, sowie die schonungslose Offenlegung des angerichteten Leids stößt erfahrungsgemäß auf ein entsprechend hohes Publikumsinteresse. In den letzten Jahren haben sich deshalb die Fälle gehäuft, in denen spektakuläre Ereignisse bereits binnen kürzester Zeit zum Gegenstand eines Kino- oder Fernsehfilms gemacht wurden: So wurden etwa die Köpenickiade um die Hitler-Tagebücher ("Schtonk"), die Millionenpleite des Baulöwen *Jürgen Schneider* ("Peanuts – Die Bank zahlt alles") und die Jagd auf den erfindungsreichen Kaufhauserpresser *Funke* ("Das Phantom – Die Jagd auf Dagobert") schon wenige Monate nachdem sie sich ereignet hatten, verfilmt und im Kino bzw. im Fernsehen ausgestrahlt.[34]

Das Spektrum der möglichen Wiedergabeformen einer Story ist dabei breit. An Kategorien lassen sich insoweit unterscheiden:

• Die rein dokumentarische oder biographische Darstellung eines Ereignisses bzw. einer Lebensgeschichte anhand von Originalmaterial, unter Umständen komplettiert durch Interviews mit Zeitzeugen.[35]

• Die sich eng an die Wirklichkeit anlehnende, nach außen den Anspruch der Wahrheit erhebende Dramatisierung biographischen Materials. Im TV-Bereich hat sich hier in den letzten Jahren mit dem sog. Doku-Drama ein eigenständiges Darstellungsgenre entwickelt. Dem Zuseher wird dabei eine "mit dokumentarischer Akkuratesse" erstellte Bearbeitung geboten, "wahrhaftig bis ins Detail, trotzdem spannend wie ein erfundener Thriller"[36], bei der der recherchierte biographische

---

[34] Hierzu ausführlich *Eickmeier* ZUM 98, 1 ff.; *Jacobs*, FS Kreile, S. 307; *Unland*, Verfilmung, S. 12 m. w. Nachw. Die Geschichte "Dagoberts" wurde im September 1998 zudem auch als Buch (*Arno Funke*, Mein Leben als Dagobert) veröffentlicht.

[35] Die rein biographische oder dokumentarische Bearbeitung in diesem Sinne ist jedoch in aller Regel nicht als Kunstwerk i.S.d. Art. 5 III GG einzuordnen. Verfassungsrechtlicher Anknüpfungspunkt ist hier vielmehr – wie bei rein journalistischen Beiträgen – Art. 5 I 2 GG. Das BVerfG (E 35, 202, 244) hat sogar das Doku-Drama zum Soldatenmord in Lebach seinerzeit an Art. 5 I 2 GG gemessen und am Ende offen gelassen, ob "dem in Rede stehenden Dokumentarspiel (...) der Charakter eines Werkes der Kunst im Sinne des Art. 5 Abs. 3 GG zuerkannt werden könnte." Zur Abgrenzung von Art. 5 I GG und Art. 5 III GG siehe unten, § 7 A II 3.

[36] So die Werbung des TV-Senders SAT 1 für seine neunteilige Sendereihe mit dem Titel "Verbrechen, die Geschichte machten", deren Gegenstand u.a. der Lebacher Soldatenmord war, der bereits Anfang der 70er Jahre das BVerfG beschäftigt hat (E 35, 202 ff.). Auch gegen die Neuverfilmung wurden rechtliche Schritte eingeleitet. Dabei erachtete das Saarländische OLG

Stoff ganz oder wenigstens zum Teil durch nachgestellte und – im Rahmen einer gewissenhaften Tatsacheninterpretation – auch erfundene Szenen und Dialoge präsentiert wird.[37]

• Die von einem realen Fall ausgehende Bearbeitung, der frei erfundene Episoden hinzugefügt werden. Diese Werke werden im Amerikanischen zum Teil treffend als "factions" (ein Kunstwort aus "fact" und "fiction") bezeichnet. Die Spannbreite reicht hier von der nur teilweise mit Fiktionen angereicherten, erkennbar ein reales Ereignis nacherzählenden Darstellung bis hin zur zwar an eine wahre Geschichte anknüpfenden, diese jedoch ersichtlich verzerrenden, übertreibenden und verfremdenden Bearbeitung (z.B. die Satire).

Gerade in Filmproduktionen werden häufig Millionenwerte investiert. Das Schicksal einer Produktionsfirma kann am Erfolg oder Mißerfolg eines einzigen Filmes hängen. Für den Filmproduzenten, der einen Film über ein zeitgeschichtliches Ereignis erstellen will, ist es daher von existenzieller Bedeutung zu wissen, ob ihm aufgrund eines Unterlassungsantrags eines der Dargestellten ein gerichtliches Verbot der Vorführung des Filmes droht oder nicht. Um zu verhindern, daß ein einzelner in der Lage ist, das ganze Projekt zu torpedieren oder zumindest eine hohe Gegenleistung für die Nichtausübung eines ihm zustehenden Verbietungsrechts herauszupressen, muß der Produzent sich zuvor fragen, ob bzw. unter welchen Voraussetzungen den Dargestellten etwaige "Rechte an der Story" abgekauft werden müssen. Die Beantwortung dieser Frage soll ebenfalls Gegenstand der vorliegenden Arbeit sein. Die Problematik ist insoweit zwar grundsätzlich mit derjenigen im Bereich des Nachrichtenwesens vergleichbar. Allerdings wird die künstlerische Schilderung durch spezifische Gesetzmäßigkeiten und Zielsetzungen geprägt, die sie in fundamentaler Weise von der journalistischen Berichterstattung unterscheiden: Der journalistische Bericht bezweckt die Information der Bevölkerung durch die möglichst realitätsgetreue Wiedergabe tatsächlicher Zustände und Ereignisse. Er ist somit der Vermittlung objektiver Wahrheit verpflichtet. Diesem Anliegen will ein Kunstwerk nicht gerecht werden. Der Künstler hat keine wissenschaftlich nachprüfbare, allein an der realen Wirklichkeit orientierte Darstellung historischer Begebenheiten zum Ziel, sondern die wesenhafte und anschauliche Beschreibung seiner subjektiven Empfindungen. Er bietet eine eigene

(ZUM 98, 266 ff.) im Gegensatz zum OLG Koblenz (AfP 98, 328 ff.) die Ausstrahlung für zulässig. Auf die Verfassungsbeschwerde der Beteiligten hin hat sich das BVerfG dem Saarländischen OLG angeschlossen (AfP 2000, 160 ff. - "Lebach II"). Auch RTL hat Mitte 1998 mit der Ausstrahlung von "Doku-Dramen" begonnen. Titel der ersten Sendung: "Wettlauf mit dem Tod – Das Geiseldrama von Gladbeck".

37 Siehe *Magold*, Personenmerchandising, S. 364 ff. mit Beispielen aus dem US-amerikanischen Raum; *Unland*, Verfilmung, S. 7 ff.

Auslegung und Interpretation eines Sachverhaltes oder eines Lebensbildes, durch welche er dem Publikum seine persönlichen Eindrücke und Gedanken vermitteln will. Auch wenn er sein Werk eng an Vorgänge des realen Lebens anlehnt, kommt er im Gegensatz zum Journalisten doch nicht ohne dichterisches Beiwerk aus. Die Schilderung der handelnden Charaktere, die Rekonstruktion von Szenen und Gesprächen sowie die Veranschaulichung psychologischer Vorgänge verlangt von der künstlerischen Gestaltung eine sowohl unter zeitlichen als auch unter dramaturgischen Gesichtspunkten verdichtete und geraffte Nacherzählung.[38] Die künstlerische Darstellung unterliegt daher eigenen, von der journalistischen Berichterstattung grundverschiedenen, ästhetischen Anforderungen. Welche Auswirkungen diese – vom Verfassungsgeber anerkannten und ausdrücklich (Art. 5 III GG) unter Schutz gestellten – Eigengesetzlichkeiten der Kunst auf den Persönlichkeitsschutz der dargestellten Personen haben, soll im Verlauf der weiteren Untersuchung näher beleuchtet werden.

§ 4 Zum Begriff des medienrechtlichen Exklusivvertrages

Unter einem medienrechtlichen Exklusivvertrag wird herkömmlicherweise ein schuldrechtlicher Vertrag verstanden, durch den sich ein Vertragspartner verpflichtet, den in seiner alleinigen Verfügungsmacht stehenden Vertragsgegenstand ausschließlich dem anderen Vertragspartner zur – damit exklusiven – massenmedialen Verwertung zugänglich zu machen.[39] Die alleinige Verfügungsmacht kann sich dabei zum einen auf tatsächliche Umstände gründen. Dies ist etwa der Fall, wenn der Veräußerer als einziger Auskunft zu einem bestimmten Ereignis zu geben vermag. Die alleinige Verfügungsmacht kann daneben aber auch auf rechtlichen Umständen beruhen, wenn dem Vertragspartner das alleinige Entscheidungsrecht über die Veröffentlichung einer bestimmten Information zusteht. Unterscheiden lassen sich medienrechtliche Exklusivverträge zum einen nach dem Vertragsgegenstand (hierzu 1. Kapitel), zum anderen aber auch nach dem Vertragszweck:

Medienrechtliche Exklusivverträge werden regelmäßig in der Form von *Veröffentlichungsexklusivvereinbarungen* abgeschlossen. Dem Vertragspartner wird in diesem Fall die ausschließliche oder zumindest vorrangige Verwertung von Informationen und Materialien eingeräumt. Aufgrund des mit dieser faktischen Monopolstellung bewirkten publizistischen wie ökonomischen Wettbewerbsvorsprungs des

---

38 BVerfGE 35, 202 (229) - "Lebach".

39 *Krone* AfP 82, 196 (197); *Wenzel* RN 2.58.

Erwerbers kommt diesen Vereinbarungen große praktische Bedeutung zu.[40] *Informationsunterdrückungsverträge* haben demgegenüber zum Ziel, die Verbreitung bestimmter Informationen zu verhindern.[41] Der Informationsträger soll davon abgehalten werden, sein Wissen an die Öffentlichkeit zu bringen, er soll mit anderen Worten zum Schweigen gebracht werden. Derartige Verträge sind für die Medien freilich kaum von Interesse. Ihr Bestreben geht schließlich dahin, sich Inhalte und Stoffrechte gerade im Hinblick auf eine spätere Publikation zu sichern. Die Unterdrückungsvereinbarung verhindert zwar, daß die Konkurrenz auf die Information Zugriff zu nehmen vermag. Ein eigener publizistisch verwertbarer Vorteil wird dadurch jedoch nicht bewirkt. Praktische Bedeutung kommt diesen Vereinbarungen allerdings insoweit zu, als Dritte den Informationsträger davon abhalten können, sein Wissen an die Medien weiterzugeben oder es selbst zu publizieren. Gerade wenn es sich um bedeutende Geschehnisse handelt, stellt sich dann aber die Frage, ob die Monopolisierung dieser Informationen bzw. die Verstopfung der Informationsquelle aufgrund einer vertraglichen Vereinbarung unbeschränkt möglich ist. Darauf wird noch einzugehen sein (§ 14).

---

[40] *Urek*, Exklusivvereinbarungen, S. 17.

[41] Vgl. hierzu auch das obiter dictum in der "Lengede"-Entscheidung BGH GRUR 68, 209 f.

1. Kapitel Gegenstand des Exklusivvertrages

Medienrechtliche Exklusivverträge werden über Informationen und Inhalte ganz unterschiedlicher Natur abgeschlossen. Je nach Vertragsgegenstand kommt dabei ein anderes Rechtsregime zur Anwendung. Zu unterscheiden ist insbesondere zwischen Exklusivabreden über urheberrechtlich relevante und über sonstige Informationen.

§ 5 Exklusivverträge und Urheberrecht

Sofern eine journalistische oder künstlerische Darstellung dem Rechtsregime des Urheberrechts unterfällt, ergibt sich bereits qua ausdrücklicher legislativer Entscheidung, ob und inwieweit eine (exklusiv-)vertragliche Vereinbarung mit dem Urheber erforderlich bzw. zulässig ist: Gemäß § 12 I UrhG hat der Urheber das ausschließliche Bestimmungsrecht darüber, ob und in welcher Form sein Werk veröffentlicht werden darf. In Ausübung dieser Befugnis steht ihm nach Maßgabe der §§ 15 ff. UrhG sowohl das ausschließliche Recht zu, das Werk in körperlicher Form zu verwerten, als auch das Werk in unkörperlicher Form öffentlich wiederzugeben. Zu seinem ausschließlichen Nutzungsrecht gehört dabei insbesondere auch das Recht zur Vervielfältigung des Werkes einschließlich seiner Aufzeichnung auf Bild- und Tonträger (§ 16 UrhG) sowie das Recht, es durch Ton- oder Fernsehrundfunk der Öffentlichkeit zugänglich zu machen (§ 20 UrhG). Über diese ihm ausschließlich zustehenden Verwertungsrechte kann der Urheber des Werkes verfügen. Dabei kann er nach § 31 I 2 UrhG einem anderen mit dinglicher Wirkung das ausschließliche Nutzungsrecht an dem Werk einräumen. Ein solches exklusives Nutzungsrecht berechtigt den Erwerber dann dazu, das Werk unter Ausschluß aller anderen Personen – einschließlich des Urhebers selbst – auf die ihm vertraglich erlaubte Art zu nutzen (§ 31 III UrhG) sowie zur Abwehr von Verletzungshandlungen Dritter im eigenen Namen Klage zu erheben. Angesichts dieser ausdrücklich normierten, umfassenden Entscheidungsfreiheit des Urhebers, welche auch durch ein noch so herausragendes Allgemeininteresse an einer öffentlichen Verbreitung des Werkes nicht beschnitten wird,[42] bestehen bei urheberrechtlich relevanten Informationen an der uneingeschränkten Zulässigkeit von Veröffentlichungsexklusivverträgen wie Informationsunterdrückungsverträgen keine rechtlichen Zweifel. Dies zumal der Gesetzgeber bei der positivrechtlichen Ausgestaltung des Urheberrechts die über Art. 5 I GG zum Ausdruck kommenden Wertentscheidungen des Verfassungsgebers bereits berücksichtigt und im Interes-

---

[42] Vgl. BGHZ 28, 234 (238) - "Kleinzitat".

se einer schnellen und vollständigen Information der Öffentlichkeit über die §§ 48-50 UrhG eine Sozialbindung des Urheberrechts vorgenommen hat.[43]

Voraussetzung für das Eingreifen des urheberrechtlichen Regelungssystems ist freilich stets, daß es sich bei der in Rede stehenden Publikation um ein Werk im Sinne des Urhebergesetzes handelt. Kennzeichnend für ein urheberrechtliches Werk ist gemäß § 2 II UrhG die "persönliche geistige Schöpfung". Diese notwendige schöpferische Prägung weist eine journalistische oder künstlerische Darstellung auf, wenn sie durch ihren Inhalt oder durch ihre Form oder durch die Verbindung von Inhalt und Form etwas Eigentümliches und Individuelles zum Ausdruck bringt.[44] Bei Darstellungen, die ein reales Ereignis (etwa ein spektakuläres Verbrechen oder einen erschütternden Unglücksfall) bzw. die Lebensgeschichte oder einen besonders interessanten Ausschnitt aus dem Leben einer schillernden Persönlichkeiten zum Gegenstand haben, muß insoweit strikt zwischen dem Inhalt und der Form der Schilderung unterschieden werden. Denn da der erforderliche geistig-schöpferische Gehalt in diesem Fall nur in der konkreten Art der Sammlung, Einteilung, Anordnung und sprachlichen Wiedergabe des vorgegebenen Stoffs liegen kann, vermag die Veröffentlichung urheberrechtlichen Schutz auch nur hinsichtlich ihrer formalen Gestaltung für sich in Anspruch zu nehmen.[45] Die historischen Fakten, auf denen das Werk basiert und die nicht auf der schöpferischen Phantasie des Urhebers beruhen, sind dagegen nicht urheberrechtsfähig.[46] Tatsächliche Geschehensabläufe sowie persönliche Umstände und Erlebnisse können daher von jedermann benutzt und zum Gegenstand einer journalistischen oder künstlerischen Darstellung gemacht werden, unabhängig davon, ob die in Rede stehenden Informationen bereits von einem anderen zu einem urheberrechtlich geschützten Werk verarbeitet wurden.[47] Eine Verletzung urheberrechtlicher Belange kann hier nur dann vorliegen, wenn sich die Zweitversion die konkrete Art und Form der Stoffsammlung bzw. die Einteilung und Anordnung des dargebotenen Stoffs der Erstversion zu eigen macht, also etwa besondere Erzähltechniken (wie Rückblenden oder ähnliches) oder gleich ganze Textpassagen des Ursprungswerkes übernimmt.[48] Die dem Werk zugrunde liegenden tatsächlichen

---

43 *Fuhr* ZUM 88, 327 (328); *Krone* AfP 82, 196 (199).

44 Vgl. *Rehbinder*, Urheberrecht, RN 50.

45 Vgl. OLG München ZUM 95, 427 (428 f.) - "Ich will doch nur, daß ihr mich liebt".

46 Treffend *Rehbinder*, Urheberrecht, RN 52: "Das gelebte Leben (..), mag es auch wie ein Roman sein oder durch bewußte Lebensführung gestaltet worden sein, ist kein Werk."

47 Vgl. *Schricker*, UrhG, § 24 RN 3; BGH GRUR 82, 37 (39) - "WK-Dokumentation".

48 OLG München ZUM 95, 427 (429) - "Ich will doch nur, daß ihr mich liebt".

Vorgänge und persönlichen Gegebenheiten sind dagegen gemeinfrei.[49] Denn "Gegenstand des Urheberrechts ist nicht der historische Sachverhalt, sondern nur die vom Urheber erbrachte Leistung."[50]

Gegen ein Medium, das ein reales Ereignis bzw. die Geschichte einer Person zum Gegenstand einer Publikation zu machen gedenkt, kann deshalb prinzipiell nicht mit den Mitteln des Urheberrechts vorgegangen werden. Die Aussage, daß niemand ein Urheberrecht an tatsächlichen Begebenheiten besitzt, bedeutet jedoch nicht, daß Publikationen, die derartige Begebenheiten zum Inhalte haben, gar keinen rechtlichen Grenzen unterworfen wären. Der Grundsatz der Gemeinfreiheit bedeutet vielmehr nur, daß aus urheberrechtlicher Sicht von dem publizierenden Medium keine Rechtevereinbarungen getroffen werden müssen. Andere gesetzliche, insbesondere persönlichkeitsrechtliche Vorschriften bleiben demgegenüber unberührt, was nicht zuletzt auch von § 49 II UrhG klargestellt wird. Sofern demnach – wie regelmäßig bei medienrechtlichen Exklusivverträgen der hier in Rede stehenden Art – nicht erst ein fertig geschaffenes, urheberrechtlich geschütztes Werk, sondern bereits das Material hierfür, also die persönlichen Daten, Erlebnisse und Erfahrungen der beteiligten Personen Gegenstand einer berichterstattenden oder künstlerischen Darstellung sein soll, bestimmt sich die Erforderlichkeit einer vertraglichen Vereinbarung mit den Betroffenen ebenso wie die Zulässigkeit und die Grenze einer etwaigen Exklusivitätsabrede nach den allgemeinen zivilrechtlichen Regeln.

§ 6 Exklusivverträge in der Sportberichterstattung

Exklusivverträge über tatsächliche Ereignisse erlangen in der medienrechtlichen Praxis die größte Bedeutung, wenn es um die Berichterstattung über sportliche Großveranstaltungen geht. Für den Erwerb der Senderechte an Formel 1-Rennen, Begegnungen der Fußballbundesliga, Welt- und Europameisterschaften, olympi-

---

[49] In der Rechtswirklichkeit scheint gleichwohl noch weithin der Irrglaube verbreitet zu sein, daß für die Publikation einer Lebensgeschichte bzw. eines realen Ereignisses Urheberrechte von den dargestellten Personen erworben werden müssen. So liest man etwa in einem Artikel der FAZ vom 17.2.2000, S. 55, in dem darüber berichtet wird, daß das ehemalige RAF-Mitglied *Inge Viett* gegen die Ausstrahlung des von *Volker Schlöndorff* inszenierten Films "Die Stille nach dem Schuß", der zu wesentlichen Teilen ihre Biographie wiedergibt, Klage zu erheben gedenkt, folgende Aussage: "Ob eine Person der Zeitgeschichte tatsächlich ein Urheberrecht auf die Ereignisses ihres Lebens geltend machen kann, werden nun also die Gerichte zu klären haben." Siehe hierzu auch *Eickmeier* ZUM 98, 1 (2); *Unland*, Verfilmung, S. 13 f.

[50] BGH, in: Schulze BGHZ 143 (3).

schen Spielen etc. werden nicht nur von den privaten Fernsehanbietern gewaltige Summen aufgebracht.[51] Die Übertragungsrechte an diesen sportlichen Großereignissen gehören mit zu dem wichtigsten Kapital, über das die TV-Anstalten verfügen. Sportberichte gelten seit jeher als Zuschauermagneten ersten Ranges, die nicht nur außenstehenden Unternehmen eine ausgezeichnete Werbeplattform bieten, sondern auch zur Imagepflege des übertragenden Senders selbst beitragen.[52] Demgemäß eröffnet der Erwerb der Exklusivrechte an herausragenden Sportwettbewerben gerade auch neuen Wettbewerbern eine reizvolle Möglichkeit, um sich einem größeren Publikum zu präsentieren und Werbung in eigener Sache zu betreiben.[53]

Auch bei den Vereinbarungen über Sportübertragungsrechte fällt der Vertragsgegenstand nicht in den Schutzbereich des Urheberrechts: Im Mittelpunkt von Sportwettkämpfen steht die körperliche Betätigung und athletische Leistung der beteiligten Akteure. Diesen fehlt jedoch in aller Regel der für den Werkcharakter notwendige schöpferische geistige Gehalt.[54] Ob und inwieweit hinsichtlich der Senderechte (exklusiv-)vertragliche Vereinbarungen mit den Veranstaltern erforderlich bzw. zulässig sind, beurteilt sich damit auch hier anhand der allgemeinen zivilrechtlichen Bestimmungen.[55] Allerdings bestehen zwischen der Exklusivübertragung von sportlichen Ereignissen und Exklusivstories über das Lebensbild bekannter Personen gewichtige Interessenunterschiede, weshalb die vielfältigen Überlegungen, welche insbesondere hinsichtlich der rechtlichen Grenzen der Exklusivberichterstattung im Sport im Schrifttum angestellt wurden,[56] nicht ohne weiteres auf den vorliegenden Untersuchungsgegenstand übertragen werden können:

Zum einen wirken sich Exklusivverträge im Sport in weniger weitreichender Weise auf die unmittelbaren *Informationsmöglichkeiten der Allgemeinheit* aus. Denn im allgemeinen werden Sportübertragungen, an denen Exklusivrechte bestehen,

---

[51] Allein für die Übertragungsrechte für alle nationalen und internationalen Spiele der deutschen Fußballklubs einschließlich der Spiele der Nationalmannschaft werden von den Fernsehsendern pro Saison annähernd eine Milliarde Mark bezahlt, siehe FAZ v. 9.10.2000, S. 41.

[52] *Diesbach*, Pay-TV oder Free-TV, S. 55.

[53] So verfolgte etwa der Sender TM3 mit dem Erwerb der Senderechte für die Champions League - Saison 1999/2000 gezielt die Strategie, seinen Bekanntheitsgrad zu steigern und sich von dem Image eines sog. "Frauenkanals" zu befreien, siehe FAZ v.12.9.2000, S. 43.

[54] Ausnahmen werden zwar in engen Grenzen diskutiert (etwa für Eistanz und Eiskunstlauf, siehe *Schricker*, UrhG, § 2 RN 87 und *Rehbinder*, Urheberrecht, RN 132), können hier aber vernachlässigt werden.

[55] Vgl. *Fuhr* ZUM 88, 327 (329); *Rehbinder* ZUM 89, 337 (338 f.).

[56] Zuletzt etwa *Diesbach*, Pay-TV oder Free-TV, S. 23 ff. m. w. Nachw.

einer mehrfachen Verwertung zugänglich gemacht. Dabei steht dem Erstverwerter das Recht zu, das Ereignis – regelmäßig im Rahmen einer Direktübertragung – noch vor der Konkurrenz auf seinem Kanal zu übertragen, während den Erwerbern des Zweit-, Dritt- oder Viertverwertungsrechts die Befugnis eingeräumt wird, über das Ereignis zeitversetzt und im Rahmen einer Nachbereitung zu berichten. Herausgebildet hat sich daneben auch die Alternative, daß dasselbe Ereignis zeitgleich von zwei Sendern übertragen wird, wobei eine TV-Anstalt ihren Bericht nur einem begrenzten Abonnentenkreis in verschlüsselter Form zugänglich macht.[57] Eine Begegnung der Fußballbundesliga kann so etwa sowohl im Pay-TV als auch im kostenfreien Fernsehen live und in voller Länge übertragen werden, anschließend von einem anderen Sender im Rahmen einer Gesamtdarstellung aller Spiele zusammengefaßt werden, um dann schließlich spätabends noch einmal vom Drittverwerter anläßlich einer Nachbetrachtung des Spieltages aufbereitet zu werden. Im Gegensatz zur Exklusivstory, die darauf angelegt ist, die Geschichte oder die Äußerung einer Person dergestalt zu kanalisieren, daß diese – zumindest in einer bestimmten, für den Konsumenten besonders attraktiven Darstellungsform (z.B. als ausführliches Originalinterview) – nur über ein Publikationsorgan[58] in Erfahrung gebracht werden kann, werden somit mehrere Anstalten in die Lage versetzt, dem Publikum das identische Material zu präsentieren. Es handelt sich hier mithin nicht um eine strenge Exklusivität in dem Sinne, daß der Konkurrenz eine bestimmte Informationsquelle überhaupt nicht zugänglich gemacht wird. Ihr wird vielmehr lediglich die Pflicht auferlegt, mit einem relativ geringen zeitlichen Abstand von der Veranstaltung zu berichten. Auf diese Weise ist sichergestellt, daß sich die Rezipienten über mehrere Quellen ein unmittelbares Bild von dem Ereignis machen können.[59]

Zum anderen werden auf seiten der *Rechtsinhaber* ganz unterschiedliche Interessen betroffen. Sportereignisse wenden sich von vornherein an die Öffentlichkeit. Auch wenn die Zahl der unmittelbaren Zuschauer aufgrund der begrenzten Kapazitäten des Ereignisortes limitiert ist, steht der Besuch der Veranstaltung doch

---

[57] Der Vorteil derartiger Pay-TV-Übertragungen besteht insbesondere darin, daß dem Abonnenten eine Auswahl aus mehreren Partien angeboten und in der Halbzeitpause keine Werbung ausgestrahlt wird. Der Sender Premiere World bietet zudem seit der Saison 2000/2001 eine sogenannte "Konferenzschaltung" an, bei der je nach Spielstand von einem Match zum anderen gewechselt wird.

[58] Da einige Verlage auch Fernsehsendungen (STERN-TV, SPIEGEL-TV, BRAVO-TV etc.) produzieren, werden die Verträge häufig so gestaltet, daß sich die Publikationsrechte sowohl auf das Print- als auch auf das TV-Medium beziehen, vgl. OLG Frankfurt ZUM-RD 98, 277 ff. - "STERN/ Böttcher".

[59] Vgl. *Sidler*, Exklusivberichterstattung über Sportveranstaltungen S. 155 ff.; *Diesbach*, Pay-TV oder Free-TV, S. 74 ff., 141; *Urek*, Exklusivvereinbarungen, S. 21 f.

prinzipiell jedermann offen. Durch die Ausstrahlung der Veranstaltung wird der bereits vorhandene Zuseherkreis lediglich weiter ausgedehnt. Die Vergabe der Senderechte durch den Ausrichter des Ereignisses erfolgt dabei in Ausübung seiner allgemeinen Veranstalterrechte (§ 1 UWG, § 823 BGB i.V.m. dem Recht am eingerichteten und ausgeübten Gewerbebetrieb, § 826 BGB, Hausrecht).[60] Berührt werden damit ausschließlich finanzielle Interessen.[61] Anders dagegen bei der Exklusivstory: Die Erfahrungen und Erlebnisse eines Menschen betreffen ganz unterschiedliche Lebensbereiche mit ganz unterschiedlichem Öffentlichkeitsbezug. Je nach vereinbartem Themengebiet können äußerst intime und geheime Informationen Vertragsgegenstand sein. Die Einwilligung in eine entsprechende öffentliche Darstellung erfolgt hier in Disposition über persönlichkeitsrechtliche Belange, so daß neben finanziellen vor allem auch gewichtige ideelle Interessen berührt werden.

Das Bestehen exklusivvertraglicher Bindungen ist schließlich – je nach Ereignis – für die *ausgeschlossenen Wettbewerber* von größerer Tragweite. Insbesondere bei herausragenden Spitzensportereignissen, die nicht in allwöchentlichem Turnus stattfinden und auf ein republikweites Zuschauerinteresse stoßen (z.B. die entscheidenden Turnierspiele der Fußballnationalmannschaft), ist im Grunde nur das Liveübertragungsrecht von nachhaltigem publizistischen Wert. Denn bereits mit dem Ende des Wettkampfes und der Kenntnis des Resultates nimmt das Publikumsinteresse an dem Ereignis rapide ab. Bei derartigen Sportveranstaltungen handelt es sich um schnell verderbliche Ware, deren Verfallsdatum oft schon binnen weniger Stunden erreicht ist.[62] Für die TV-Anstalten, welche hier von der Direktübertragung ausgeschlossen sind, ist die Möglichkeit der nachträglichen Berichterstattung über das Ereignis nur von bescheidenem praktischen Nutzen, da alle wesentlichen Informationen bereits übermittelt wurden. Bei Exklusivstories besteht dagegen in der Regel trotz des Bestehens exklusivvertraglicher Bindungen noch die Möglichkeit einer sinnvollen Berichterstattung. Denn den ausgeschlossenen Medien steht es hier zum einen offen, andere Facetten des Geschehnisses zu beleuchten: So können beispielsweise bei einem aufsehenerregenden Grubenunglück die konkurrierenden Publikationsorgane zwar keine Interviews mit den aufgrund eines Exklusivvertrages zum Schweigen verpflichteten Überlebenden führen, aber gleichwohl über das Unglück als solches einschließlich seiner Hinter-

---

60 Hierzu *Lerche/Ulmer*, Kurzberichterstattung, S. 77 ff.; *Fuhr* ZUM 88, 327 (329); *Sidler*, Exklusivberichterstattung über Sportveranstaltungen, S. 149.

61 Freilich können auf der Seite der *teilnehmenden Sportler* sowie unter Umständen auch der *beiwohnenden Zuschauer* persönlichkeitsrechtliche Belange, insbesondere das Recht am eigenen Bild, berührt sein, siehe *Dieckmann* UFITA 127 (1995), S. 35 ff.

62 *Kruse*, Sport-Kurzberichterstattung im Fernsehen, S. 70.

gründe und Konsequenzen berichten sowie Nachbarn oder Familienangehörige der Betroffenen befragen.[63] Zum anderen ziehen Unglücke, Verbrechen und ähnliche Ereignisse ein vergleichsweise langanhaltendes öffentliches Interesse nach sich, so daß auch eine zeitlich nachfolgende Publikation noch auf ein reges Publikumsinteresse zu stoßen vermag.

Für die Allgemeinheit ebenso wie für die Rechtsinhaber und die ausgeschlossenen Wettbewerber ist die Situation bei der exklusiven Sportberichterstattung somit nicht mit derjenigen bei Exklusivstories identisch. Ob, wie und in welchem Umfang (exklusiv-)vertragliche Vereinbarungen über die Geschichte und andere persönlichkeitsrechtlich geschützte Belange einer Person erforderlich bzw. zulässig sind, ist deshalb nach eigenen, die spezifische Interessenlage berücksichtigenden Regeln zu beurteilen.

§ 7 Exklusivverträge über persönlichkeitsrechtlich geschützte Informationen

Sofern die persönlichen Daten, Erfahrungen und Erlebnisse einer Person Gegenstand einer journalistischen oder künstlerischen Darstellung sein sollen, ergibt sich für die Medien die Erforderlichkeit, eine vertragliche Vereinbarung mit einer darzustellenden Persönlichkeit zu treffen, oftmals bereits aus der Tatsache, daß sie für einen geplanten Beitrag auf deren tatsächliches Zutun, also auf ihre Bereitschaft, Auskunft zu erteilen, sich zum Interview bereit zu stellen, Fotos anfertigen zu lassen oder Dokumente zu übergeben, angewiesen sind. In vielen Fällen werden die für eine beabsichtigte Publikation notwendigen Fakten und Materialien den Medien aber auch schon aufgrund eigener Recherche oder durch Zukauf von Dritten vorliegen. Ihr Abdruck bzw. ihre Ausstrahlung ist dann freilich nicht ohne weiteres möglich, mag es sich dabei auch um noch so spektakuläre und brisante Informationen handeln. Es liegt auf der Hand, daß die einer Veröffentlichung entgegenstehenden Belange der betroffenen Personen zu berücksichtigen sind. Vor diesem Hintergrund stellt sich für Redakteure, Produzenten und (Dreh-)Buchautoren in erster Linie die Frage, ob und inwieweit von Dritten Rechte an einer Geschichte oder an Teilen von ihr geltend gemacht werden können.[64]

---

[63] Vgl. BGH GRUR 68, 209 ff. - "Lengede" sowie die ausführliche Berichterstattung in DER SPIEGEL 46/1963, S. 23-43.

[64] Zu der Frage der rechtlichen Grenzen derartiger Vereinbarungen siehe unten, 3. Kapitel.

Der Konflikt zwischen den Beteiligten wird dabei vordergründig auf dem Feld des Zivilrechts ausgetragen: Vor einer Veröffentlichung besteht die Möglichkeit, in Analogie zu den Vorschriften der §§ 12, 862, 1004 BGB auf Unterlassung zu klagen, wobei der Anspruch zumeist im Verfahren der einstweiligen Verfügung gemäß §§ 935, 938 ZPO durchzusetzen sein wird.[65] Nach erfolgter Publikation ist dem Betroffenen, sofern die veröffentlichten Tatsachen wahrheitsgemäß waren, mit dem Berichtigungsanspruch (§ 823 I i.V.m. § 249 S.1 BGB) und regelmäßig auch mit dem presserechtlichen Gegendarstellungsanspruch (etwa § 11 I LPG Baden-Württemberg) nicht gedient. Somit verbleibt ihm nur der Geldentschädigungs- und Schadensersatzanspruch nach §§ 823 I, II BGB, 22 f. KUG.[66] Voraussetzung ist jedoch stets, daß durch die Veröffentlichung in rechtswidriger Weise ein deliktisches Schutzgut verletzt wird. Ob eine tatbestandsmäßige und rechtswidrige Verletzung vorliegt, ist dabei anhand einer umfassenden Güter- und Interessenabwägung zu ermitteln, bei der die kollidierenden, grundrechtlich geschützten Belange im Wege ihrer *mittelbaren Drittwirkung* zu berücksichtigen sind.[67] Auf der Ebene des einfachen Rechts sind hierbei die konfligierenden Rechtsgüter der Beteiligten im Sinne einer "praktischen Konkordanz" in Ausgleich zu bringen, damit beide "zu optimaler Wirkung gelangen".[68] Die deliktsrechtlichen Fragen sind im Ergebnis mithin vor dem Hintergrund eines Ausgleichs gegenläufiger verfassungsrechtlicher Gewährleistungen zu beantworten. Daher soll hier vorweg der normative Bezugsrahmen in seiner verfassungsrechtlichen Dimension skizziert werden, um dann aufzuzeigen, wo auf zivilrechtlicher Ebene die Grenzen auf dem Konfliktfeld zwischen Individual- und Medieninteressen konkret zu ziehen sind.

---

65 Zur Frage, wer als Anspruchsverpflichteter in Betracht kommt, siehe *Prinz/Peters* RN 310 ff.

66 Der BGH betont in seiner neueren Rechtsprechung, daß es sich beim Entschädigungsanspruch nicht um ein Schmerzensgeld i.S.v. § 847, sondern um einen eigenständigen, aus § 823 I BGB i.V.m. Artt. 2 I, 1 I GG herzuleitenden Rechtsbehelf handelt, BGH NJW 96, 984 (985) - "Caroline von Monaco II".

67 Seit BVerfGE 7, 198 (204 ff.) - "Lüth" ständige Rechtsprechung. Die Grundrechte verkörpern über ihre Abwehrfunktion gegen staatliche Beschränkungen hinaus auch eine objektive Wertordnung, die auf alle Bereiche des Rechts ausstrahlt und die insb. die wertausfüllungsbedürftigen Blankettnormen und Generalklauseln mit Leben erfüllt, siehe *Hesse*, Verfassungsrecht, RN 356 f.

68 *Hesse*, Verfassungsrecht, RN 317 f.

A. Der verfassungsrechtliche Bezugsrahmen

I. Gewährleistungen auf seiten des Betroffenen

1. Das allgemeine Persönlichkeitsrecht (Art. 2 I i.V.m. Art. 1 I GG)

a) Natürliche Personen

Wenn die Medien eine natürliche Person zum Gegenstand einer Story machen, steht dem Betroffenen in erster Linie das vom BGH[69] und BVerfG[70] als unbenanntes Freiheitsrecht aus Art. 2 I i.V.m. Art. 1 I GG hergeleitete allgemeine Persönlichkeitsrecht (aPR) zur Seite. Das aPR regelt, allgemein formuliert, das Verhältnis zwischen dem einzelnen und der Gesellschaft. Seine Ausgestaltung orientiert sich dabei an dem verfassungsrechtlichen Leitgedanken der Gemeinschaftsbezogenheit des Individuums. Aufgabe des Persönlichkeitsrechts ist es, "Elemente der Persönlichkeit zu gewährleisten, die nicht Gegenstand der besonderen Freiheitsgarantien des Grundgesetzes sind, diesen aber in ihrer konstituierenden Bedeutung für die Persönlichkeit nicht nachstehen."[71] Die nähere dogmatische Fundierung dieses Rechts durch die höchstrichterliche Rechtsprechung sowie seine historische Entwicklung soll hier nicht Gegenstand der Darstellung sein. Insoweit sei auf die zahlreichen Abhandlungen hierzu verwiesen.[72] Festzuhalten ist jedoch, daß die Existenz des allgemeinen Persönlichkeitsrechts als Grundrecht und "sonstiges Recht" i.S.d. § 823 I BGB in Rechtsprechung und Lehre heute allgemein anerkannt ist.

Eine inhaltliche Bestimmung des Begriffs der Persönlichkeit erweist sich als äußerst schwierig. Bereits *Hubmann* bemerkte hierzu: "Fragen wir uns, was wir darunter verstehen, so meinen wir es zu wissen, jeder hat eine dunkle Vorstellung davon; versucht man diese Vorstellung zu analysieren, so zerrinnt sie wie Nebel vor den Augen."[73] Diese Schwierigkeiten wirken bei der näheren Umschreibung des allgemeinen Persönlichkeitsrechts fort. So facettenreich die menschliche Existenz

---

69 Erstmals in BGHZ 13, 334 - "Leserbrief".

70 Erstmals in BVerfGE 34, 269 - "Soraya".

71 BVerfG ZUM 2000, 149 (154) - "Caroline von Monaco".

72 Aus jüngerer Zeit etwa *Baston-Vogt*, Der sachliche Schutzbereich, S. 11 ff. oder *Degenhart* JuS 92, 361 ff. (jeweils m. w. Nachw.); aus der Kommentarliteratur Erman-*Ehmann* Anh. § 12 RN 1 ff. MüKo-*Schwerdtner* § 12 RN 155 ff.; einen Überblick über die jüngere Rechtsprechung zum allgemeinen Persönlichkeitsrecht findet man bei *Wanckel*, Persönlichkeitsschutz in der Informationsgesellschaft, S. 105 ff.

73 *Hubmann*, Das Persönlichkeitsrecht, S. 3 f.

ist, so vielschichtig sind die Konfliktsituationen, zu deren Regelung das aPR berufen ist. Angesichts dessen überrascht es kaum, daß eine allgemeingültige, griffige Definition bislang nicht gelungen ist und wohl auch für die Zukunft nicht zu erwarten steht. Dieser Eigenart des Persönlichkeitsrechts entsprechend haben sich die Gerichte bei seiner Konkretisierung weniger um die begriffliche Prägung eines einheitlichen und abschließenden Tatbestandes als vielmehr um die Herausarbeitung verschiedener Schutzbereiche anhand einzelner Fälle bemüht. Als Schutzgüter des aPR werden von der Rechtsprechung[74] dabei anerkannt: Die persönliche Ehre, das Verfügungsrecht über die Darstellung der eigenen Person, die Intim-, Privat- und Geheimsphäre, das Recht am eigenen Bild und am gesprochenen Wort, das Recht, von der Unterschiebung nicht getaner Äußerungen verschont zu bleiben sowie das Recht auf informationelle Selbstbestimmung.[75] Hier soll nur kurz auf die im Rahmen dieser Arbeit relevanten Ausprägungen eingegangen werden.

aa) Das Verfügungsrecht über die Darstellung der eigenen Person

Unter dem Verfügungsrecht über die Darstellung der eigenen Person ist der in der Lebach-Entscheidung aufgestellte Grundsatz zu verstehen, daß "jedermann (..) grundsätzlich selbst und allein bestimmen [darf], ob und inwieweit andere sein Lebensbild[76] oder bestimmte Vorgänge aus seinem Leben öffentlich darstellen dürfen".[77] Damit wird eine prinzipiell umfassende Dispositionsbefugnis des einzelnen hinsichtlich der öffentlichen Erörterung ihn betreffender Vorgänge statuiert. Dieses "biographische Selbstbestimmungsrecht" wird dabei unabhängig davon tangiert, ob der Betroffene in Wort oder Bild portraitiert wird.[78] Sein Schutz

---

[74] Auch in der Literatur finden sich diverse Versuche, dem allgemeinen Persönlichkeitsrechts durch die Herausarbeitung unterschiedlicher Schutzbereiche zu mehr Struktur zu verhelfen. Beispielhaft sei hier auf die von *Wenzel* RN 5.16 ff., *Soehring* RN 19.1 ff. und *Ehmann* JuS 97, 193, (194 f.) erstellten Fallgruppen verwiesen. So sehr diese Typisierungen auch insgesamt zum besseren Verständnis der unterschiedlichen Gewährleistungen des allgemeinen Persönlichkeitsrechts beizutragen vermögen, so wenig können sie ihm doch eine klarere Struktur verleihen als die hier dargestellte Systematik des BVerfG.

[75] Diese Ausprägungen – mit Ausnahme des Rechts auf informationelle Selbstbestimmung, das erst später im Volkszählungsurteil (BVerfGE 65, 1 ff.) entwickelt wurde – werden in BVerfGE 54, 148 (154) - "Eppler" aufgezählt.

[76] Das Recht am Lebensbild und das Verfügungsrecht über die Darstellung der eigenen Person können synonym gebraucht werden.

[77] BVerfGE 35, 202 (220) - "Lebach".

[78] Das Verfügungsrecht über die Darstellung der eigenen Person und das Recht am eigenen Bild stellen also keine strikt voneinander zu trennenden Schutzbereichsausprägungen des (verfassungsrechtlichen) aPR dar. Vielmehr ergänzen und durchwirken sie sich gegenseitig.

umfaßt zum einen die Entscheidung über die Wahrung oder Aufhebung von Anonymität (mithin das "Ob" einer Lebensbilddarstellung). Der einzelne soll also grundsätzlich die Kontrolle darüber behalten, ob er in identifizierbarer Weise einer breiteren Öffentlichkeit vorgestellt wird. Daneben gilt der Schutz aber auch der Selbstbestimmung über den qualitativen und quantitativen Umfang (also das "Inwieweit") einer Darstellung.[79] Dadurch soll verhindert werden, daß bestimmte Lebensaspekte des Betroffenen eigenmächtig an die Öffentlichkeit gezerrt werden.

Freilich kann die Verfügungsbefugnis des Dargestellten nicht schrankenlos gelten, wenn die umfassende Information der Allgemeinheit über das Zeitgeschehen und seine Hauptakteure nicht gefährdet werden soll. Persönlichkeiten, die für ihre Zeit prägend sind, können daher nicht ohne weiteres unter Berufung auf ihr Selbstbestimmungsrecht verhindern, von den Medien zum Gegenstand öffentlicher Anschauung gemacht zu werden. Allerdings läßt sich auch diese Einschränkung nicht verabsolutieren. Nicht alle persönlichkeitsbezogenen Informationen sind gleich sensibel. Inwieweit über zeitgeschichtliche Persönlichkeiten berichtet werden darf, hängt auch von dem Maße ab, in dem die jeweiligen Fakten das Bild, das die Öffentlichkeit vom Leben und Charakter der dargestellten Person gewinnt, zu beeinflussen imstande ist. Die Rechtsprechung behilft sich bei der hier erforderlichen Bewertung der Schutzwürdigkeit der betroffenen Informationen mit der sogenannten Sphärenlehre.

bb) Die Privat-, Geheim- und Intimsphäre

Die Verankerung des Veröffentlichungsschutzes personenbezogener Fakten bei Art. 1 I und Art. 2 I GG macht eine Gradation der einzelnen Informationen erforderlich. Dabei ist ein umso umfassenderer Schutz zu gewähren, je enger der Bezug zur Menschenwürde ist. Der auf das Werk *Hubmanns*[80] zurückgehende Sphärengedanke, welcher in besonderer Ausformung des verfassungsrechtlichen Verhältnismäßigkeitsprinzips einzelne Lebenssachverhalte bestimmten Sphären unterschiedlicher Schutzintensität zuordnet, ist Ausdruck dieser Abstufung. Die Rechtsprechung unterscheidet insoweit zwischen der Intim-, Privat- und Geheimsphäre:[81]

---

[79] *Wolf*, Der grundrechtliche Schutz der Privatsphäre gegenüber der Presse, S. 40.

[80] Vgl. *Hubmann*, Das Persönlichkeitsrecht, S. 217.

[81] Über Terminologie und Anzahl der Sphären besteht keine Einigkeit. Häufig wird von der Privat- noch die Sozial- und die (weitgehend ungeschützte) Öffentlichkeitssphäre abgegrenzt (siehe etwa *Wenzel* RN 5.54 ff. und *Soehring* RN 19.39 ff.). Diese Diskrepanz sowie die Tatsache,

Die *Intimsphäre* bildet dabei den Bereich mit dem engsten Menschenwürdebezug und genießt entsprechend auch den effektivsten Schutz vor ungenehmigten öffentlichen Berichten. Sie umfaßt insbesondere alle das Sexualleben einer Person betreffenden Fakten (Fotos, Äußerungen und Zitate).[82] Teilweise werden hier aber auch Informationen eingeordnet, welche über die innere Gefühls- und Gedankenwelt sowie den Gesundheitszustand einer Person Aufschluß geben.[83]

Die *Privatsphäre* kennzeichnet den Bereich, in dem der Mensch grundsätzlich das Recht hat, autonom, d.h. von den Blicken und der Kritik der Öffentlichkeit unbehelligt, zu agieren.[84] Dieser Bereich kann zum einen räumlich abgegrenzt werden. So sind insbesondere Vorgänge des häuslichen Bereichs der öffentlichen Einsichtnahme entzogen. Der Schutz der Privatsphäre ist allerdings nicht nur auf die eigenen vier Wände beschränkt. Vielmehr werden auch öffentliche, aber abgeschiedene Orte erfaßt, in die sich jemand in der erkennbaren Absicht, für sich allein zu sein, zurückgezogen hat.[85] Die Privatsphäre kann zum anderen aber auch ortsunabhängig betroffen sein. Dies ist der Fall, sofern eine Angelegenheit erörtert wird, welche die Allgemeinheit nach der sozialen Anschauung nichts angeht, solange und soweit der Betroffene ihr nicht selbst Einblick gewährt. Hierzu zählen etwa nähere Umstände aus dem familiären, finanziellen und religiösen Bereich.[86]

Die *Geheimsphäre* erlangt im wesentlichen nur dann eine eigenständige Bedeutung, wenn Informationen publik gemacht werden, die als solche zwar nicht dem Schutz der Intim- oder Privatsphäre unterfallen, deren Erlangung aber illegal war, weil die strafrechtlichen (insb. § 123 oder §§ 201 ff. StGB), vertraglichen (insb. arbeitsvertragliche Verschwiegenheitspflichten) oder deliktischen (insb. das allgemeine Persönlichkeitsrecht, das insoweit bereits als Grenze der Informationsbeschaffung fungiert) Recherchegrenzen überschritten wurden.[87] Hier geht es also primär nicht um die inhaltliche Bewertung einer Information, sondern um die

---

daß die Zuordnung eines Sachverhaltes zu einer bestimmten Sphäre und die Bestimmung ihrer konkreten Schutzintensität stets einzelfallbezogen vorgenommen wird, was mitunter zu (vermeintlichen) Wertungswidersprüchen führen kann, ist Anlaß teilweise heftiger Kritik in der Literatur. So bezeichnet etwa *Ehmann* in JuS 97, 193 (197) die Sphärenlehre als "praktisch unbrauchbar". Sehr kritisch auch *Baston-Vogt*, Der sachliche Schutzbereich, S. 191 ff.

[82] Vgl. BGH NJW 88, 1984 (1985) - "Telefonsex im Büro".

[83] So etwa *Löffler/Ricker* 42. Kap. RN 17 f. m. w. Nachw.

[84] Vgl. BVerfG ZUM 2000, 149 (155) - "Caroline von Monaco"; BVerfGE 35, 202 (220) - "Lebach".

[85] BVerfG ZUM 2000, 149 (155) - "Caroline von Monaco".

[86] Rechtsprechungsnachweise hierzu bei *Prinz/Peters* RN 68; Erman-*Ehmann* Anh. § 12 RN 505 ff.

[87] Zu den rechtlichen Grenzen der Recherche ausführlich *Soehring* RN 10.1 ff. m. w. Nachw.

mangelnde Respektierung einer von der staatlichen Rechtsordnung mit besonderem Vertrauensschutz ausgerüsteten Zone. Der Umfang des Geheimsphärenschutzes erlangt seine Bedeutung bei der Frage, ob bzw. wann rechtswidrig erlangte Informationen publiziert werden dürfen.[88]

Die Verortung eines Sachverhalts bei der Intim-, Privat- oder Geheimsphäre dient indes nur einer ersten groben Bewertung. Es geht dabei um die vom konkreten Fall zunächst gelöste Frage, in welchem Umfang ein bestimmter persönlicher Bereich *prinzipiell* vor öffentlicher Kenntnisnahme zu schützen ist. Mit dieser Vorerwägung ist damit nur gesagt, daß die zu beurteilende Veröffentlichung einen rechtswidrigen Einbruch in das Persönlichkeitsrecht darstellen *kann.* Ob die Publikation eines Lebensdetails im Einzelfall tatsächlich der Einwilligung des Betroffenen (und damit einer vorhergehenden Rechtevereinbarung) bedarf, entscheidet die Rechtsprechung anhand einer umfassenden Betrachtung, bei der insbesondere dem Gesichtspunkt der Gewichtigkeit des öffentlichen Informationsinteresses entscheidende Bedeutung beigemessen wird.[89]

cc) Das Recht auf informationelle Selbstbestimmung

Bei dem Recht auf informationelle Selbstbestimmung handelt es sich um die jüngste, vom BVerfG im Volkszählungsurteil[90] herausgearbeitete Ausprägung des allgemeinen Persönlichkeitsrechts. Ausgangspunkt war hier der Gedanke, daß es im Zeitalter elektronischer Datenverarbeitung keine "belanglosen" Daten mehr gibt. Die modernen Datenverarbeitungs- und -verbreitungssysteme erlauben es heute aus technischer Sicht, Informationen über persönliche oder sachliche Verhältnisse einer bestimmten Person in praktisch unbegrenztem Maße zu speichern und jederzeit ohne Rücksicht auf Entfernungen in Sekundenschnelle abrufbar zu machen. Einmal erhobene Einzeldaten können dabei mit anderen Datensammlungen kombiniert und zu einem mehr oder weniger vollständigen Persönlichkeitsprofil zusammengefügt werden, ohne daß der Betroffene dies zu kontrollieren vermag. Für

---

[88] Dazu unten, § 7 B II 4 a).

[89] Vgl. etwa BVerfG ZUM 2000, 149 (157) - "Caroline von Monaco"; BGHZ 80, 25 (40 f.) - "Wallraff I". Anders jedoch bei der Intimsphäre: Ihr wird von der Rechtsprechung ein *grundsätzlich absoluter* Schutz zugestanden (so etwa BGH NJW 88, 1984 (1985) - "Telefonsex im Büro"). Mit dieser – eigentlich widersprüchlichen – Formulierung soll zum Ausdruck gebracht werden, daß der Schutz hier unabhängig vom Gewicht des öffentlichen Informationsinteresses besteht. Gleichwohl kann sich aufgrund der sonstigen Umstände des Einzelfalls ein Publikationsrecht ergeben, etwa weil der Betroffene sein Intimleben zuvor selbst vor der Öffentlichkeit ausgebreitet hat. Hierzu unten, § 7 B II 4 b).

[90] BVerfGE 65, 1 ff. - "Volkszählung".

die damit einhergehenden Gefahren kommt es im Unterschied zur vorgenannten Fallgruppe nicht auf den (höchst-)persönlichen oder privaten Charakter der Information an. So kann etwa bereits das Wissen um die Erfassung und Speicherung einer bestimmten Information, die aufgrund ihres starken Öffentlichkeitsbezugs nach der Sphärentheorie gar nicht geschützt wäre (z.B. die Teilnahme an einer Demonstration oder an einer Bürgerinitiative), den einzelnen unter Umständen zum Verzicht der Ausübung seiner Grundrechte (Artt. 8, 9 GG) veranlassen. Entscheidender als die Zuordnung einer Information zu einer bestimmten Schutzsphäre ist daher oftmals die Frage, zu welchem *Zweck* eine Information erhoben, gespeichert und verwendet werden soll.[91] Erst wenn hierüber Klarheit besteht, kann über ihre Schutzwürdigkeit entschieden werden. Das Recht auf informationelle Selbstbestimmung läßt deshalb alle personenbezogenen Daten a priori, d.h. unabhängig von ihrer Nähe zum innersten Lebensbereich, am Schutze durch das allgemeine Persönlichkeitsrecht teilhaben.

Obwohl diese "Befugnis des einzelnen, grundsätzlich selbst über die Preisgabe und Verwendung seiner persönlichen Daten zu bestimmen"[92], ursprünglich im Hinblick und als Reaktion auf staatliche Informationseingriffe kreiert wurde, ist von der Rechtsprechung mittlerweile klargestellt worden, daß sie über das "Staat/ Bürger - Verhältnis" hinaus auch im Privatrecht Anwendung findet.[93] Für den Bereich der Wort- und Bildberichterstattung stellt sich damit aber unweigerlich die Frage nach dem Verhältnis zu den beiden oben dargestellten Schutzbereichsausprägungen des aPR. Denn während jene bestimmte personenbezogene Informationen aufgrund ihres vermeintlich unverfänglichen Inhalts ohne jede Beschränkung der Verfügungsbefugnis des Betroffenen entziehen und dem öffentlichen Zugriff aussetzen, geht das weiterreichende Recht auf informationelle Selbstbestimmung von einer prinzipiell umfassenden Herrschaft des Betroffenen über *alle* ihn betreffenden Informationen aus. Nach dieser Konzeption würde die Verbreitung jeglicher personenbezogener Daten über die Medien einem prinzipiellen Einwilligungsvorbehalt des Betroffenen unterliegen. Jede eigenmächtige Verbreitung jeglicher Daten wäre mit einem potentiellen Haftungsrisiko verbunden, sofern im

---

91 BVerfGE 65, 1 (42 ff.) - "Volkszählung".

92 BVerfGE 65, 1 (43) - "Volkszählung"; 84, 192 (194) - "Entmündigung II".

93 So ausdrücklich BGH AfP 94, 306 (307) - "IM - Liste"; BGHZ 116, 268 (273) - "Patientenkartei II"; BVerfGE 84, 192 (194) - "Entmündigung II". Daß das aus dem aPR abgeleitete Datenschutzrecht auch im Privatrecht Anwendung findet, ist freilich nicht nur ein Ergebnis der Rechtsprechung, sondern entspricht mittlerweile auch nationalen wie supernationalen Bestimmungen, namentlich dem BDSG und der EU-Datenschutzrichtlinie v. 24.10.95, auf die hier jedoch nicht näher eingegangen werden soll. Vgl. hierzu MüKo (4.A.)-*Rixecker* § 12 Anh. RN 98 ff. m.w.Nachw.

Einzelfall ein überwiegendes Publikationsinteresse nicht gewiß wäre. Damit wäre "die ohne Wissen und Wollen des Betroffenen erfolgende Information über seine Person (..) zwar nicht grundsätzlich verboten, aber sie wäre auch nicht mehr frei."[94] Das Problem, wann eine Mediendarstellung am informationellen Selbstbestimmungsrecht und wann am Verfügungsrecht über die Darstellung der eigenen Person und den einzelnen Schutzsphären zu messen ist, hat damit durchaus praktische Relevanz.

Die Abgrenzung gestaltet sich jedoch aufgrund der dargestellten Reichweite des Rechts auf informationelle Selbstbestimmung schwierig. Da von ihm alle personenbezogenen Daten erfaßt werden, scheint es das Darstellungsrecht und den Sphärenschutz zu überlagern und damit deren System abgestufter Schutzbereiche zu verdrängen.[95] Um das Verhältnis der einzelnen Fallgruppen für das Medienrecht zu klären, muß deshalb ihr jeweiliges Schutzziel in den Mittelpunkt der Überlegungen gestellt werden. Denn obwohl alle drei persönlichkeitsrechtlichen Ausformungen der Selbstbestimmung des Individuums als gemeinsamem Schutzobjekt verhaftet sind, verfolgen sie unterschiedliche Schutzrichtungen: Während der durch das Darstellungsrecht und die Sphärentheorie garantierte Anonymitäts- und Indiskretionsschutz darauf abzielt, dem Betroffenen ein prinzipielles Selbstentscheidungsrecht darüber einzuräumen, ob und inwieweit seine Identität und sein privates Dasein den neugierigen Augen der Öffentlichkeit zugänglich gemacht werden darf, kommt dem informationellen Selbstbestimmungsrecht die Aufgabe zu, die Selbstbestimmung des einzelnen vor den Gefahren zu schützen, die sich gerade aus den sich zunehmend verfeinernden technischen Datenverarbeitungsmöglichkeiten ergeben. Mediendarstellungen sind deshalb sachgerechterweise nur dann am Recht auf informationelle Selbstbestimmung zu messen, wenn Personendaten veröffentlicht werden, die vom Darstellungsrecht und den – dieses konkretisierenden – Schutzsphären nicht erfaßt werden, bei denen aber gerade die spezifischen Gefahren der elektronischen Datenverarbeitung zum Tragen kommen.[96] Dies ist insbesondere der Fall, wenn personenbezogene Informationen in umfassender Aufbereitung an die Öffentlichkeit gebracht werden, also etwa im Rahmen einer Datensammlung publiziert werden bzw. Gefahr laufen, zum Erstel-

---

[94] *Baston-Vogt*, Der sachliche Schutzbereich, S. 355.

[95] Entsprechend wurde in ersten Stellungnahmen zum Volkszählungsurteil vertreten, daß mit der Herausarbeitung des informationellen Selbsbestimmungsrechts der verfassungsrechtliche Sphärenschutz obsolet geworden sei, so etwa *Benda* DuD 84, 86 (88); *Pieroth/Schlink*, Grundrechte, 7. Aufl. (1991) RN 434 f. (anders aber wieder ab der 13. Aufl. (1997) RN 376).

[96] So auch *Degenhart* JuS 92, 361 (363, dort FN 68); grundsätzlich zum Verhältnis zwischen Sphärentheorie und Recht auf informationelle Selbstbestimmung auch *Wanckel*, Persönlichkeitsschutz in der Informationsgesellschaft, S. 127 ff.

len einer derartigen Sammlung verwendet zu werden.[97] Das informationelle Selbstbestimmungsrecht fungiert insoweit also nur als "Auffangrecht"[98] zum Schutze datenschutzrechtlich heikler Informationen.[99] Die Zulässigkeit einer Mediendarstellung beurteilt sich deshalb in aller Regel allein anhand der beiden oben dargestellten Schutzbereichsausprägungen, also dem Verfügungsrecht über die Darstellung der eigenen Person und dem Sphärenschutz.[100]

b) Juristische Personen

Das Zuschauer- und Leserinteresse wird nicht allein durch indiskrete Veröffentlichungen über natürliche Personen geweckt. Auch die Publikation kompromittierender Details über juristische Personen vermag mitunter Aufsehen zu erregen. Im Brennpunkt des medialen Interesses befindet sich dabei in erster Linie die Aufdeckung von Mißständen in allseits geläufigen Wirtschaftsunternehmen.[101] Beispielhaft hierfür steht etwa der Sachverhalt, welcher den "Wallraff-Entscheidungen" des BGH[102] und des BVerfG[103] zugrunde lag: Dort hatte sich ein Journalist

---

97 Exemplarisch hierfür der Sachverhalt, welcher der BGH - Entscheidung (AfP 94, 306 ff. - "IM - Liste") zur Veröffentlichung sogenannter IM - Listen zugrunde lag: Hier publizierte eine Bürgerbewegung der ehemaligen DDR eine Liste von ca. 4500 angeblichen inoffiziellen Mitarbeitern (IM) des Ministeriums für Staatssicherheit, wobei deren Namen, Vornamen, Decknamen, Personenkennziffern, Einsatzorte und Einsatzrichtungen aufgeführt waren.
Ein denkbarer Anwendungsfall wäre etwa auch die Veröffentlichung von Adressen und Telefonnummern Prominenter in einem Fan-Report, siehe *Prinz/Peters* RN 126 f.

98 *Pieroth/Schlink*, Grundrechte, RN 377; vgl. auch *Baston-Vogt*, Der sachliche Schutzbereich, S. 360.

99 Die Sensibilität der in Frage stehenden Daten kann dabei nicht abstrakt, sondern nur aufgrund der konkreten Umstände bestimmt werden, wobei neben der Datenmenge vor allem die Nutzungs- und Mißbrauchsmöglichkeiten zu berücksichtigen sind, siehe *Baston-Vogt*, Der sachliche Schutzbereich, S. 369; ähnlich Löffler-*Steffen* § 6 LPG RN 59 und BGH NJW 91, 1532 (1533) - "Notfalldienst".

100 So auch *Degenhart* JuS 92, 361 (363, dort FN 68); i.E. ebenso *Macht* AfP 99, 317 (319), allerdings mit dem unbefriedigenden Argument, sedes materiae sei seit jeher die Sphärentheorie gewesen; vgl. auch *Wanckel*, Persönlichkeitsschutz in der Informationsgesellschaft, S. 134 f.

101 Juristische Personen des öffentlichen Rechts sollen hier aus der Betrachtung ausgeklammert sein. Sie sind grundsätzlich keine Grundrechtsträger und können sich entsprechend nicht auf das allgemeine Persönlichkeitsrecht berufen (siehe nur *Jarass/Pieroth* Art. 19 RN 16). Gegen eine indiskrete Berichterstattung vermögen sie sich auch nicht über das Deliktsrecht, sondern allenfalls hoheitlich und auf gesetzlicher Grundlage zu schützen. Gleichwohl stellen sie kein Freiwild für die Medien dar, da bei der Berichterstattung häufig auch die Rechte der sie repräsentierenden Personen tangiert werden, denen es dann unbenommen bleibt, sich aus eigenem Recht zur Wehr zu setzen.

102 BGHZ 80, 25 ff. - "Wallraff I".

103 BVerfGE 66, 116 ff. - "Wallraff / Springer".

unter Vorspiegelung einer falschen Identität[104] in die Redaktion der BILD-Zeitung eingeschlichen und Informationen über interne Vorgänge (Ablauf der Redaktionssitzungen, Kriterien für die Themenauswahl und Gestaltung von Artikeln etc.), welche seiner Ansicht nach besondere Mißstände darstellten, gesammelt und später veröffentlicht.

In dieser Konstellation gilt es zu klären, ob sich Unternehmen ebenso wie Privatpersonen zur Abwehr unautorisierter Publikationen auf das allgemeine Persönlichkeitsrecht berufen können. Fraglich erscheint dabei insbesondere, ob das aPR seinem Wesen nach (Art. 19 III GG) auf juristische Personen anwendbar ist oder ob es – nicht zuletzt wegen seines engen Bezuges zur Menschenwürde – als Schutzobjekt notwendigerweise eine Persönlichkeit im menschlichen Sinne voraussetzt. Dieses Problem ist bis heute noch nicht abschließend geklärt. Während die zivilrechtliche Judikatur[105] den juristischen Personen nach und nach ein ein allgemeines Persönlichkeitsrecht zugestanden hat, wurde die Frage vom BVerfG[106] bislang ausdrücklich offengelassen. Auch in der Literatur kann in dieser Hinsicht keine einheitliche Linie ausgemacht werden.[107]

Es liegt auf der Hand, daß der Menschenwürdebezug des aPR jedenfalls einer pauschalen Übertragung aller persönlichkeitsrechtlich geschützten Bereiche auf juristische Personen entgegensteht. Einige persönlichkeitsrechtliche Ausformungen (etwa die Intimsphäre) sind selbstverständlich natürlichen Personen vorbehalten. Auf der anderen Seite kann aber auch die praktische Notwendigkeit nicht geleugnet werden, Wirtschaftsunternehmen vor indiskreten Medienübergriffen zu schützen, gegen die sich natürliche Personen unter Berufung auf ihr Persönlichkeitsrecht ohne weiteres zu verteidigen vermögen: Im Wirtschafts- und Sozialleben kann seit einigen Jahren eine Tendenz beobachtet werden, die mitunter als "Personalisierung" oder "Persönlichkeitsbildung" von Unternehmen beschrieben

---

[104] In diesem Fall wurden die Informationen mithin auf illegale Weise vom Journalisten selbst beschafft. Zur Frage, ob und wie sich dies auf die Zulässigkeit einer Veröffentlichung auswirkt, s. unten, § 7 B II 4 a).

[105] Vgl. BGH NJW 94, 1281 (1282) - "Jahresabschluß"; NJW 86, 2951 - "BMW"; OLG Köln GRUR 92, 640 - "Schtonk"; die Ausführungen der Zivilgerichte beziehen sich freilich nur auf das bürgerlichrechtliche aPR.

[106] BVerfG NJW 94, 1784 - "Jahresabschluß"; da es sich im oben erwähnten Wallraff - Fall bei dem Geschädigten um ein Presseunternehmen handelte, griff das BVerfG i.R.d. Interessenabwägung nicht auf Art. 2 I i.V.m. Art. 1 I GG zurück, sondern leitete den Schutz der Vertraulichkeit der Redaktionsarbeit aus der Pressefreiheit (Art. 5 I 2 GG) her.

[107] Einen umfassenden Überblick über die Positionen im Schrifttum findet man bei *Klippel* JZ 88, 625 ff.

wird.[108] Diese "Persönlichkeit", d.h. ihr soziales Erscheinungsbild oder *corporate image*,[109] entwickelt sich in zunehmendem Maße zu einem bedeutsamen Wettbewerbsfaktor. Imageprägend sind dabei weniger die den hinter den Unternehmen stehenden Personen als vielmehr die – zum Teil äußerst aufwendigen – jeweiligen Marketingbemühungen, mittels derer man der Öffentlichkeit bestimmte vorformulierte, positive Unternehmenswerte und -eigenschaften nahezubringen sucht.[110] Juristische Personen macht diese Entwicklung leicht verletzbar. Sie können nicht nur durch Enthüllungen über ihren Vorstand, Geschäftsführer oder einzelne Gesellschafter, sondern auch (und vor allem) durch die indiskrete Offenlegung anderer unternehmensinterner Details kompromittierender Natur in ihrem *corporate image* beeinträchtigt werden.[111] Die hier auf dem Spiel stehenden Geheimhaltungsinteressen juristischer Personen sind mit denjenigen natürlicher Personen durchaus vergleichbar und ebenso schützenswert. Unabhängig von der Frage, ob man den *verfassungsrechtlichen* Persönlichkeitsschutz aus Art. 1 I i.V.m. 2 I GG wesensmäßig auch auf Wirtschaftsunternehmen für anwendbar hält, oder insoweit eher den Schutz der wirtschaftlichen Betätigungsfreiheit (Art. 2 I GG) für einschlägig hält,[112] kann deshalb im Ergebnis jedenfalls kein Zweifel daran bestehen, daß juristische Personen ebenso wie Privatpersonen ein verfassungsrechtlich untermauertes Abwehrrecht gegen indiskrete Einbrüche in ihre Geheimsphäre geltend machen können.[113]

---

108 *Meissner*, Persönlichkeitsschutz juristischer Personen, S. 159; *Peifer*, Individualität im Zivilrecht, S. 499 f.

109 Das *corporate image* entspricht damit dem Lebens- u. Charakterbild natürlicher Personen, vgl. *Zentes*, Grundbegriffe des Marketing, S. 155.

110 Neben der Werbung der Unternehmen für sich und ihre Produkte in Presse und Rundfunk sei an dieser Stelle nur an ihre oftmals weitreichende Beteiligung am gesellschaftlichen und politischen Geschehen, etwa als Sponsoren, erinnert.

111 *Meissner*, Persönlichkeitsschutz juristischer Personen, S. 12 f. und S. 159 ff.

112 Siehe hierzu BVerfG NJW 94, 1784 - "Jahresabschluß". Nach diesem Ansatz hätte das bürgerlichrechtliche aPR also eine größere Reichweite als sein verfassungsrechtliches Pendant, da es auch Rechtspositionen erfassen würde, die nicht aus Art. 2 I i.V.m. Art. 1 I GG und Art. 19 III GG abgeleitet werden können. Angesichts der Tatsache, daß auch die Anerkennung des zivilrechtlichen aPR ausdrücklich mit Art. 2 I i.V.m. Art. 1 I GG und der daraus zum Ausdruck kommenden Wertentscheidung des Grundgesetzes begründet wird, erscheint es allerdings vorzugswürdiger, juristischen Personen in den auf sie übertragbaren Bereichen auch den verfassungsrechtlichen Schutz des aPR zukommen zu lassen. So auch *Dreier* Art. 2 I GG RN 56.

113 So auch *Macht* AfP 99, 317 (319); Erman-*Ehmann* Anh. § 12 RN 191 ff. m.w.Nachw.; nach *Prinz/Peters* RN 139 kommt juristischen Personen der Schutz der Geheim- und Privatsphäre sowie ein "Verfügungsrecht über die Darstellung des Unternehmens" zu.

2. Die Unverletzlichkeit der Wohnung (Art. 13 GG) und das Brief-, Post- und Fernmeldegeheimnis (Art. 10 GG)[114]

Wenn es um um brisante Informationen geht, schreckt investigativer Journalismus mitunter auch nicht vor der Mißachtung fremden Hausrechts oder dem Abhören von Telefongesprächen zurück. Erinnert sei insoweit nur an zwei besonders prominente Beispiele journalistischer Fehlleistungen,[115] die Publikation der Barschel-Fotos[116] und die sog. "Kohl/Biedenkopf-Affäre".[117] Spektakuläre Unterlagen und Bilder können die Auflage oder Quote eines Mediums beachtlich steigern und werden dementsprechend auf dem Nachrichtenmarkt mit bisweilen erheblichen Summen gehandelt.[118] Andererseits ergibt sich für die Medienorgane, denen solche makelbehafteten Informationen angeboten werden, oftmals das Problem, ob eine Publikation überhaupt rechtlich zulässig wäre. Auf Verfassungsebene ist dabei zunächst fraglich, ob das Feld, auf dem der Widerstreit zwischen Publikations- und Diskretionsinteresse ausgetragen wird, auf seiten des Betroffenen allein vom allgemeinen Persönlichkeitsrecht abgesteckt wird, oder ob zu seinen Gunsten

---

[114] Die folgenden Erwägungen könnten auch hinsichtlich Art. 4 und Art. 6 GG, welche ebenfalls einen engen Bezug zum Persönlichkeitsschutz aufweisen, angestellt werden. Allerdings stellt bei ihnen der Privatsphärenschutz nur einen Teilaspekt der grundrechtlichen Gewährleistung dar. Die Erörterungen sollen deshalb auf die Artt. 10, 13 GG beschränkt bleiben, bei denen der Bezug zum Persönlichkeitsschutz besonders augenfällig ist. Gleichwohl sind auch die mit den Artt. 4, 6 GG zum Ausdruck kommenden Wertentscheidungen zu berücksichtigen, wenn es darum geht, übergreifende Maßstäbe für den Lebensbildschutz zu entwickeln. Siehe dazu unten, § 7 B II 4 b).

[115] Das Thema ist jedoch von zeitloser Bedeutung. Bereits 1898 begingen zwei Journalisten einen Hausfriedensbruch, um den in seinem Sterbezimmer aufgebahrten Leichnam *Otto v. Bismarcks* abzulichten. Sie wurden jedoch später vom Reichsgericht (RGZ 45, 170 ff.) zur Herausgabe der Negative verurteilt.

[116] Hierzu bereits oben, § 1 (dort FN 20); zur Zulässigkeit der Veröffentlichung der Barschel - Fotos siehe *Puttfarcken* ZUM 88, 133 ff.; kritisch hierzu auch *Haller*, FS Engelschall, 233 (236 f.), der diese und andere journalistische Fehlleistungen vor dem Hintergrund des sich verschärfenden Konkurrenzdrucks auf dem Medienmarkt beleuchtet.

[117] Im Jahr 1974 wurde ein Telefongespräch zwischen dem damaligen CDU-Vorsitzenden *Helmut Kohl* und seinem Parteisekretär *Kurt Biedenkopf* von unbekannter Seite abgehört. Eine Aufzeichnung des Gesprächs ging mit einem anonymen Brief beim STERN ein, der das Gespräch im Wortlaut abdruckte.

[118] So brachte etwa das heimlich aufgenommene Foto von einem Kuß zwischen der *Prinzessin von Wales* und ihrem Begleiter *Emad ("Dodi") al-Fayed* dem Paparazzo trotz der schlechten Qualität des Bildes rund sechs Millionen DM ein. Der "Sunday Mirror", der für das Erstverwertungsrecht allein 250.000 Pfund bezahlte, konnte dabei durch dieses Kuß-Bild eine Auflagensteigerung von 200.000 Exemplaren erzielen. Auch die deutsche Zeitschrift GALA soll für einen abgelichteten Kuß zwischen *Prinzessin Caroline von Monaco* und ihrem damaligen Bekannten (und jetzigen Ehemann), *Prinz Ernst August von Hannover*, 250.000 DM bezahlt haben, siehe *Ulrike Kaiser* Journalist 10 / 97, S. 13.

nicht vielleicht auch noch andere Grundrechtspositionen mitzuberücksichtigen sind.

Hier erscheint eine im Schrifttum[119] vertretene Auffassung erwägenswert, wonach in diesen Fällen dem Betroffenen *anstatt* des allgemeinen Persönlichkeitsrechts das Fernmeldegeheimnis (Art. 10 I GG) bzw. die Unverletzlichkeit der Wohnung (Art. 13 I GG) und damit angesichts des hohen Stellenwertes, den diese Grundrechte innerhalb der Verfassung genießen, gleichsam "mehr Gewicht" zur Seite gestellt werden sollte.[120] Hintergrund dieses Ansatzes ist die Überlegung, daß sich der Betroffene regelmäßig weniger durch den rechtswidrigen *Einbruch* in seine Geheimsphäre als vielmehr durch die hunderttausendfache *Verbreitung* der dergestalt erschlichenen Fakten verletzt fühlen wird. Der eigentliche Schaden realisiert sich für ihn mit anderen Worten erst durch das Hervorzerren seiner Angelegenheiten an die Öffentlichkeit und die dadurch erzielte Breitenwirkung. In vielen Fällen dürfte ihn der Akt der rechtswidrigen Erlangung sogar nur geringfügig berühren, wenn er sicher sein könnte, daß die so gewonnenen Informationen nicht weiterverbreitet werden. Deshalb wird vorgebracht, es sei inkonsequent, wenn man auf Verfassungsebene die Informations*beschaffung* (durch Abhören oder Durchsuchen) den Gewährleistungen der Artt. 10, 13 GG, die verletzungsintensivere Informations*verbreitung* dagegen dem allgemeinen Persönlichkeitsrecht, das wegen seiner Sphärenkonstruk-tion nur einen vergleichsweise geringeren Schutz biete, unterstelle. Unter Verstoß gegen Artt. 10, 13 GG erlangte Informationen müßten vielmehr auch im Hinblick auf ihre Publikation dem Schutzbereich dieser Grundrechte zugeordnet werden.

Dieser Ansatz ist allerdings nicht bedenkenfrei. Selbst wenn man einmal von den Zweifeln absieht, ob sich eine derartige Schutzbereichsausdehnung auf die Informationsveröffentlichung noch innerhalb der zulässigen Auslegungsgrenzen besagter Grundrechte bewegt,[121] erscheint es bei näherer Betrachtung immer noch fraglich, ob die propagierte Vorgehensweise überhaupt zwingend ein anderes Abwä-

---

119 *Macht* AfP 99, 317 (319 ff.); mit dem Verhältnis von Art. 10 GG zum allgemeinen Persönlichkeitsrecht befaßt sich anläßlich der Kohl/Biedenkopf-Affäre auch *Lerche* AfP 75, 822 ff.

120 Die Ausstrahlungswirkung dieser Gewährleistungen könnte dann auf zivilrechtlicher Ebene i.R.d. § 23 II KUG als "berechtigtes Interesse" berücksichtigt werden, sofern man die §§ 22 f. KUG überhaupt als Maßstab für den Lebensbildschutz heranziehen will. Hierzu unten, § 7 B I.

121 Das Verhältnis der Artt. 2 I, 1 I GG zu Art. 10 GG bzw. Art. 13 GG hinsichtlich der Verbreitung rechtswidrig erlangter Informationen ist in der verfassungsrechtlichen Literatur noch nicht geklärt, siehe Dreier/*Hermes* Art. 13 RN 31 (dort insb. FN 111) und 57. Das BVerfG (NJW 92, 815) hat in einer Art. 10 GG betreffenden Entscheidung – allerdings ohne nähere Begründung – allein auf das allgemeine Persönlichkeitsrecht abgestellt.

gungsergebnis vorzeichnen würde. Denn auch wenn man zugunsten des Geheimhaltungsinteresses des Betroffenen "nur" das allgemeine Persönlichkeitsrecht in den Abwägungsvorgang einbringt, so muß doch bei der konkreten Bewertung des Vorganges berücksichtigt werden, daß die publizierten Informationen unter Eingriff in eine von der Grundrechtsordnung mit einem besonderen Vertraulichkeitsschutz ausgestatteten Zone erlangt wurden. Die in Art. 10 GG und Art. 13 GG zum Ausdruck kommende Wertentscheidung zugunsten des Schutzes von Wohnung und Telekommunikation ist damit in jedem Falle zu beachten. Die für den Betroffenen streitenden Geheimhaltungsinteressen werden folglich keineswegs in ihrer verfassungsrechtlichen Dimension verkannt. Entscheidender als die Frage, bei welchem Grundrecht man den verfassungsrechtlich anerkannten Vertraulichkeitsschutz verortet, ist schließlich vielmehr, wieviel materielles Gewicht man diesem Vertraulichkeitsschutz beizumessen bereit ist, anders ausgedrückt, welchen inhaltlichen Anforderungen die auf diese Weise erlangten Informationen genügen müssen, um trotz des ihnen anhaftenden Makels publiziert werden zu können. Darauf wird noch einzugehen sein.[122] Festzuhalten bleibt an dieser Stelle aber, daß die Wertungen der Artt. 10, 13 GG nur mittelbar, d.h. bei der konkreten Gewichtung der in Rede stehenden persönlichkeitsrechtlichen Geheimhaltungsinteressen, heranzuziehen sind.

3. Der Grundsatz der Unschuldsvermutung

Je mehr Aufsehen ein Kriminalfall in der Bevölkerung erregt, desto bestrebter sind die Medien, über den Täter in Wort und Bild zu berichten. Den Ausgang eines strafgerichtlichen Verfahrens abzuwarten, erscheint hier vielfach als zu langwierig. Das Berichterstattungsinteresse der Medien[123] bezieht sich demgemäß bereits auf den oder die der Tat nur Verdächtigen. Probleme ergeben sich dabei aus der Tatsache, daß der Durchschnittsrezipient bei Berichten über den Verdacht strafbaren Verhaltens zumeist den falschen Eindruck der beinahe schon festste-

---

[122] Auch der BGH, der in der Kohl/Biedenkopf-Entscheidung die Interessen des Betroffenen dem allgemeinen Persönlichkeitsrecht zuordnete, hat ausdrücklich auf den über Art. 10 GG verfassungsrechtlich besonders gesicherten Schutz der Vertraulichkeitssphäre hingewiesen. Ob und inwieweit man seiner Schlußfolgerung (BGHZ 73, 120 (129)) beipflichten kann, daß bei ernstem Informationsbedürfnis der Öffentlichkeit eine Veröffentlichung statthaft sei, soll unten, § 7 B II 2, erörtert werden.

[123] Im Falle des Immobilienspekulanten und Großpleitiers *Jürgen Schneider* wurden die Ereignisse sogar zu einem Film verarbeitet ("Peanuts – Die Bank zahlt alles") und in den Kinos vorgeführt, bevor überhaupt eine Anklageschrift vorlag.

henden Schuld des Verdächtigen erhält.[124] Selbst wenn über den Stand des laufenden Verfahrens zutreffend berichtet und der Betroffene nur als "mutmaßlicher Täter" bezeichnet wird, trifft ihn die mit einer identifizierenden Darstellung einhergehende Prangerwirkung und Stigmatisierung, deren Konsequenzen mit einer formellen Verurteilung durch die dazu berufenen Organe durchaus vergleichbar sind.[125] Es stellt sich deshalb die Frage, ob auch hinsichtlich dieser strafähnlichen Wirkung von Medienberichten der Grundsatz der Unschuldsvermutung zu berücksichtigen ist.

Bei diesem in Art. 6 II MRK,[126] Art. 14 II IPBPR[127] sowie einigen Länderverfassungen[128] positivrechtlich ausgestalteten und aus dem Rechtsstaatsprinzip deduzierbaren Grundsatz handelt es sich jedoch zunächst nur um ein strafverfahrensrechtliches Prinzip und nicht um ein Grundrecht.[129] Ungekärt ist damit, ob die Unschuldsvermutung über den Strafprozeß hinaus auch zwischen Privaten eine (mittelbare) Wirkung entfaltet. Einen Weg in diese Richtung hat das BVerfG in seiner "Lebach"-Entscheidung[130] angedeutet: Das Gericht erkannte darin das Recht des Straftäters auf Wiedereingliederung in die Gesellschaft, welches es in der Menschenwürde und im Sozialstaatsprinzip verankert sah, als Teil des Persönlichkeitsrechts an. Das Resozialisierungsinteresse wurde mithin zur Konkretisierung des aPR fruchtbar gemacht und konnte auf diese Weise in dessen Ausstrahlungswirkung mit einbezogen werden. Dieselbe Konstruktion kann aber auch für das im Rechtsstaatsprinzip verwurzelte Interesse, keinen (hier: sozialen) Sanktionen unterworfen zu werden, solange der Schuldnachweis nicht erbracht ist, herangezogen werden: So wie das Ziel der Resozialisierung das Persönlichkeitsrecht des bereits verurteilten Straftäters näher bestimmt, dient dabei die Unschuldsvermutung

---

124 *Stapper* AfP 96, 349 (353); MüKo-*Schwerdtner* § 12 RN 174.

125 Nicht erst seit *Bölls* "Die verlorene Ehre der Katharina Blum" weiß man, daß oftmals bereits ein Tatverdacht einen hinreichenden Anlaß zum Abbruch sozialer Kontakte oder zu beruflichen Sanktionen bieten kann. Hinzu kommt, daß auch im Falle eines nachträglichen Unschuldserweises zumeist keine vollständige soziale Rehabilitation der Betroffenen erfolgt – *aliquid semper haeret.* Zu den Ergebnissen der empirischen Forschung hierzu siehe die Zusammenfassung von *Kerscher* DRiZ 83, 439 (442) sowie *ders.*, Gerichtsberichterstattung und Persönlichkeitsschutz, S. 280 ff.; vgl. auch *Franke*, Bildberichterstattung und Öffentlichkeitsgrundsatz, S. 77 ff.; *Engau*, Straftäter und Tatverdächtige als Person der Zeitgeschichte, S. 199 f.

126 Europäische Menschenrechtskonvention v. 4. 11. 1950 (BGBl. 1952 II ber. S. 953).

127 Internationaler Pakt über bürgerliche und politische Rechte v. 19. 12. 1966 (BGBl. 1973 II S. 1534).

128 Etwa Art. 20 II 1 Verf. Hessen; Art. 6 IV 2 Verf. Rheinland-Pfalz; Art. 6 III Verf. Bremen; Art. 14 II Verf. Saarland; Art. 53 II Verf. Brandenburg.

129 Vgl. BVerfGE 19, 342 (347); 22, 254 (265).

130 BVerfGE 35, 202 ff.

der Konkretisierung des Persönlichkeitsrechts des der Tat zunächst nur Verdächtigten.[131] Diese Vorgehensweise wurde vom Verfassungsgericht in der besagten Entscheidung auch ausdrücklich anerkannt, als es ausführte, daß die zugunsten eines Angeschuldigten bestehende Unschuldsvermutung eine "*entsprechende* Zurückhaltung"[132] bei der Berichterstattung gebiete. Der Unschuldsgrundsatz ist damit auf dem Wege über das Persönlichkeitsrecht auch im Privatrecht zu berücksichtigen, wobei die persönlichkeitsrechtlichen Interessen des Tatverdächtigen bereits dann als beeinträchtigt anzusehen sind, wenn er in identifizierbarer Weise in der Öffentlichkeit dargestellt wird und so in seinem sozialen Geltungsanspruch tangiert wird.[133]

II. Gewährleistungen auf seiten der Medien

Als auf seiten der publizierenden Organe in die Waagschaale einzubringende Gewährleistungen kommen in Betracht die Medienfreiheiten (Art. 5 I 2 GG), die Informationsfreiheit (Art. 5 I 1 Alt. 2 GG), die Kunstfreiheit (Art. 5 III 1 GG) sowie das in Art. 10 MRK normierte "Recht auf freie Meinungsäußerung".

1. Die Medienfreiheiten (Art. 5 I 2 GG)

Einen wesentlichen Gegenpol zu den Rechten des Betroffenen stellen die in Art. 5 I 2 GG[134] verbürgten medialen Freiheiten, also die Presse-, die Rundfunk- und die

---

131 So auch *Bornkamm*, Pressefreiheit und Fairneß des Strafverfahrens, S. 254 ff.; *Kühl*, FS Hubmann, S. 241 (248 ff.) spricht von einem "besonderen Persönlichkeitsrecht auf Unschuldsvermutung"; zustimmend auch OLG Köln NJW 87, 2682 (2683); dagegen *Stapper* AfP 96, 349 (354), demzufolge die Interessenslagen beim verurteilten Straftäter und beim Tatverdächtigen grundverschieden sind, weshalb der im Lebach-Urteil entwickelte Ansatz, dem Resozialisierungsinteresse über das aPR Grundrechtsrang zu verleihen, nicht auf die Unschuldsvermutung übertragbar sein soll.

132 BVerfGE 35, 202 (232) - "Lebach"; siehe hierzu auch *Bornkamm* NStZ 83, 102 (104 f.).

133 Ebenso *Franke*, Bildberichterstattung und Öffentlichkeitsgrundsatz, S. 121 ff.; *Roxin*, Strafverfahrensrecht, S. 120, leitet aus der Unschuldsvermutung ein grundsätzliches Gebot der Anonymisierung ab.

134 Erwägenswert wäre auch, auf die in Art. 5 I 1 GG verbriefte Meinungsfreiheit abzustellen. Ihr Verhältnis zu den medialen Freiheiten ist im einzelnen umstritten. So wird Art. 5 I 2 GG teilweise als speziellere Gewährleistung im Sinne einer Wiederholung des Grundrechts der Meinungsfreiheit für die Presse und den Rundfunk verstanden, vgl. *Bullinger* HdBStR VI § 142 RN 1, 12. Die überwiegende Meinung stellt dagegen nur dann auf Art. 5 I 2 GG ab, wenn nicht bestimmte Meinungen berührt werden, sondern die Voraussetzungen, die erfüllt sein müssen, damit die Medien ihrer Bedeutung für die freie individuelle und öffentliche Meinungsbildung

Filmfreiheit, dar.[135] Aufgabe der Medienfreiheiten ist es in erster Linie, als subjektive Abwehrrechte gegen Freiheitsbeschränkungen durch staatliche Gewalt zu fungieren. Die Freiheiten werden dabei nach mittlerweile[136] gesicherter Rechtsprechung[137] tatbestandlich sehr weit gefaßt und enthalten keine qualitativen Einschränkungen besonderer Art – auch das Skandalblatt, auch die Boulevardsendung kann sich damit unabhängig vom Niveau des jeweiligen Beitrags auf Art. 5 I 2 GG berufen.[138] Die Medienfreiheiten bestehen jedoch nicht allein um der Entfaltungsmöglichkeit ihres Trägers willen. Neben der individualrechtlichen kommt ihnen auch eine objektivrechtliche Funktion zu, die den Schutz des Meinungsbildungsprozesses zum Gegenstand hat. Ohne freie Medien kann sich öffentliche Meinung, kann sich politisches Leben nicht in einem offenen und ungezwungenen Prozeß entfalten. Die Medienfreiheiten als konstituierende Elemente objektiver demokratischer und rechtsstaatlicher Ordnung werden deshalb durch das Grundgesetz gewährleistet, damit "unter den Bedingungen der modernen Massenkommunikation (...) freie und umfassende Meinungsbildung"[139] stattfinden kann.

Dieser objektivrechtlichen Aufgabe der einzelnen Verbürgungen kommt bei der grundrechtlichen Abwägung mit gegenläufigen Rechtspositionen besondere Bedeutung zu. Denn während die Rechtsprechung auf der *Tatbestandsebene* nicht nach der Art der Information differenziert, nimmt sie auf der *Rechtsfolgenseite* im Hinblick auf die demokratiestaatliche Funktion des Art. 5 I 2 GG eine inhaltliche Bewertung vor. Schutzwürdige Rechtspositionen Dritter sollen danach – außerhalb der absoluten Tabuzone – umso eher eingeschränkt werden können, je gewichtiger das öffentliche Interesse an der Publikation der jeweiligen Information

---

gerecht werden können, so etwa BVerfG NJW 93, 1463 (1464); BK-*Degenhart* Art. 5 I,II GG RN 30 ff m. w. Nachw. Danach soll allein Art. 5 I 2 GG einschlägig sein, wenn es – wie im Rahmen dieser Arbeit – darum geht, ob die mediale Verbreitung einer bestimmten Nachricht untersagt werden kann, da durch ein Unterlassungsgebot in diesem Fall nicht eine Meinung als solche betroffen ist, sondern nur ihr Transport durch die Medien. Dem soll hier gefolgt werden.

135 Da die mit den einzelnen Verbürgungen verbundenen Sonderfragen zu den hier interessierenden Konstellationen keinen unmittelbaren Bezug haben, sollen Presse-, Rundfunk- und Filmfreiheit im folgenden unter dem Oberbegriff der Medienfreiheiten gemeinsam behandelt werden.

136 Unklar insoweit noch BGHZ 24, 200 (208) - "Spätheimkehrer" und BGH NJW 65, 2148 (2149) - "Spielgefährtin".

137 Vgl. BVerfGE 34, 259 (283) - "Soraya"; ZUM 2000, 149 (157); BGH AfP 99, 350 (351) - "Ehebruch als Scheidungsgrund".

138 Anders verhält es sich freilich, wenn in einem Beitrag erwiesen oder bewußt unwahre Tatsachen verbreitet werden, was vom Schutzbereich des Art. 5 I 2 GG nicht mehr gedeckt ist, siehe BVerfGE 54, 208 (219 f.) - "Böll / Walden".

139 BVerfGE 74, 297 (323 f.).

ist.[140] Ob und inwieweit die Gewichtigkeit des Öffentlichkeitsinteresses als Abwägungskriterium auch wirklich sachgerecht ist, soll weiter unten erörtert werden.[141]

2. Die Informationsfreiheit (Art. 5 I 1 Alt. 2 GG)

Dem Interesse der Medien, über alle Ereignisse von allgemeiner Beachtung berichten zu dürfen, korrespondiert das Interesse der Öffentlichkeit, sich anhand der Medien über diese Ereignisse informieren zu können. Man könnte daher in Betracht ziehen, bei einer Kollisionslage neben den Medienfreiheiten auch die Informationsfreiheit in den Abwägungsvorgang einzubringen. Dieses Grundrecht gewährleistet jedem die ungehinderte Unterrichtung aus allgemein zugänglichen Quellen, also aus Quellen, die "technisch geeignet und bestimmt [sind], der Allgemeinheit, d.h. einem individuell nicht bestimmbaren Personenkreis, Informationen zu verschaffen".[142] Als derartige Quellen kommen zum einen die Medien, also die Vehikel der Informationsübertragung, zum anderen aber auch die im Einzelfall in Rede stehende Nachricht selbst in Betracht.

Durch ein nur eine bestimmte Nachricht betreffendes Veröffentlichungsverbot wird indes zumindest der Zugriff auf ihre *Vehikel* als solcher nicht eingeschränkt. Denn der einzelne hat weiterhin grundsätzlich die Möglichkeit, sich anhand der Medien über das allgemeine Zeitgeschehen zu informieren. Nicht die Unterrichtung durch die Medien, sondern allein deren Recht, eine konkrete Nachricht zu verbreiten, wird durch ein Publikationsverbot berührt. Beschnitten wird durch ein derartiges Verbot mithin lediglich die Fähigkeit des einzelnen, die *Information selbst* zu rezipieren. Das von Art. 5 I 1 GG erfaßte Recht an der Information ist allerdings nur insoweit gewährleistet, als die in Rede stehende Information auch für die Allgemeinheit *bestimmt* ist. Die Allgemeinbestimmtheit einer Information muß aber erst anhand einer – notwendigerweise vorgeschalteten – Abwägung zwischen den Interessen des Betroffenen und den – damit über die Medienfreiheiten zu berücksichtigenden – gegenläufigen Interessen der Öffentlichkeit ermittelt werden.[143] Zur Legitimierung einer Veröffentlichung kann die Informationsfreiheit deshalb nicht zusätzlich fruchtbar gemacht werden. Sie ist mit anderen Worten lediglich in dem Ausmaß gewährleistet, in dem auch die Medien eine be-

---

[140] In diese Richtung etwa BVerfGE 66, 116 (139) - "Wallraff / Springer"; BGHZ 73, 120 (128) - "Kohl / Biedenkopf"; 131, 332 (342) - "Caroline von Monaco III".

[141] § 7 B II 2.

[142] BVerfGE 27, 71 (83) - "Leipziger Volkszeitung".

[143] Vgl. AK-*Hoffmann-Riem*, Art. 5 Abs. 1, 2 GG RN 92 f.

stimmte Nachricht verbreiten dürfen.[144] Ein darüber hinausgehendes Recht der Allgemeinheit an der Zugänglichmachung dieser Information vermag sie dagegen nicht zu begründen. Dem Interesse der Öffentlichkeit, ein bestimmtes Ereignis über die Medien verfolgen zu können, wird damit nicht durch das Grundrecht der Informationsfreiheit, sondern einzig durch die Medienfreiheiten Rechnung getragen.[145]

3. Die Kunstfreiheit (Art. 5 III 1 GG)

Wenn eine Darstellung dem Feld der Medienfreiheiten zugeordnet wird, sind ihre rechtlichen Grenzen klar vorgezeichnet: Die Verbreitung falscher Tatsachen, insbesondere die Unterschiebung nicht getaner Äußerungen, stellt einen rechtswidrigen Eingriff in das allgemeine Persönlichkeitsrecht der betroffenen Person dar, sofern sich diese in dem von ihr selbst definierten sozialen Geltungsanspruch beeinträchtigt fühlt.[146] Erwiesen oder bewußt unwahre Tatsachenbehauptungen werden schon gar nicht vom Schutzbereich des Art. 5 I 2 GG erfaßt.[147]

Anders ist die Situation dagegen im Bereich der Kunstfreiheit zu bewerten. Künstlerisches Schaffen unterliegt spezifischen, verfassungsrechtlich geschützten Eigengesetzlichkeiten.[148] Es liegt auf der Hand, daß an ein Kunstwerk nicht der gleiche Maßstab angelegt werden kann wie an den Bericht eines Journalisten. Denn "auch wenn der Künstler Vorgänge des realen Lebens schildert, wird diese Wirklichkeit im Kunstwerk 'verdichtet'. Die Realität wird aus den Zusammenhängen und Gesetzmäßigkeiten der empirisch-geschichtlichen Wirklichkeit gelöst und in neue Beziehungen gebracht, für die nicht die 'Realitätsthematik', sondern das künstlerische Gebot der anschaulichen Gestaltung im Vordergrund steht. Die

144 Die Unzulässigkeit der medialen Verbreitung einer bestimmten Nachricht kann sich dabei zum einen aus dem Persönlichkeitsrecht des Betroffenen, zum anderen aber auch aus dem Abschluß eines Exklusivvertrages ergeben. Dem Informationsinteresse der Allgemeinheit ist in diesem Falle i.R.d. der Frage nach der Wirksamkeit einer Exklusivvereinbarung und der dabei erforderlichen Abwägung mit den von Art. 2 I GG geschützten Interessen der Partner des Exklusivvertrages Rechnung zu tragen. Hierzu unten, § 14.

145 Dieses Ergebnis wird auch durch die Erwägung gestützt, daß die Informationsfreiheit als Reaktion auf die mit der NS-Herrschaft verbundenen Informationsbeschränkungen, insb. das Verbot, ausländische Sender zu hören (und nicht etwa zur Erweiterung des Bereichs der zulässigen Berichterstattung) in die Verfassung aufgenommen wurde, siehe AK-*Hoffmann-Riem*, Art. 5 Abs.1, 2 GG RN 85.

146 Vgl. BVerfGE 54, 148 (155 f.) - "Eppler".

147 Vgl. BVerfGE 54, 208 (219) - "Böll / Walden".

148 Dazu schon oben, § 3.

Wahrheit des einzelnen Vorganges kann und muß unter Umständen der künstlerischen Einheit geopfert werden."[149] Völlige Übereinstimmung mit der objektiven Wirklichkeit darf von einer künstlerischen Schilderung daher nicht gefordert werden. Sie vermag vielmehr einen "gewissen Bonus der Kunst"[150] für sich in Anspruch zu nehmen.

Dabei ist es oftmals nicht leicht zu entscheiden, ob eine angegriffene Darstellung überhaupt dem Bereich der Kunst zugerechnet werden kann. Die Juristen – und nicht nur sie – tun sich seit jeher schwer mit einer stichhaltigen Definition dessen, was unter "Kunst" zu verstehen ist. Als gesellschaftliches Phänomen unterliegt künstlerisches Schaffen und damit auch das Kunstverständnis einem stetigen Wandel. An einen gefestigten Kunstbegriff im außerrechtlichen Bereich kann dementsprechend nicht angeknüpft werden, zumal sich auch die Kunstwissenschaft einer abschließenden und allgemeingültigen Begriffsbestimmung enthält.[151] Dies entbindet die Rechtswissenschaft jedoch nicht von dem Versuch einer auf die rechtliche Praxis anwendbaren Unterscheidung von Kunst und Nichtkunst. Denn ein Schutzobjekt, daß sich nicht bestimmen und abgrenzen läßt, kann auch keinen spezifischen Schutz für sich in Anspruch nehmen. Die Grundanforderungen künstlerischer Tätigkeit festzulegen, ist deshalb sogar verfassungsrechtlich geboten.[152] Dabei ist man sich einig, daß jedenfalls die Qualität oder Gestaltungshöhe einer Darstellung kein taugliches Abgrenzungskriterium sein kann. "Kunst ist einer staatlichen Stil- oder Niveaukontrolle nicht zugänglich."[153]

Angesichts der Schwierigkeiten, eine einheitliche Umschreibung für das zu finden, was das Recht unter Kunst versteht, operiert das BVerfG mit mehreren Ansätzen, welche es parallel zur Anwendung bringt:[154] Neben dem klassischen formalen Kunstbegriff, der das kennzeichnende Merkmal eines Kunstwerks darin sieht, daß es einem bestimmten Werktyp zugeordnet werden kann, und einem von ihm als material bezeichneten, inhaltsbezogenen Begriff, der entscheidend auf die Manifestation freier schöpferischer Gestaltung abstellt, verwendet das Gericht ei-

---

149 BVerfGE 30, 173 (190) - "Mephisto".

150 *Lerche*, Ausgewählte Fragen der Kunstfreiheit, S. 17.

151 Vor die Frage gestellt: "Was ist Kunst ?" lautete etwa die geflügelte Antwort *Picassos*: "Wenn ich es wüßte, würde ich es für mich behalten." Dem steht auf der anderen Seite das Dictum des Dadaisten und Expressionisten *Kurt Schwitters* gegenüber: "Alles was der Künstler spuckt, ist Kunst." Zit. nach *Erhardt*, Kunstfreiheit und Strafrecht, S. 54.

152 BVerfGE 75, 369 (377) - "Strauß - Karikaturen"; *Würtenberger* NJW 83, 1144 (1145).

153 BVerfGE 81, 278 (291) - "Bundesflagge".

154 Vgl. BVerfGE 30, 173 (188 ff.) - "Mephisto"; 67, 213 (226 f.) - "Anachronistischer Zug"; 83, 130 (138 f.) - "Josefine Mutzenbacher".

nen offenen Kunstbegriff, der das Wesentliche einer künstlerischen Äußerung darin sieht, "daß es wegen der Mannigfaltigkeit ihres Aussagegehaltes möglich ist, der künstlerischen Darstellung im Wege einer fortgesetzten Interpretation immer weiterreichende Bedeutung zu entnehmen, so daß sich eine praktisch unerschöpfliche, vielstufige Informationsvermittlung ergibt".[155]

Wendet man die so umschriebenen Beurteilungskriterien auf Lebensbilddarstellungen an, gestaltet sich zumindest für den *Filmbereich*[156] die Abgrenzung zwischen "Kunst" und "Nichtkunst" in aller Regel einfach. Zwar führt eine an das Vorliegen einer typischen Kunstgattung anknüpfende, formale Betrachtung hier nicht unbedingt weiter, da Filme anerkanntermaßen nicht notwendigerweise stets als Kunstwerke einzuordnen sind.[157] Zumindest die mit Hilfe schauspielerischer Leistung angefertigten Darstellungen (wie *Doku-Dramen* oder *Spielfilme*) werden den Anforderungen des materialen und offenen Kunstbegriffs jedoch ohne weiteres gerecht. Die filmische Endfassung spiegelt hier zum einen eine ganze Reihe kreativer Leistungen unterschiedlicher Akteure wider:[158] Sie wird unter anderem geprägt von den Ideen des Drehbuchautors, der die auf dem realen Geschehen basierende, mit mehr oder weniger zahlreichen fiktiven Geschehensabläufen angereicherte Spielhandlung ersinnt, von der interpretativen Inszenierungsleistung der Schauspieler und des Regisseurs sowie von sonstigen filmgestalterischen Handlungen wie Kameraführung, Schnittechnik oder musikalischer Untermalung. Jede dieser Vorstufen ist gekennzeichnet durch individuelle Phantasie und Gestaltungskraft, welche dann in dem aus den einzelnen Elementen zusammengesetzten Gesamtwerk zum Ausdruck kommt, wobei allein schon der nach den Vorstellungen des Regisseurs von den Darstellern vorgenommene spielerische Umsetzungsakt in aller Regel genügen wird, um ein i.S.d. materialen Kunstbegriffs hinreichendes schöpferisches Niveau zu begründen.[159] Zum anderen erfordert die Darstellung einer Person die (aufgrund der vielfach notwendigen Zeit- und Ablaufsraffung mitunter überspitzte) Interpretation ihrer Charakterzüge und Verhaltensweisen durch den Drehbuchautor, die Schauspieler und den Regisseur, was seinerseits – i.S.d. offenen Kunstverständnisses – entsprechend vielschichtige Eindrücke beim Betrachter hervorzurufen geeignet ist. Derartige Filmwerke werden deshalb in ihrer Gesamtheit[160] vom Grundrecht des Art. 5 III 1 GG erfasst.[161]

---

155 BVerfGE 67, 213 (227) - "Anachronistischer Zug".
156 Entsprechendes gilt für Schau- und Hörspiele.
157 *Reupert* NVwZ 94, 1155 (1159).
158 Vgl. *Rehbinder*, Urheberrecht, RN 179.
159 *Unland*, Verfilmung, S. 78 f.
160 Vgl. BGH NJW 83, 1194 - "Moritat auf Helmut Horten".

Vom spezifischen Schutz der Kunstfreiheit auszunehmen haben wird man demgegenüber zumeist *rein dokumentarische oder biographische* Bearbeitungen anhand von Originalmaterial, bei denen es lediglich um die Abbildung der objektiven Wirklichkeit geht.[162] Das bloße Zeigen realer Personen und tatsächlicher Ereignisse ist nicht Ausdruck künstlerischen Gestaltungswillens, sondern journalistischer Betätigung. Der Ersteller einer Dokumentation will mit seinem Werk typischerweise nicht seiner Phantasie oder seinen subjektiven Erfahrungen und Eindrücken mit den Mitteln des Films Ausdruck verleihen, sondern sein Publikum über bestimmte Vorgänge in optischer und akustischer Form informieren. Einer fortgesetzten Interpretation, welche dem Zuseher immer andere und neue Bedeutungen erschließt, wie es der offene Kunstbegriff voraussetzt, ist ein Filmwerk, das sich auf die realitätsgetreue Schilderung wahrer Begebenheiten beschränkt, in aller Regel nicht zugänglich.[163]

Schwieriger kann sich in der Praxis dagegen die Einordnung *literarischer Darstellungen* gestalten. Gerade bei sogenannten Schlüsselromanen[164], bei denen die Geschichte wirklicher Personen und Ereignisse in mehr oder weniger verfremdeter und abgeänderter Form vom Autor als "Stoff" verwendet wird, kann bisweilen im Streit stehen, ob es sich bei einem Werk nicht nur um einen verkappten, lediglich in die äußere Form eines Romans oder Krimis eingekleideten Tatsachenbericht handelt, an dessen Wahrheitsgehalt ein strengerer Maßstab anzulegen wäre als an ein Kunstwerk, dem reale Personen und Begebenheiten nur als Inspiration und Ausgangspunkt dichterischen Schaffens gedient haben. Auf die kreativen Inszenierungsleistungen der Schauspieler und des Regisseurs bzw. die erwähnte Vielzahl filmgestalterischer Elemente, welche bei der Umsetzung eines Drehbuchs in dem Gesamtkunstwerk Film zum Ausdruck kommen, kann hier nicht verwiesen werden, weshalb die Beurteilung, ob tatsächlich spezifisch künstlerische Interessen auf dem Spiel stehen, im Einzelfall erhebliche Mühe bereiten kann. In diesem

---

161 *Eickmeier* ZUM 98, 1 (5); *Jacobs*, FS Kreile, S. 307 (309 f.).

162 So auch *Reupert* NVwZ 94, 1155 (1159); vgl. auch *v. Hartlieb* 60. Kap. RN 4.

163 Freilich kann man, worauf *Unland*, Verfilmung, S. 72 ff. zu Recht hinweist, nicht generell ausschließen, daß auch ein Dokumentarfilm im Einzelfall einmal ein künstlerisches Niveau erreichen kann. Da die Dokumentation – in Abgrenzung zum Doku-Drama – wegen ihres strengen Authentizitätsanspruchs aber keine unter dramaturgischen Gesichtspunkten aufbereitete Spielhandlung und keine schauspielerische Inszenierungsleistung aufweist, ist der verbleibende schöpferische Spielraum jedoch äußerst gering. Eine künstlerische Leistung wird man deshalb nur im Ausnahmefall bejahen können, wenn die eingesetzten filmgestalterischen Mittel – wie Kameraführung, Schnittechnik oder Vertonung – deutlich über das Übliche hinausgehen und Ausdruck eines besonderen individuell-kreativen Schaffens sind. Vgl. auch *Straßer*, Die Abgrenzung der Laufbilder vom Filmwerk, S. 60 ff.; 102 ff.; *Hoeren* GRUR 92, 145 (147).

164 Zum Begriff siehe oben, § 3 (dort FN 34).

Fall vermögen auch die erkennbaren Absichten des Autors eine Rolle zu spielen. So hat etwa das OLG Stuttgart,[165] das sich mit der Zulässigkeit eines Kurzkrimis zu befassen hatte, der sehr eng und für viele Leser erkennbar an eine wahre Geschichte angelehnt war, dem dargestellten Protagonisten jedoch die Begehung weiterer, im wirklichen Leben von ihm nicht (bzw. nicht nachweisbar) begangener Delikte andichtete, in seiner Entscheidung darauf abgestellt, ob vom Autor ein berichterstatterisches oder ein künstlerisches Anliegen verfolgt wurde. Für die Privilegierung eines Schlüsselroman als "Kunst" sei es von Bedeutung, daß die Intention des Verfassers nicht darauf gerichtet sei, seine Geschichte als die mit der realen Wirklichkeit identische Geschichte des Betroffenen zu schildern, etwa weil er diesen anzuschwärzen gedenke oder weil er darauf spekuliere, daß zahlreiche Menschen sein Schriftwerk nur deshalb kaufen werden, um weitere, bisher unbekannte Details über den Betroffenen in Erfahrung zu bringen, und er auf diese Weise einen höheren Umsatz erzielen könne. Vielmehr bedürfe es eines künstlerischen Anliegens, um vom Schutzbereich des Art. 5 III GG erfasst zu werden.

Wenngleich der Künstler für sich in Anspruch nehmen kann, den engen Schranken des Reporters nicht unterworfen zu sein und keiner starren "Richtigkeitskontrolle" zu unterliegen, hat er doch bei der Darstellung und Charakterisierung der handelnden Personen gewisse Grenzen zu beachten. Die Freiheit der Kunst ist zwar vorbehaltlos, aber nicht uneingeschränkt gewährleistet. Will der Drehbuch- oder Romanautor sein Werk an tatsächliche Gegebenheiten und wirkliche Personen anlehnen, dann hat er das ebenfalls verfassungsrechtlich geschützte Interesse der Dargestellten zu berücksichtigen, nicht durch die Andichtung nicht getaner Äußerungen und Handlungen in der Öffentlichkeit in einem falschen Licht dargestellt zu werden. In diesen Fällen stellt sich dann die Frage, wo genau im Konflikt zwischen Kunstfreiheit und Persönlichkeitsrecht die Grenzen zu ziehen sind.[166]

---

165 OLG Stuttgart NJW 89, 396 f. - "Barfuß im Sand"; vgl. auch OLG Hamburg JR 83, 508 ff. - "Die Hexenjagd" (m. zust. Anm. *Otto*); LG Köln AfP 83, 414 ff. - "Das große Finale".
166 Hierzu siehe unten, § 7 B II 4 d).

4. Art. 10 MRK

Bei der Abwägung der widerstreitenden Interessen kommt schließlich in Betracht, zugunsten der Medien auch Art. 10 I MRK[167] zu berücksichtigen.[168] Obgleich Art. 10 I MRK nur von "freier Meinungsäußerung" spricht, erfaßt er nach allgemeiner Auffassung auch die Pressefreiheit sowie die Freiheit der Berichterstattung durch Rundfunk und Film.[169] Indes genießt die MRK als völkerrechtlicher Vertrag nach fast einhelliger Ansicht im deutschen Rechtsraum nicht den Rang von Verfassungsrecht, sondern ist in der Normenhierarchie nur auf der Ebene des Zustimmungsgesetzes, also eines einfachen Bundesgesetzes, einzustufen.[170] Nach der Rechtsprechung des BVerfG sind bei der Auslegung des Grundgesetzes aber auch die MRK-Normen in Betracht zu ziehen.[171] Die Garantien der MRK in ihrer Interpretation durch den EGMR sind daher im Rahmen der Abwägung nur mittelbar zu berücksichtigen.[172]

B. Konkretisierung auf einfachgesetzlicher Ebene

I. Die Relevanz der medienspezifischen Kommunikationsform – Zur analogen Anwendbarkeit der §§ 22 f. KUG

Welche zivilrechtliche Norm als dogmatischer Anknüpfungspunkt für die Beurteilung einer Lebensbilddarstellung heranzuziehen ist, wurde bislang offen gelassen. Schwierigkeiten ergeben sich hierbei insbesondere, wenn die Zulässigkeit eines Wortbeitrags (etwa eines Schlüsselromans) in Frage steht, die §§ 22 f. KUG also nicht unmittelbar herangezogen werden können. Weder in der Literatur noch in der Rechtsprechung ist insoweit eine einheitliche Linie auszumachen: Während

---

167 Art. 10 I S. 1, 2 lautet: "Jedermann hat das Recht auf freie Meinungsäußerung. Dieses Recht schließt die Freiheit der Meinung und die Freiheit zum Empfang und zur Mitteilung von Nachrichten oder Ideen ohne Eingriffe öffentlicher Behörden und ohne Rücksicht auf Landesgrenzen ein."

168 Die Ausführungen zu Art. 10 I EMRK gelten mutatis mutandis auch hinsichtlich Art. 8 I EMRK, der das Privatleben des Betroffenen schützt.

169 Statt vieler siehe nur *Frowein/Peukert* Art. 10 RN 15 ff. m.w.Nachw.

170 BVerfGE 74, 358 (370); *Frowein/Peukert* Einführung RN 6; a.A. *Bleckmann*, der in EuGRZ 94, 149 (150) nachzuweisen versucht, daß die MRK im innerstaatlichen Recht "den Rang von Verfassungsrecht beanspruchen kann."

171 BVerfGE 74, 358 (370).

172 Zur Betrachtung der jüngeren BGH-Rechtsprechung zum Schutz des Privatlebens Prominenter unter dem Blickwinkel der MRK siehe *Fahrenhorst* ZEuP 98, 84 ff.; allgemein zur Einwirkung der MRK auf die Pressefreiheit *Klein* AfP 94, 9 ff.

Wortbeiträge verschiedentlich an § 823 I BGB gemessen werden,[173] wenden andere §§ 22 f. KUG analog an;[174] teilweise wiederum wird formal auf § 823 I BGB abgestellt, um dann aber die aus dem Bildnisrecht stammenden Begriffe entsprechend heranzuziehen.[175] Diese Unsicherheit ist nun zu klären. Voraussetzung einer analogen Heranziehung der §§ 22 f. KUG wäre neben einer Regelungslücke die Vergleichbarkeit der bei Wort- und Bildpublikationen bestehenden Interessenlagen.[176]

Zweifelhaft könnte bereits das Vorhandensein einer *Regelungslücke* sein. Insoweit wird regelmäßig vorgebracht, daß mit der Anerkennung des aPR das Bedürfnis für eine analoge Anwendung der §§ 22 f. KUG entfallen sei.[177] Dabei bleibt allerdings unbeachtet, daß bei der Schaffung des zivilrechtlichen aPR durch den BGH[178] aus methodischer Sicht eine *gesetzesübersteigernde* Rechtsfortbildung[179] vorgenommen wurde. Es handelt sich also um ein im BGB oder anderen zivilrechtlichen Normen nicht vorgesehenes, aus übergreifenden Rechtsgedanken (Artt. 1, 2 GG) abgeleitetes Rechtsinstitut. Eine gesetzesübersteigernde Rechtsfortbildung ist methodisch jedoch nur dann und vor allem nur insoweit zulässig, als ein Rechtsproblem nicht im Wege einer *gesetzesimmanenten* Rechtsfortbildung gelöst werden kann.[180] Für die Beurteilung der Zulässigkeit von identifizie-

---

173 BGH AfP 99, 350 ff. - "Ehebruch als Scheidungsgrund"; OLG Hamburg AfP 91, 533 ff. - "Vater Graf"; OLG München NJW 86, 1260 ff. - "Opus Dei"; LG Berlin NJW 97, 1155 ff. - "Pornodarsteller"; *Götting*, Persönlichkeitsrechte als Vermögensrechte, S. 26 (insb. FN 75); *Baston-Vogt*, Der sachliche Schutzbereich, S. 372; *Helle*, Besondere Persönlichkeitsrechte, S. 53 f.; *Unland*, Verfilmung, S. 21 f.

174 OLG Celle AfP 89, 575 ff. - "Tätigkeit für den Verfassungsschutz"; *Bornkamm*, Pressefreiheit und Fairneß des Verfahrens, S. 250; *v. Becker*, Straftäter und Tatverdächtige, S. 144 ff.; *Kerscher*, Gerichtsberichterstattung, S. 302 und 330; *Brandl* AfP 81, 349; *Damm*, FS Schweizer, S. 117 f.; *Neumann-Duesberg* Schulze OLGZ Nr. 121, S. 18 (24); *Gülbay*, FS Nordemann, S. 63 (68); differenzierend zwischen § 22 und § 23 KUG *Guha*, Der Schutz der absoluten Person der Zeitgeschichte, S. 177 ff.

175 OLG Hamburg AfP 94, 232 (233) - "Schwerverbrecher"; OLG München AfP 93, 762 (763) - "Scientology"; LG Berlin AfP 98, 418; *Frömming/Peters* NJW 96, 958 (961); *Wenzel* RN 5.23; *Löffler/Ricker* 42. Kap. RN 9; *Soehring*, S. 329; *Arzt*, Strafrechtlicher Intimsphärenschutz, S. 22 (insb. FN 53).

176 Allgemein zur Analogiebildung *Larenz/Canaris*, Methodenlehre, S. 202.

177 So etwa *Helle*, Besondere Persönlichkeitsrechte, S. 53; *Götting*, Persönlichkeitsrechte als Vermögensrechte, S. 26 (insb. FN 75); *Wenzel* RN 5.23; *Peifer*, Individualität im Zivilrecht, S. 221.

178 BGHZ 13, 334 (insb. 338) - "Leserbrief".

179 Zum Begriff *Larenz/Canaris*, Methodenlehre, S. 232 ff.

180 Vgl. *Larenz/Canaris*, Methodenlehre, S. 245: "Die Unmöglichkeit einer (...) Lösung im Wege *gesetzesimmanenter* Rechtsfortbildung muß außer Zweifel stehen." Zur dogmatischen Vorzugswürdigkeit einer analogen Anwendung des § 23 KUG siehe auch *Guha*, Der Schutz der absoluten Person der Zeitgeschichte, S. 178 f.

renden oder indiskreten Wortbeiträgen kommt indes die Heranziehung der für Bildpublikationen geltenden Regeln im Wege der Gesetzes- bzw. Einzelanalogie, mithin also eine gesetzesimmanente Rechtsfortbildung in Betracht. Die Vergleichbarkeit der Interessenlagen bei Wort- und Bildbeiträgen vorausgesetzt, hätte die analoge Anwendung der §§ 22 f. KUG aus methodischer Sicht somit Vorrang.

Erheblich bedeutsamer ist jedoch die Frage, ob die bei Wort- bzw. Bildveröffentlichungen bestehenden *Interessenlagen* überhaupt vergleichbar sind. Hiergegen werden vor allem in der Rechtsprechung Einwände erhoben. Unter Berufung auf eine (vermutete) hohe *Wirkungsintensität* von Bildpublikationen wird insoweit vorgebracht, daß der Betroffene durch Bildveröffentlichungen stärker gefährdet sei als durch Wortbeiträge. Gegenüber einer Berichterstattung durch Wort und Schrift bedeute es einen ungleich schwereren Eingriff in die persönliche Sphäre, wenn jemand das Erscheinungsbild einer Person fixiere und der Allgemeinheit vorführe. Die bei Wort- und Bildpublikationen bestehenden Interessenlagen seien daher nicht miteinander vergleichbar.[181] Vielmehr müsse eine Bildberichterstattung bei vergleichbaren Themen in engerem Umfang zulässig sein als eine Wortberichterstattung.[182] Diese Hypothese bedarf der kritischen Überprüfung. Denn über die rein formale Frage des dogmatisch korrekten Anknüpfungspunktes hinaus setzt sie zugleich auch inhaltliche Maßstäbe für die sachliche Lösung der bei Wort- und Bildbeiträgen bestehenden Interessenkonflikte.

Allerdings vermag die Rechtswissenschaft zur Beurteilung der unterschiedlichen Wirkungsintensitäten von Wort- und Bildbeiträgen nur Vermutungen beizusteuern. Sie ist hier auf die Erkenntnisse der empirischen Sozialwissenschaften angewiesen.[183] Ein Blick in die kommunikationswissenschaftliche Literatur zur *Medienwirkungsforschung* läßt jedoch zweifeln, ob sich allein anhand der gewählten Kommunikationsform eine verbindliche Vorhersage hinsichtlich der konkreten Wirkung eines Medienbeitrags erstellen läßt. Die der klassischen Kommunikati-

---

181 Grundlegend BGH NJW 66, 2353 (2354) - "Vor unser eigenen Tür", dessen Argumentation fast wortlautgetreu übernommen wird von OLG München NJW 86, 1260 (1261) - "Opus Dei", *Helle*, Besondere Persönlichkeitsrechte, S. 47 und Schricker/*Gerstenberg/Götting* § 22 KUG RN 3; ähnlich auch BVerfGE 35, 202 (226 f.) - "Lebach" und 54, 208 (216) - "Böll/Walden", unter Hinweis auf die "stärkere Intensität des optischen Eindrucks"; anders jetzt aber BVerfG AfP 2000, 349 (350) - "Pulloverkauf einer monegassischen Prinzessin".

182 So ausdrücklich BGH NJW 66, 2353 (2354) - "Vor unser eigenen Tür", wonach "bei der Wort- und Schriftberichterstattung über Personen und ihre Lebensverhältnisse die zum Schutz des Persönlichkeitsrechts notwendigen Grenzen anders und weniger eng zu ziehen sind."

183 Allgemein zur Bedeutung der Sozialwissenschaften für die Rechtswissenschaft *Rehbinder*, Rechtssoziologie, RN 8 ff.; exemplarisch zur Zusammenarbeit der beiden Wissenschaften anhand des "Lebach" - Falls *Lüscher*, Jurisprudenz und Soziologie, S. 81 ff.

onsforschung zugrunde liegende sogenannte Stimulus-Response-Theorie basiert zwar auf dem Glauben, daß die zwischen massenmedialem Reiz und Rezipientenreaktion bestehende Wirkungsbeziehung mit dem Einwirken einer physikalischen Kraft auf einen Gegenstand verglichen werden kann. Ein Medienbeitrag (Stimulus) braucht danach nur entsprechend präpariert zu werden, um eine bestimmte, prognostizierbare Reaktion (Response) beim Publikum auszulösen.[184] Dieser zu Beginn der Kommunikationsforschung dominierende Ansatz konnte sich allerdings nicht lange halten. Man entdeckte bald, daß die zwischen Stimulus und Rezipient bestehende Wirkungsbeziehung in Wahrheit erheblich komplexer ist und das individuelle Responseverhalten von zahlreichen weiteren Faktoren geprägt wird.[185] Ein einheitliches und allgemein anerkanntes Wirkungsmodell konnte bislang allerdings noch nicht erarbeitet werden. Die existierenden Forschungsbefunde zeichnen vielmehr ein bisweilen außerordentlich heterogenes Bild.[186] Als weitgehend gesicherte empirische Erkenntnis kann zwar festgehalten werden, daß Bilder im Vergleich zu Texten ein höheres Wirkungs*potential* besitzen.[187] Daraus eine in jedem Falle höhere Wirkungsintensität der Bildberichterstattung zu folgern, wäre jedoch ein Trugschluß. Denn ob sich das größere Potential bebilderter Darstellungen auch tatsächlich niederschlägt, hängt von einer Vielzahl weiterer Variablen ab. Neben der Tendenz einer Darstellung und ihrer Glaubwürdigkeit – d.h. der Einschätzung des Rezipienten, wie vorteilhaft die Darstellung ist, wie typisch das Verhalten des Dargestellten ist und wie wahrscheinlich es ist, daß sich das Geschilderte auch tatsächlich so ereignet hat – stellt dabei vor allem auch die konkrete Präsentationsform einen zentralen wirkungsbestimmenden Faktor im Kommunikationsvorgang dar:[188] So kann die Wahrnehmung und Beurteilung der in ein bestimmtes Ereignis involvierten Personen beispielsweise bereits deshalb variieren, weil das Geschehen nicht unmittelbar zur Anschauung gebracht wird (wie z.B. bei einer "live"-Sendung), sondern von einem Journalisten zusammengefasst oder gar von Schauspielern nachgestellt wird. Ferner wird der von den Betei-

---

184 Zu den einzelnen in der empirischen Wirkungsforschung vertretenen Theorien siehe *Merten*, Wirkungen von Kommunikation, S. 313 ff.; *Burkhart*, Wirkungen der Massenkommunikation, S. 7 ff.; 39 ff.; 105 ff.

185 So hängt die Wirkung eines konkreten Beitags in wesentlichem Umfang auch von persönlichkeitsspezifischen Umständen des einzelnen Rezipienten (wie Alter, Geschlecht, Intelligenz, soziale Stellung, psychische Verfassung, Einstellung zu der dargestellten Person, Sensibilität für nonverbale Verhaltensweisen und journalistische Darstellungstechniken etc.) ab, siehe *Koschnick*, Mediaplanung und Mediaforschung, Bd. 2, S. 1257; *Kepplinger*, Darstellungseffekte, S. 338.

186 Vgl. *Bommert/Weich/Dirksmeier*, Rezipientenpersönlichkeit und Medienwirkung, S. 4 ff; *Merten*, Wirkungen von Kommunikation, S. 325 ff.

187 *Noelle-Neumann*, Wirkungen der Massenmedien auf die Meinungsbildung, S. 548; *Holicki*, Pressefoto und Pressetext im Wirkungsvergleich, S. 192 ff.

188 Vgl. *Kepplinger*, Darstellungseffekte, S. 337 ff.

ligten gewonnene Eindruck in signifikanter Weise auch von ihrer Medienwirksamkeit (Aussehen, Gestik, Sprechweise, Körpersprache), der Aufnahmetechnik (Beleuchtung, Kamerawinkel und -perspektive, Einstellungsgröße) und der Editionstechnik (Kombination von Bild und Text, Montage, Schnitt und Schnittgeschwindigkeit) beeinflußt. Je nach den konkreten Umständen kann deshalb durch einen bloßen Wortbeitrag sogar eine nachhaltigere Wirkung erzielt werden als durch eine entsprechende Bildberichterstattung.[189]

Zusammenfassend ist somit festzustellen, daß nach dem gegenwärtigen Stand der Kommunikationsforschung eine verbindliche Aussage hinsichtlich einer generell höheren Wirkungsintensität von Bildberichten nicht getroffen werden kann. Die Form eines Beitrags stellt lediglich eine aus einem ganzen Bündel von Variablen dar, welche die konkrete Wahrnehmung einer Person zu beeinflussen vermögen.[190] Überzeugende Anhaltspunkte für eine grundlegende Differenzierung zwischen Wort- und Bildbeiträgen können angesichts der Komplexität der Wirkungsfrage folglich nicht ausgemacht werden. In beiden Fällen geht es vielmehr um die grundsätzliche Frage, ob bzw. inwieweit sich Betroffene unter Berufung auf ihr Anonymitäts- und/oder Diskretionsinteresse gegen eine öffentliche Darstellung ihrer Person wehren können. Es erscheint daher sinnvoll, die für Bildpublikationen geltenden Regelungen möglichst einheitlich auch auf Wortbeiträge zu übertragen.

Freilich kommt auch den – tatbestandlich sehr weit gefassten – §§ 22 f. KUG kaum eine stärkere Aussagekraft als dem aPR zu. Auch bei §§ 22 f. KUG müssen erst die einzelnen Interessen mit dem richtigen Gewicht in Ansatz gebracht und miteinander abgewogen werden. § 23 KUG belegt die erforderliche Güterabwägung durch die Begriffe "Person der Zeitgeschichte" und "berechtigte Interessen" wohl mit Bezeichnungen, für die Entscheidung selbst gibt er jedoch keine Kriterien an die Hand. Für die sachliche Lösung des Konflikts ist der Streit um die einschlägige Norm damit nur wenig ergiebig. Gleichwohl hat die methodische Bezugnahme auf § 23 KUG zum einen den Vorteil, daß man durch die von der Systematik dieser Norm vorgegebene Prüfungsreihenfolge zu einer sauberen Abschichtung der jeweiligen Problembereiche gezwungen ist.[191] Insbesondere aber

189 *Neumann-Duesberg*, Juristen-Jahrbuch Bd. 7 (1966/67), S. 138 (140), weist in diesem Kontext zudem zu Recht darauf hin, daß eine Namensnennung durchaus unangenehmer als die Abbildung der Einzelperson sein kann, weil durch die persönlichkeitswidrige öffentliche Namensangabe die ganze Familie, die den Namen trägt, in Mitleidenschaft gezogen wird.

190 In diese Richtung auch BVerfG AfP 2000, 349 (350) - "Pulloverkauf einer monegassischen Prinzessin".

191 Vgl. *Neumann-Duesberg* Schulze OLGZ Nr. 121, S. 18 (24 f.).

wird so klargestellt, daß Wort- und Bildpublikationen prinzipiell am selben Maßstab zu messen sind. Dies schließt Differenzierungsmöglichkeiten deswegen nicht grundsätzlich aus, verdeutlicht aber, daß auf den Besonderheiten des Einzelfalles basierende Unterscheidungen keine Frage der anwendbaren Norm, sondern der konkreten Normanwendung sind.

Festzuhalten bleibt damit, daß die Vorschriften der §§ 22 f. KUG als einheitlicher Maßstab auf Wort- wie Bildpublikationen Anwendung finden. Dabei ist es unerheblich, ob es sich um einen *künstlerischen* oder einen *journalistischen* Beitrag handelt. Die Freiheit der Kunst unterliegt zwar nicht den Schranken des Art. 5 II GG. Sie ist vielmehr in ihrer Eigenständigkeit und Eigengesetzlichkeit durch Art. 5 III 1 GG vorbehaltlos gewährleistet. Die systematische Trennung der Gewährleistungsbereiche in Art. 5 GG macht es auch nicht angängig, die Schrankentrias des Art. 5 II GG auf die Kunstfreiheitsgarantie analog anzuwenden.[192] Wie bei sonstigen verfassungstextlich einschränkungslos statuierten Grundrechten müssen sich die Schranken vielmehr aus dem Grundgesetz selbst ergeben. Ein Eingriff in eine künstlerische Darstellung kommt daher nur zum Schutze der Grundrechte Dritter oder sonstiger mit Verfassungsrang ausgestatteter Rechtsgüter in Betracht. Unter diesen Gesichtspunkten bestehen jedoch gegen die unmittelbare bzw. entsprechende Anwendung der §§ 22 f. KUG keine Bedenken. Denn Zweck dieser Normen ist es nachgerade, den Widerstreit zwischen Kunstfreiheit bzw. Medienfreiheit auf der einen und Persönlichkeitsschutz auf der anderen Seite auszutarieren. Mit seinen unbestimmten und damit wertausfüllungsbedürftigen Begriffen dienen die §§ 22 f. KUG nur als einfachgesetzlicher Brennpunkt dieses verfassungsrechtlich unterlegten Konflikts. Eine Beschränkung eines dem Schutzbereich des Art. 5 III GG unterfallenden Beitrags durch §§ 22 f. KUG dient mit anderen Worten gerade dem Schutze der Grundrechte Dritter. Es geht daher nicht darum, "über die Hintertür" die für die Kunstfreiheit gerade nicht geltenden Schranken des Art. 5 II GG wieder einzuführen,[193] sondern um das Bestreben, über einen einheitlichen Anknüpfungspunkt zu einem sachgerechten Ausgleich widerstreitender Grundrechtspositionen zu gelangen.

---

192 BVerfGE 30, 173 (191 f.) - "Mephisto".

193 Unberechtigt deshalb die Kritik von *Jacobs*, FS Kreile, 307 (311).

II. Die §§ 22 f. KUG im Brennpunkt des grundrechtlichen Wertungssystems

Ist bei der Beurteilung der Zulässigkeit der öffentlichen Wiedergabe eines Lebensbildes oder eines Teiles davon gemäß der hier vertretenen Auffassung mithin auf die §§ 22 f. KUG (analog) abzustellen, so bleibt gleichwohl noch ungeklärt, nach welchen *inhaltlichen Kriterien* sich diese Frage beantwortet. Denn bei den Begriffen "Person der Zeitgeschichte" und "berechtigte Interessen" handelt es sich zunächst nur um Leerformeln, die erst noch der näheren Konkretisierung und Wertausfüllung bedürfen. Die §§ 22 f. KUG dienen dabei lediglich als einfachgesetzliche Plattform, auf welcher der Widerstreit der grundrechtlich untermauerten Rechtspositionen ausgefochten wird. Es erscheint daher empfehlenswert, sich bei der Auslegung dieser Normen an den hinter ihnen stehenden verfassungsrechtlichen Wertungen zu orientieren.[194] Denn ob jemand zur "Zeitgeschichte" gezählt werden darf und sich deshalb nicht mehr auf sein Anonymitätsrecht zu berufen vermag, kann ebenso wie die Frage, ob das Diskretionsinteresse einer Person der Zeitgeschichte "berechtigt" ist, nur anhand der aus der Grundrechtsordnung abzuleitenden Vorgaben entschieden werden. Die nähere inhaltliche Ausgestaltung der §§ 22 f. KUG hat sich somit an der Frage zu orientieren, welchen grundrechtlich geschützten Interessen unter welchen Umständen eine Vorrangstellung einzuräumen ist. Die Ermittlung dieses Rangverhältnisses erfolgt dabei anhand des Instrumentariums der Güterabwägung.

1. Die Problematik der Güterabwägung

Die Aufgabe, die sich bei der Güterabwägung stellt, besteht darin, die konfligierenden Grundrechte einander gegenüberzustellen und ihr Gewicht im Rahmen dieses Gegenseitigkeitsverhältnisses festzulegen, um auf diese Weise zu einer Vorrangentscheidung zu gelangen. Einen generellen Vorzug eines Grundrechts aufgrund seiner abstrakten Höherwertigkeit wird sich dabei nur im absoluten Aus-

---

[194] Dies zumal sich gerade bei § 23 I Nr.1 KUG die an der Historie, dem Wortlaut oder der Systematik der Norm orientierten Deutungsversuche als wenig ergiebig erwiesen haben, vgl. *Franke*, Bildberichterstattung und Öffentlichkeitsgrundsatz, S. 97 ff.; *Guha*, Der Schutz der absoluten Person der Zeitgeschichte, S. 91 f. und 142 a. E.; allgemein zu den diversen Deutungsversuchen bei § 23 I Nr. 1 KUG *Walter*, Reality - Fernsehen, S. 32 - 78.
Da die §§ 22 f. KUG einen sachgerechten Ausgleich zwischen den grundrechtlich geschützten Interessen des Dargestellten und der Allgemeinheit bezwecken, deckt sich der verfassungskonforme Ansatz insoweit mit einer teleologischen Betrachtungsweise.

nahmefall ergeben.[195] Entscheidende Bedeutung kommt daher regelmäßig der Frage zu, mit welchem Gewicht die betroffenen Grundrechtspositionen aufgrund der konkreten Fallumstände im Abwägungsprozeß zu veranschlagen sind. Je nach den Konturen des jeweiligen Kollisionsfalles sind die widerstreitenden Rechtsgüter mit unterschiedlicher Intensität betroffen. Aufgabe des urteilenden Richters ist es dabei, alle entscheidungserheblichen Gesichtspunkte durch sorgfältige Analyse des konkreten Falles herauszuarbeiten und in die Gewichtung der betroffenen Rechtspositionen einfließen zu lassen. Ein derart offener Abwägungsprozeß birgt jedoch stets die Gefahr in sich, daß "im Sinne kasuistischer Güterabwägung diese (..) Güter immer wieder neu gegeneinander abgewogen werden, je nach den Konturen des einzelnen Falles, d.h. aber auch versinkend in den Konturen des einzelnen Falles, ohne daß weitere übergreifende Maßstäbe zur Hand sind."[196] Wo die konkrete Abwägung ausschließlich an den Einzelfallumständen ausgerichtet ist, geht mit anderen Worten die für die Rechtssicherheit unabdingbare Vorausberechenbarkeit der gerichtlichen Entscheidung verloren. Will man dieser Gefahr vorbeugen, ohne auf die Vorteile einer Berücksichtigung der Umstände des Einzelfalles verzichten zu müssen, so ist es erforderlich, Leitgedanken herauszuarbeiten, die dem Richter bei der Bewertung der jeweiligen Fallbeson-derheiten als übergeordnete Richtlinie und Maßstab dienen können und die auch den betroffenen Parteien die Feststellung ermöglichen, welche Gesichtspunkte zu ihren Gunsten und welche zu ihren Ungunsten gewertet wurden.[197] Diese bei der Grundrechtsabwägung und der Auslegung der § 22 f. KUG heranzuziehenden Orientierungspunkte können dabei nur unter Rückgriff auf die in der Verfassung selbst verankerten Wertaussagen gewonnen werden.

---

195 Vgl. *Wolf*, Der grundrechtliche Schutz der Privatsphäre, S. 125 f.; 141; zur Rangordnung der Grundrechte allgemein BVerfGE 3, 225 (231 f.); speziell zum Verhältnis von Rundfunkfreiheit und Persönlichkeitsrecht BVerfGE 35, 202 (225) - "Lebach"; 63, 131 (144) - "Gegendarstellung im Rundfunk".

196 *Lerche* AfP 76, 55. Gegen das Modell der Güterabwägung als Mittel der Entscheidungsfindung werden im Schrifttum mitunter methodologische Einsprüche vorgebracht, vgl. *Pieroth/ Schlink*, Grundrechte, RN 314 ("entbehrt der rationalen und verbindlichen Maßstäbe"); *Böckenförde* NJW 74, 1529 (1534) ("Verhüllungsformel für richterlichen bzw. interpretatorischen Dezisionismus"); *Schlink*, Abwägung im Verfassungsrecht, S. 134 ff. Mit *Alexy*, Theorie der Grundrechte, S. 143 ff., ist dieser Kritik jedoch nur insoweit zuzustimmen, als durch sie zum Ausdruck gebracht werden soll, daß durch die Güterabwägung oftmals nicht nur ein einzig richtiges Ergebnis, sondern eine ganze Bandbreite vertretbarer Resultate gefunden werden kann. Wenn daraus die Irrationalität und Beliebigkeit der Güterabwägung als solcher gefolgert wird, geht die Kritik jedoch in die falsche Richtung. Es sind vielmehr die bisweilen unbrauchbaren Leitkriterien, welche für die einzelnen Abwägungskonstellationen herausgearbeitet werden, die zu willkürlich erscheinenden Ergebnissen führen. Vgl. zum Ganzen auch Erman-*Ehmann* Anh. § 12 RN 331 m.w. Nachw.

197 *Hubmann* AcP 155 (1956), 86 (89).

Bei der Herausarbeitung dieser übergeordneten Maßstäbe muß das Augenmerk allerdings auch auf deren Handhabbarkeit gerichtet sein. In diesem Zusammenhang erscheint es bemerkenswert, daß in den vergangenen Jahren die Zahl der gegen mediale Persönlichkeitsverletzungen angestrengten Verfahren einen geradezu inflationären Anstieg erfahren hat.[198] Hierbei hat sicherlich der verschärfte Wettbewerbsdruck im Mediensektor, der zu vermehrten Grenzüberschreitungen verführen mag, eine Rolle gespielt. Eine nicht unwesentliche Ursache hierfür dürfte aber auch darin zu suchen sein, daß es den von der Rechtsprechung zur Lösung der einschlägigen Konfliktfälle herangezogenen Kriterien mitunter an der Praktikabilität und Konsistenz mangelt, die erforderlich wäre, um vorhersagen zu können, wo im Falle eines Rechtsstreits vom entscheidenden Gericht die persönlichkeitsrechtlichen Grenzen gezogen würden.[199] Für die Medienschaffenden, die ihr Handeln an der einschlägigen Jurisdiktion auszurichten haben, ist es aber unabdingbar, anhand nachvollziehbarer Koordinaten beurteilen zu können, wann eine Rechtevereinbarung mit den Betroffenen notwendig ist. Es ist Aufgabe der Rechtsfortbildung, typisierte Entscheidungskonstellationen und Argumentationsschemata zu entwickeln, anhand derer der durch die Güterabwägung bedingten Tendenz zur Beliebigkeit entgegengewirkt und eine zuverlässigere Bewertung des Einzelfalles ermöglicht wird.[200] Diesem Anliegen soll bei den folgenden Erörterungen soweit als möglich Rechnung getragen werden.

2. Richtervorbehalt statt Gesetzesvorbehalt ? – Zur Untauglichkeit des Kriteriums der "Gewichtigkeit des Öffentlichkeitsinteresses" als Leitgedanke der Güterabwägung und Begriffskonkretisierung bei § 23 KUG

Bereits im Rahmen der Skizzierung der verfassungsrechtlichen Vorgaben wurde angedeutet, daß die Rechtsprechung bei der Abwägung der konfligierenden Grundrechte dem Gesichtspunkt der Gewichtigkeit des öffentlichen Interesses

---

198 Vgl. die Zahlen bei *Prinz* NJW 95, 817 (FN 12).

199 Vgl. etwa *Herrmann*, Verhandlungen des 58. DJT in München (1990), K 35: Nur wenige zivilrechtliche Problemlagen weisen eine solche Streubreite der Ergebnisse auf. Kritisch auch *Amelung /Tyrell* NJW 80, 1560 (1561): "So muß alles der Beurteilung des Einzelfalles überlassen bleiben, bei der die Rechtsprechung nach unerforschlichen Prinzipien die Privatheit einer Verhaltensweise einmal verneint, ein anderes Mal bejaht." Ähnlich *Lerche*, FS Schweizer, S.45 (48 ff.); *Helle*, Besondere Persönlichkeitsrechte, S. 130; 151 f.; *Rehm* AfP 99, 416 f.

200 Auch das BVerfG hat in diesem Zusammenhang unterstrichen, daß die rechtsstaatlichen Gebote der Berechenbarkeit des Rechts und der Rechtssicherheit es der Rechtsprechung zur Aufgabe machen, offene Normen anhand von Grundsätzen zu schließen, welche die Entscheidung des Einzelfalls normativ auch wirklich zu leiten imstande sind, BVerfGE 66, 116 (138) - "Wallraff".

zentrale Bedeutung zukommen läßt. Schutzwürdige Positionen Dritter sollen danach umso eher eingeschränkt werden können, je gewichtiger das Allgemeininteresse an der Publikation der in Rede stehenden Information ist.[201] *Lerche*[202] hat hier darauf aufmerksam gemacht, daß mit dem Begriff der "Gewichtigkeit" zwei voneinander zu trennende Gedanken verbunden sind: Zum einen die Frage nach der "Höhe" des Öffentlichkeitsinteresses, also nach der Quantität der interessierten Rezipienten, und zum anderen die Frage nach der "Qualität" oder Legitimität dieses Interesses.[203]

Betrachtet man den ersten Aspekt – die *"Höhe" des Öffentlichkeitsinteresses*[204] – genauer, so wird jedoch relativ schnell deutlich, wie problembehaftet der Rückgriff auf dieses Kriterium ist. Denn die Höhe des an einer Veröffentlichung bestehenden Publikumsinteresses und das Ausmaß des gegenläufigen Betroffeneninteresses sind keine voneinander unabhängigen und individuell zu taxierenden Werte. Beide Variablen verhalten sich zueinander vielmehr proportional: Es liegt auf der Hand, daß das öffentliche Interesse vor allem dann besonders hoch sein wird, wenn Umstände enthüllt werden, an deren Geheimhaltung dem Betroffene gerade besonders viel liegt. Nicht zuletzt die detailverliebte Aufarbeitung der Clinton /Lewinsky-Affäre hat veranschaulicht, daß mit zunehmender Pikanterie einer Enthüllung (und damit einhergehend: einem zunehmenden Geheimhaltungsinteresse des Betroffenen) auch das Publikumsinteresse höher veranschlagt werden kann. Je intensiver der mit einer indiskreten Publikation verbundene Prangereffekt auf der anderen Seite aber ist, desto schutzwürdiger sind auch die der Veröffentlichung entgegenstehenden Belange des Betroffenen. Die Größe des interessierten Forums ist auf einer imaginären Balance mithin sowohl zugunsten als auch zuungunsten der Publikationsfähigkeit eines Beitrags in die Waagschale einzubringen – das

---

201 Auf dieses Kriterium wird dabei sowohl zur Bestimmung des Begriffs der "Person der Zeitgeschichte" als auch im Rahmen der Gewichtung der einer Veröffentlichung entgegenstehenden "berechtigten Interessen" (§ 23 II KUG) abgestellt, vgl. BGHZ 131, 332 (336 und 342) - "Caroline von Monaco III"; weitere Nachweise zur Rechtsprechung bei *Helle*, Besondere Persönlichkeitsrechte, S. 139 ff.; auch in der Literatur überwiegt dieser Ansatz, vgl. statt vieler *Löffler/Ricker* 42. Kap. RN 10 f. m. w. Nachw.

202 FS Schweizer, S. 45 (49; 52).

203 Die beiden Aspekte fließen auch dann zusammen, wenn darauf abgestellt wird, ob es sich um "einen Beitrag (...) in einer die Öffentlichkeit *wesentlich* berührenden Frage handelt", BVerfGE 66, 116 (139) - "Wallraff", m. w. Nachw.; Hervorhebung nicht im Original.; ebenso BVerfG ZUM 2000, 149 (157) - "Caroline von Monaco".

204 Dieser Ansatz wird etwa gewählt, wenn der BGH formuliert: "Je *größer* das Informations*interesse* der Öffentlichkeit ist, desto mehr muß das Schutzinteresse einer Person (...) zurücktreten", BGHZ 131, 332 (342) - "Caroline von Monaco III; Hervorhebung nicht im Original.

Abwägungsergebnis vermag dieses Kriterium damit aber richtigerweise nicht mehr zu beeinflussen.[205]

Da die "Höhe" des Öffentlichkeitsinteresses somit kein taugliches Abwägungskriterium darstellt, verdient der zweite Gesichtspunkt, die Legitimität oder *"Qualität"* dieses Interesses, der von der Rechtsprechung vielfach daneben oder stattdessen als Maßstab herangezogen wird,[206] eine eingehendere Würdigung. Im Anschluß an die "Soraya"-Entscheidung des BVerfG wird dabei danach unterschieden, ob eine Publikation "eine Angelegenheit von öffentlichem Interesse ernsthaft und sachbezogen erörtert, damit den Informationsanspruch des Publikums erfüllt und zur Bildung der öffentlichen Meinung beiträgt, oder ob sie lediglich das Bedürfnis nach Unterhaltung (...) befriedigt".[207] In den Fällen der Prominentenbeobachtung wird entsprechenden Berichten von der Rechtsprechung regelmäßig nur ein geringer Informationswert konzediert: "Es überwiegen *bloße* Neugier und Sensationslust sowie ein *bloßes* Interesse an Unterhaltung. Solche Motive, insbesondere das *bloße* Unterhaltungsinteresse, (...) können aber, wie in der Rechtsprechung stets betont worden ist, nicht als schützenswert anerkannt werden".[208]

Mag einem auf den ersten Blick die unterschiedliche Beurteilung von politischer und nur auf Befriedigung von Neugier, Unterhaltungsinteresse oder Sensationslust abzielender Berichterstattung plausibel, unter *ethischen* Gesichtspunkten vielleicht sogar zustimmungswürdig erscheinen, so verbleibt gleichwohl die Frage, wie sich diese ungleiche Gewichtung der einzelnen Publikationen im Rahmen der Güterabwägung auch unter *rechtlichen* Gesichtspunkten begründen läßt. Denn die Gerichte sind aufgrund ihrer Bindung an Recht und Gesetz gehalten, sich bei der

---

205 So auch *Lerche*, FS Schweizer, S. 45 (50); *Helle*, Besondere Persönlichkeitsrechte, S. 136, gibt darüberhinaus zu bedenken, daß es dem Rang der Persönlichkeit zuwiderliefe, wenn man die Einschränkungen des Persönlichkeitsrechts zur Disposition einer konkreten Mehrheitsentscheidung stellen würde.

206 Repräsentativ auch hier die "Caroline von Monaco III" - Entscheidung des BGH (Z 131, 332, 342): "Umgekehrt wiegt aber auch der Schutz der Persönlichkeit des Betroffenen umso schwerer, je *geringer* der Informations*wert* der Abbildung für die Allgemeinheit ist."; ebenso LG Berlin NJW 97, 1155 (1156) - "Pornodarsteller"; ähnlich BGHZ 73, 120 (128) - "Kohl / Biedenkopf": "Je stärker der private Charakter der Information ist, (...) desto *nachhaltiger* muß ihr 'Öffentlichkeits*wert*' sein"; Hervorhebungen nicht im Original.

207 BVerfGE 34, 259 (283) - "Soraya"; ähnlich, wenngleich erheblich positiver zur Rolle der Unterhaltungspresse BVerfG ZUM 2000, 149 (157) - "Caroline von Monaco".

208 BGHZ 131, 332 (342) - "Caroline von Monaco III"; Hervorhebungen nicht im Original; ähnlich OLG Hamburg AfP 92, 376 (377) - "Deutschlands ärmster Prinz": "Ein (...) überwiegendes öffentliches Informationsinteresse ist jedoch regelmäßig zu verneinen, wenn der Eingriff in das Persönlichkeitsrecht eines einzelnen zur Befriedigung reiner Unterhaltungsinteressen (...) oder zur Verbreitung von Klatsch und Tratsch vorgenommen wird."

Auffindung der entscheidungsrelevanten Abwägungskriterien an rechtsordnungsimmanenten Wertungen und nicht an außerrechtlichen Gesichtspunkten zu orientieren. In einer auf Rechtssicherheit und Rechtsgleichheit ausgerichteten Rechtsordnung sind Rechtsgüterkonflikte nicht mittels ethisch-moralischer Reflexionen oder persönlicher Wertvorstellungen des urteilenden Richters, sondern anhand der aus ihr selbst abzuleitenden Vorgaben zu lösen.[209]

Ein derartiger, rechtlich relevanter Anknüpfungspunkt könnte möglicherweise die demokratiestaatliche oder objektivrechtliche *Funktion der Medienfreiheiten* darstellen. Hintergrund ist hierbei die Überlegung, daß die Medienfreiheiten über ihre Abwehrfunktion hinaus auch konstitutive Elemente objektiver demokratischer und rechtsstaatlicher Ordnung verkörpern und durch diese zusätzliche Wirkung ihre subjektivrechtliche Bedeutung verstärken. Die Medienfreiheiten werden mit anderen Worten nicht nur gewährleistet, um dem einzelnen einen geschützten Freiraum zu sichern, sondern auch, damit "unter den Bedingungen der modernen Massenkommunikation (...) freie und umfassende Meinungsbildung"[210] stattfinden kann, ohne die das Funktionieren einer demokratischen Gesellschaft nicht denkbar wäre. Es liegt deshalb der Gedanke nahe, hieraus die Vorgabe für den abwägenden Richter abzuleiten, den Informationswert eines Berichts (und damit das Gewicht der für eine Veröffentlichung streitenden Interessen) umso höher zu veranschlagen, je eher dieser geeignet erscheint, einen Beitrag zum öffentlichen Kommunikationsprozeß und zur politischen Meinungsbildung zu erbringen. Diese Überlegung stößt indes in mehrfacher Hinsicht auf Vorbehalte:

Erstens ist bereits fraglich, ob dieser Gedanke unter *teleologischen* Gesichtspunkten haltbar ist. Denn die Feststellung, daß die Medienfreiheiten für den demokratischen Rechtsstaat konstitutiv sind, besagt zunächst lediglich, daß ohne freie Medien eine freie geistige Auseinandersetzung und damit die freie öffentliche Meinungsbildung über Gegenstände von staatsbürgerlicher Bedeutung, welche für den pluralistisch - demokratischen Verfassungsstaat kennzeichnend ist, kaum möglich wäre. Die Medienfreiheiten erfüllen mit anderen Worten eine wichtige Funktion bei der politischen Willensbildung der Bevölkerung. Ob daraus aber der Umkehrschluß gezogen werden kann, daß ihnen im Rahmen eines Rechtsgüterkonflikts *nur* dann nennenswertes Gewicht beizumessen ist, wenn sie dieser demokratiestaatlichen Rolle gerecht werden, wenn also ein Bericht zur *politischen* Meinungsbildung beitragen kann, ist allerdings zweifelhaft. Denn die öffentliche Aufgabe der Medien erschöpft sich keineswegs in ihrem Beitrag zur politischen Willensbil-

---

209 Grundlegend hierzu *Hubmann* AcP 155 (1956), S. 85 (97 ff.); *ders.* NJW 57, 521 (523).
210 BVerfGE 74, 297 (323 f.).

dung.[211] Gerade der unterhaltenden Berichterstattung kommt anerkanntermaßen auch eine – nicht zu unterschätzende – *gesellschaftliche* und integrationsstiftende *Funktion* zu.[212] *Di Fabio* bemerkt hierzu treffend: "Für wie viele Menschen läßt sich eigentlich die strikte Individualisierung einer in Funktionssysteme zergliederten Gesellschaft, die Anonymität im grauen Heer der Großstadt, die Tristesse der Kleinstadt nur deshalb ertragen, weil Ersatzwelten ihnen Nähe bereiten, Gesellschaft vorführen, in die man eintauchen, an der man Anteil nehmen und zu deren Bewegungen im Verhalten Prominenter jeder Position beziehen kann ?"[213]

Wollte man dieser gesellschaftlichen Dimension die rechtliche Anerkennung versagen, dann müßte man die Medienfreiheiten folgerichtig schon auf der Schutzbereichsebene nur auf Berichte mit politischen Implikationen beschränken. Die Einbeziehung auch der Unterhaltungsberichterstattung wird von der Rechtsprechung hingegen stets ebenso betont wie die Legitimität und Schutzwürdigkeit der gesellschaftlichen Funktion der Medienfreiheiten.[214] Sind aber beide Aspekte der Medienfreiheiten rechtlich beachtlich, dann erscheint es unter teleologischen Gesichtspunkten widersprüchlich, wenn im Rahmen der Güterabwägung nur einseitig auf die politisch - demokratische Dimension abgehoben wird.[215]

---

211 Zum Begriff der öffentlichen Aufgabe der Medien ausführlich *Löffler/Ricker* 3. Kap. RN 4 ff.; kritisch hierzu *Rehbinder*, Die öffentliche Aufgabe und rechtliche Verantwortlichkeit der Presse, S. 120 ff.; *ders.* NJW 63, 1387 ff.

212 Siehe hierzu bereits BVerfGE 35, 202 (222) - "Lebach", wonach den Medien für "die Integration der Gemeinschaft in allen Lebensbereichen eine maßgebende Wirkung zukommt. Sie verschaffen dem Bürger die erforderliche umfassende Information über das Zeitgeschehen und über Entwicklungen (...) im gesellschaftlichen Leben." Ähnlich hinsichtlich der Sportberichterstattung BVerfGE 97, 228 (257) - "Kurzberichterstattung"; zur sozialintegrierenden Funktion von Trivialinformation siehe auch *Janisch* AfP 2000, 32 ff.

213 AfP 99, 126 (127); ähnlich *Luhmann*, Die Realität der Massenmedien, S. 115 ("Unterhaltung ermöglicht eine Selbstverortung in der dargestellten Welt") und *Grimm*, in: DIE ZEIT v. 15.11. 1996 ("Weltverständnis, Sinngebung und Standards für Normalität werden weitgehend vom Fernsehen geprägt.").

214 Dezidiert insbesondere BVerfG ZUM 2000, 149 (157) - "Caroline von Monaco": "Es wäre einseitig anzunehmen, Unterhaltung befriedige lediglich Wünsche nach Zerstreuung und Entspannung, nach Wirklichkeitsflucht und Ablenkung. Sie kann auch Realitätsbilder vermitteln und stellt Gesprächsgegenstände zur Verfügung, an die sich Diskussionsprozesse und Integrationsvorgänge anschließen können, die sich auf Lebenseinstellungen, Werthaltungen und Verhaltensmuster beziehen, und erfüllt insofern wichtige gesellschaftliche Funktionen. (...) [Sie] ist aus diesem Grund, gemessen an dem Schutzziel der Pressefreiheit, nicht unbeachtlich oder gar wertlos und deswegen ebenfalls in den Grundrechtsschutz einbezogen"; ähnlich BVerfGE 34, 259 (283) - "Soraya"; 35, 202 (222) - "Lebach"; 66, 116 (134) - "Wallraff"; vgl. hierzu auch *Heldrich*, FS Heinrichs, S. 319 (324).

215 Ebenso *Lerche*, FS Schweizer, S. 45 (54; 56 f.) und *Rehm* AfP 99, 416 (420); auch *Di Fabio* (AfP 99, 126 (131)) wendet sich dagegen, daß bei der Abwägung die gesellschaftliche Bedeutung

Zweitens unterliegt die an der angeblichen Qualität einer Medienveröffentlichung orientierte Gewichtung auch unter *systematischen* Gesichtspunkten schwerwiegenden Bedenken. Weder bei den anderen demokratischen Grundrechten noch bei den sonstigen Freiheitsverbürgungen wird eine am thematischen Bezug orientierte, abgestufte Bewertung vorgenommen: Gesangsvereine werden von Art. 9 I GG ebenso geschützt wie Bürgerinitiativen; die alljährliche "Love Parade" darf ihre Umgebung ebenso beeinträchtigen wie ein politischer Demonstrationszug;[216] kaum jemand käme wohl auf den Gedanken, bei Art. 5 III GG zwischen "ernsthafter" und lediglich unterhaltender Kunst zu unterscheiden oder bei Art. 4 GG eine qualitative Beurteilung einer bestimmten Religion vorzunehmen.[217] Eine "Hierarchie der Inhalte"[218] entspricht nicht der Konzeption dieser Freiheitsverbürgungen. Es erscheint deshalb äußerst zweifelhaft, ob sich bei Art. 5 I GG eine der "politischen" Ausübung des Grundrechts eingeräumte Sonderstellung verfassungsrechtlich legitimieren läßt.[219] Denn letztlich bedeutet eine Privilegierung bestimmter medialer Inhalte nichts anderes als eine Bevormundung des Rezipienten, die einer freiheitlichen Kommunikationsverfassung zuwiderläuft.[220]

Weder dem Gesetzgeber noch dem an seine Stelle tretenden maßstabbildenden Richter steht es zu, den verfassungsrechtlich verbürgten Freiheitsraum nachträg-

---

von Unterhaltung gänzlich ungewichtet bleibt; ähnl. *Osiander*, Das Recht am eigenen Bild, S. 141 f.

216 Beispiel nach *Rehm* AfP 99, 416 (420).

217 *Rehm* AfP 99, 416 (420); hierzu auch Dreier/*Bauer* Art. 9 RN 37 f.; Dreier/*Schulze-Fielitz* Art. 8 RN 16, 44; *Jarass/Pieroth* Art. 4 RN 6; Art. 5 RN 67 a.E.

218 *Kresse/Heinze* AfP 95, 574 (576).

219 In diese Richtung auch BK/*Degenhart* Art. 5 Abs. 1 und 2: "Wenn also freie Kommunikation in Angelegenheiten von allgemeinem Interesse für die Staatsform schlechthin konstituierend ist, so gilt dies für *alle Angelegenheiten von allgemeinem Interesse*, nicht nur für freie Meinungsbildung in politicis."; Maunz/ Dürig/*Herzog* Art. 5 Abs. I, II: "Es wäre ein übler Trugschluß, (...) aus dem demokratischen Prinzip selbst herleiten zu wollen, [daß] bestimmte Formen der Massenkommunikation gegenüber anderen zu privilegieren [sind]"; dezidiert insoweit auch *Schmitt Glaeser* AfP 81, 314 (319):" Beginnen staatliche Gerichte (...) mit der inhaltlichen Wertung von Presseprodukten und leiten sie aus diesen Qualifikationen rechtliche Folgen ab, dann ist das Ende der Pressefreiheit eingeläutet."; ähnlich für die Meinungsfreiheit, bei der sich das parallele Problem stellt *ders.* in AöR 113 (1988), S. 52 (54 f.) m. w. Nachw.: "Zudem entbehrt die Differenzierung zwischen öffentlicher (politischer) und privater Meinungsäußerung jeder Grundlage in der Verfassung. (...) Politisches Handeln hat aus grundrechtlicher Sicht keinen Vorang vor politisch indifferentem Tun. (...) Jedes einseitig funktional-demokratische Verständnis der Meinungsfreiheit führt zu einer inhaltlichen Bestimmung des Grundrechtsgebrauchs von Staats wegen. (...). [Dies findet] in Art. 5 I GG nicht nur keine Begründung, sondern ist als schlechthin grundrechtsinadäquat anzusehen."; ebenso *Mackeprang*, Ehrenschutz, S. 144 ff. m. w. Nachw.; *Helle*, Besondere Persönlichkeitsrechte, S. 144.

220 *Diesbach*, Pay-TV oder Free-TV, S. 99.

lich zu beschneiden, indem er nach seinem Ermessen eine Wertskala errichtet, welche dem Grundrechtsgebrauch Fesseln anlegt. Der Staat ist vielmehr durch das Grundgesetz verpflichtet, im Hinblick auf den konkreten Grundrechtsgebrauch inhaltlich neutral zu bleiben.[221] Das BVerfG selbst hebt in gefestigter Rechtsprechung hervor, daß jede Unterscheidung eines Beitrags nach Art, Ausrichtung, Inhalt oder Niveau am Ende auf eine dem Wesen der Medienfreiheiten zuwiderlaufende Bewertung und Lenkung durch staatliche Stellen hinausliefe.[222] Die Inhaltsneutralität des grundrechtlichen Schutzes, so wird betont, stehe einer Privilegierung der politischen Berichterstattung entgegen.[223] Wenn der Zweck des Freiheitsgebrauchs aber kein Anlaß zu einer unterschiedlichen rechtlichen Bewertung sein darf, dann erscheint es auch unter systematischen Gesichtspunkten widersprüchlich, weil auf dasselbe Ergebnis hinauslaufend, wenn bei den Medienfreiheiten zwar nicht für den tatbestandlichen Schutz, wohl aber im Rahmen der Güterabwägung mit inhaltlichen Kriterien gearbeitet und der Unterhaltungsberichterstattung keinerlei Gewicht beigemessen wird.[224]

Von methodischen Bedenken abgesehen, erweist sich diese Unterscheidung schließlich in vielen Fällen aber auch als *unpraktikabel*: Häufig kann bereits faktisch kaum beurteilt werden, welche Publikationen als Beitrag zur politischen Meinungsbildung zu werten sind und welche nicht.[225] Anhand welcher Kriterien soll der Richter eine entsprechende Differenzierung vornehmen ? Die Orientierung an der gewählten *stilistischen Darstellungsform* oder am *Mediengenre*, dem das publizierende Organ zuzurechnen ist, vermag kaum weiterzuhelfen:[226] Aus der unterhaltsamen oder reißerischen Gestaltung eines Beitrags kann nicht zwingend auf seine unpolitische Natur gefolgert werden. "Guter Journalismus ist zugleich informativ *und* unterhaltsam: Lesefreude und Erkenntnislust vermengen

---

221 *Rehm* AfP 99, 416 (421); *Lerche*, FS Schweizer, S. 45 (53).

222 Vgl. nur BVerfG ZUM 2000, 149 (157) - "Caroline von Monaco"; E 34, 269 (283) - "Soraya"; 35, 202 (222 f.) - "Lebach".

223 Vgl. Dreier/*Schulze-Fielitz* Art. 5 I,II RN 33; BVerfG ZUM 2000, 149 (157) - "Caroline von Monaco".

224 So bereits *Arndt* NJW 67, 1845 f.: "Es läuft stracks der Verfassung zuwider, wenn behauptet wird, die Berichterstattung müsse sich durch ein 'echtes' Informations-Interesse rechtfertigen, (...) nicht aber genüge es, wenn ein Interesse bloß auf Neugier und Sensationslust beruhe."; ebenso *Damm*, FS Schweizer, S. 111 (114; 122); *Lerche*, FS Schweizer, S. 45 (54) m. w. Nachw.

225 Auch das BVerfG (E 33, 1 (15) - "Gefangenenpost") sieht die Abgrenzung von "wertvollen" und "wertlosen" Meinungen als "schwierig, ja oftmals unmöglich" an; ebenso *Mackeprang*, Ehrenschutz, S. 145 und *Osiander*, Das Recht am eigenen Bild, S. 140.

226 Anders wohl BVerfGE 97, 125 (154) - "Gegendarstellung": "Den Gerichten war es verfassungsrechtlich auch nicht verwehrt, (...) auf die Eigenart des Publikationsorgans (...) abzustellen.

sich."[227] Auch in der Yellow Press wird – wenngleich in anderer Aufmachung – zu Themen Stellung bezogen, die nicht nur Ausdruck "bloßer Neugier und Sensationslust" sind.[228] Umgekehrt verfügen auch die "seriösen" Medien über Rubriken und Beiträge, die vorwiegend zur Unterhaltung des Publikums gedacht sind.

Orientiert man sich hingegen am *Thema* einer Story, so ist fraglich, welche Inhalte zum Kanon der politisch relevanten Beiträge gezählt werden können. Es liegt zwar auf der Hand, daß gerade bei Spitzenpolitikern nicht nur Berichte über offizielle Amtshandlungen, sondern auch über private Lebensumstände politische Implikationen haben können. Die Öffentlichkeit besitzt wohl ein Recht darauf zu erfahren, ob ihre gewählten Vertreter öffentlich Wasser predigen und privat Wein trinken. Andererseits ist es in diesen Fällen aber vielfach schwierig einzuschätzen, wo das Politikum aufhört und die Sensationslust beginnt:[229] Dient es etwa nur der Befriedigung banaler Gelüste oder auch der Einschätzung politischer Verläßlichkeit, wenn über die Tatsache hinaus, daß das Staatsoberhaupt mit einer Praktikantin eine Affäre hatte, auch zu erfahren ist, daß er mit ihr in den Amtsräumen und während offizieller Telefonate intim wurde ? Vermag die Kenntnis um die Ausdrucksweise, derer sich ein Spitzenpolitiker im privaten Kreis bedient, Rückschlüsse auf dessen Integrität zu ermöglichen und damit vielleicht sogar das Wählerverhalten zu beeinflussen ?[230] Wie soll der Richter – ex ante – entscheiden, was für die politische Willensbildung des Volkes von Bedeutung ist (bzw. das Potential hat, zum Politikum zu werden) und was nicht ? [231] Ebenso schwierig zu beurteilen sind aber auch Beiträge über Prominente aus sonstigen gesellschaftlichen Bereichen. Angesichts der vielfältigen Verflechtungen von Politik, Wirt-

---

227 *De Weck*, in: DIE ZEIT v. 29. 12. 1999, S. 1.

228 So jetzt auch ausdrücklich BVerfG ZUM 2000, 149 (157) - "Caroline von Monaco": "Meinungsbildung und Unterhaltung sind keine Gegensätze. Auch in unterhaltenden Beiträgen findet Meinungsbildung statt. Sie können die Meinungsbildung unter Umständen sogar nachhaltiger anregen oder beeinflussen als ausschließlich sachbezogene Informationen. Zudem läßt sich im Medienwesen eine wachsende Tendenz beobachten, die Trennung von Information und Unterhaltung (...) aufzuheben und Information in unterhaltender Form zu verbreiten oder mit Unterhaltung zu vermengen ('Infotainment'). Viele Leser beziehen folglich die ihnen wichtig oder interessant erscheinenden Informationen gerade aus unterhaltenden Beiträgen".

229 So auch *Ladeur* ZUM 2000, 879 (881).

230 Der BGH (Z 73, 120 ff., insb. 129 f.) wollte in der "Kohl/Biedenkopf"-Entscheidung diese Möglichkeit zwar nicht ausschliessen. Da das zwischen den beiden Politikern abgehörte Telefongespräch (nach seiner Wertung) im übrigen aber inhaltlich belanglos war, gewichtete das Gericht das Geheimhaltungsinteresse der beiden schwerer als das Interesse der Öffentlichkeit am Abdruck des Transkripts.

231 Treffend *Lerche* AfP 75, 822 (825): "Denn was wirklich 'für' die Öffentlichkeit von Belang ist, darüber vermag im Grunde, idealiter, nur die Öffentlichkeit selbst zu entscheiden, und sie entscheidet auch realiter durch die Art ihrer Reaktion"; ähnlich *ders.*, FS Schweizer, S. 45 (51).

schaft, Kultur und Sport und der engen Verbindungen ihrer führenden Repräsentanten[232] kann auch hier ein "Blick hinter die Kulissen" durchaus politisch relevant sein.[233] Zum anderen sind Hintergrundstories über vermeintlich unpolitische Themen vielfach Aufhänger und Initialzündung einer breiten öffentlichen Auseinandersetzung:[234] "Personalisierung bildet ein wichtiges publizistisches Mittel zur Erregung von Aufmerksamkeit. Sie weckt vielfach erst das Interesse an Problemen und begründet den Wunsch nach Sachinformationen."[235]

Diese Erwägungen verdeutlichen die Fragwürdigkeit und mitunter auch Willkürlichkeit eines Ansatzes, der zwischen qualitativ wertvollen und wertlosen Informationen zu differenzieren sucht. Die Beurteilung, was für die Öffentlichkeit von Belang ist, vom Ermessen des jeweils entscheidenden Richters abhängig zu machen, heißt letztlich nichts anderes, als ihm das Freiheitsrecht weitgehend zur Disposition zu stellen. Der Gesetzesvorbehalt des Art. 5 II GG wird so zum Richtervorbehalt degradiert. Die Orientierung an der "Höhe" bzw. "Qualität" des öffentlichen Interesses sollte daher als Gesichtspunkt zur näheren Bestimmung des Begriffes der "Person der Zeitgeschichte" aufgegeben werden. Dies bedeutet freilich nicht, daß damit jegliche Story über alle Lebensdetails Prominenter zulässig wäre. Die Gewichtung der konfligierenden Interessen und damit die Begriffsbestimmung i.R.d. §§ 22 f. KUG muß vielmehr anhand anderer Leitgedanken erfolgen, auf die sogleich eingegangen werden soll.

---

232 Erinnert sei nur an das politische Engagement vieler Sportler und Größen der Unterhaltungsbranche oder umgekehrt an die Tätigkeit von Politikern in den Führungsgemien und im Umfeld zahlreicher Bundesligaklubs.

233 *Rehm* AfP 99, 416 (421).

234 Hierzu *Soehring* RN 21.18: "Auch für die einschlägigen Bilder aus der Intimsphäre von Mitgliedern des englischen Königshauses durch 'findige' Fotojournalisten (...), deren Auswirkungen bis zum Sturz der Monarchie reichen können, läßt sich allerdings ein berechtigtes Informationsinteresse auch der deutschen Öffentlichkeit an den durch diese Bilder dokumentierten Vorgängen und Zuständen nicht schlechthin in Abrede stellen." Beispielhaft hierfür etwa auch die moralische Treibjagd der Medien anläßlich der Trennung des damaligen Aufsichtsratsvorsitzenden von Deutscher Bank und DaimlerChrysler, *Kopper*, von seiner Gemahlin aufgrund seiner Liaison mit der Ex-Kanzler-Witwe *Seebacher-Brandt*, vgl. BILD und BUNTE vom 10.7.1999 sowie DER SPIEGEL 29/1999, S. 104 ff.

235 BVerfG ZUM 2000, 149 (157) - "Caroline von Monaco".

3. Selbstbestimmungsprinzip und Anonymitätsinteresse – Die persönlichkeitsrechtsorientierte Auslegung des § 23 I Nr. 1 KUG

a) Verfassungsrechtliche Vorgaben zur Auslegung des Begriffs der "Person der Zeitgeschichte"

Vermag also der mit dem Kriterium der "Gewichtigkeit des öffentlichen Interesses" verbundene Blick auf die demokratische *Funktion der Medienfreiheiten* für § 23 KUG keine sachgerechten Interpretationshilfen beizusteuern, so harrt die Frage nach den Gesichtspunkten, an denen man sich bei der Begriffsbestimmung orientieren kann, weiterhin der Klärung. Da die §§ 22 f. KUG eine einfachgesetzliche Ausprägung der in den Artt. 2 I, 1 I GG verankerten Freiheitsverbürgung darstellen, liegt es nahe, sich bei der Normauslegung am *Schutzziel des aPR* zu orientieren. Diese Gewährleistung garantiert jedermann das Recht, grundsätzlich selbst und allein bestimmen zu können, *ob* und *inwieweit* sein Lebensbild zum Gegenstand öffentlicher Darstellungen gemacht wird.[236]

Ausdruck dieses "Verfügungsrechts über die Darstellung der eigenen Person"[237] ist es somit zunächst, autonom darüber entscheiden zu dürfen, *ob man überhaupt* sein Leben oder Teile davon öffentlich erörtert sehen muß.[238] Der rechtliche Schutz gilt mithin der Selbstbestimmung des Individuums. Selbstbestimmtes Handeln erschöpft sich jedoch nicht in der ausdrücklichen oder konkludenten Einwilligung in eine öffentliche Präsentation. Wenn der einzelne als ein in der Gesellschaft lebender Bürger in Kommunikation mit anderen tritt, wenn er durch sein Verhalten auf andere einwirkt und Belange des Gemeinschaftslebens berührt, dann ist das dadurch geweckte öffentliche Interesse an der eigenen Person Resultat und Ausdruck seiner eigenen Willensentscheidung. Zum Autonomiegedanken gehört es auch, jedem die Freiheit zu belassen, sich bewußt zu einem Ereignis oder zum Bestandteil eines Ereignisses zu machen, welches ein Berichterstattungsinteresse auszulösen imstande ist. Wer sich in eigener Verantwortung zu einem Verhalten entscheidet, von dem nach dem gewöhnlichen Verlauf der Dinge angenommen werden kann, daß es das Interesse eines großen Publikums auf sich ziehen wird, der macht sich in zurechenbarer Weise zu einer öffentlichen (resp.

---

236 BVerfGE 35, 202 (220) - "Lebach".

237 BVerfGE 54, 148 (154) - "Eppler".

238 Der rechtliche Schutz ist insoweit auf die Wahrung von Anonymität gerichtet. Der Diskretionsschutz sowie andere Schutzbereichsausprägungen des aPR tangieren dagegen die Frage der Modalitäten (also das "Wie") einer konkreten Darstellung, welche einfachgesetzlich bei § 23 II KUG einzuordnen ist, siehe MüKo-*Schwerdtner* § 12 RN 172, 178; *Baston-Vogt*, Der sachliche Schutzbereich, S. 375.

"zeitgeschichtlichen") Person, selbst wenn er tatsächlich mit einer öffentlichen Darstellung seiner Person nicht gerechnet oder auf ihr Unterbleiben sogar gehofft haben mag.[239] Die Nachteile, welche das durch sein Verhalten geweckte Medieninteresse mit sich bringt, hat er sich selbst zuzuschreiben und deshalb auch zu dulden. Denn insoweit gilt: "Selbstbestimmung ist ohne Selbstverantwortung nicht denkbar."[240] Ein sinnvoller Ausgleich konfligierender Interessen muß schließlich berücksichtigen, wessen Verhalten dazu geführt hat, daß es überhaupt zum Konflikt kam. Wer aber durch sein öffentliches Verhalten das Interesse der Allgemeinheit geweckt hat, der ist für den entstandenen Interessenkonflikt zumindest mitverantwortlich. Ob sich ein Betroffener auf sein "Recht, allein gelassen zu werden", berufen kann, bestimmt sich damit im Ergebnis nicht nach dem Gewicht, das dem an seiner Person bestehenden Publikumsinteresse zugestanden wird, sondern allein nach dessen autonomen Vorverhalten.

b) Fallkonkretisierung: Die Darstellung von Strafprozeßbeteiligten

Es gibt kaum einen Medieninhalt, der eine vergleichbare Faszination auf das Publikum ausübt, wie die Darstellung von Kriminalfällen. Spektakuläre Verbrechen sind demgemäß nicht nur Gegenstand der aktuellen Berichterstattung, sondern werden vielfach auch filmisch oder in Romanform nachgezeichnet.[241] Dabei steht

---

239 *Engels/Schulz* AfP 98, 574 (582). Der hier vertretene Ansatz knüpft somit an die früher vielfach vertretene, von *Allfeld* begründete Lehre vom Veranlasser an, vgl. *ders.* DJZ 26, 1467 (1468); BGH NJW 65, 2148 (2150) - "Spielgefährtin". Allerdings ist es nach hiesiger Ansicht unerheblich, ob sich der Betroffene bewußt und gewollt *in die Öffentlichkeit* begeben hat. Entscheidend ist allein, ob er *die Handlung*, durch welche die allgemeine Aufmerksamkeit adäquat kausal verursacht wurde, eigenverantwortlich vorgenommen hat. Weitere ausführliche Nachweise zur älteren Literatur und Rechtsprechung bei *Müller*, Die Verletzung des aPR, S. 116 ff.; aus der jüngeren Literatur siehe neben *Engels/Schulz* a.a.O. etwa *Kohl*, FS Löffler, S. 127 (133). Der der hiesigen Ansicht zugrunde liegende Verursachungsgedanke spielt im übrigen in der gesamten Rechtsordnung eine zentrale Rolle. Auch im Straf- oder Polizeirecht können Täter bzw. Verhaltensstörer grundsätzlich nur dann den sie belastenden Rechtsfolgen einer Norm unterworfen werden, wenn ein eingetretener Tatbestand adäquat kausal auf ihr Verhalten zurückzuführen ist. Auch im "Lebach"-Urteil wird diesem Gedanken entscheidende Bedeutung zugemessen, wenn der Betroffene es nach dem BVerfG dulden muß, "daß das *von ihm selbst durch seine Tat erregte Informationsinteresse der Öffentlichkeit* (...) befriedigt wird", BVerfGE 35, 202 (231 f.) - "Lebach"; Hervorhebung nicht im Original.

240 *Hillgruber*, Der Schutz des Menschen vor sich selbst, S. 153.

241 Dazu schon oben, § 3 und § 7 A II 3. Streng genommen bemißt sich die Zulässigkeit einer identifizierenden Darstellung durch ein Kunstwerk nach § 23 I Nr. 4 KUG. Gleichwohl können die für die Berichterstattung geltenden Grundsätze insoweit auch auf die künstlerische Lebensschilderung übertragen werden. Dies ergibt sich nach hiesigem Ansatz bereits daraus, daß sich der Umfang und die Grenzen einer zulässigen Personendarstellung aus dem Persönlichkeitsrecht selbst, d.h. aus dem Vorverhalten der dargestellten Person, ergibt, nicht aber aus dem Ge-

häufig im Streit, ob die in einen Strafprozeß involvierten Personen, insbesondere der oder die Täter und Opfer, ohne ihre Einwilligung beim Namen genannt oder sonstwie identifizierbar wiedergegeben werden dürfen. Hier zeigen sich die praktischen Auswirkungen des eben erörterten, streng am Selbstbestimmungsgedanken orientierten Ansatzes.

aa) Straftäter / Tatverdächtige

Eines der schwierigsten medienrechtlichen Probleme stellt die Frage dar, ob und wann Straftäter bzw. Tatverdächtige in identifizierbarer Weise der Öffentlichkeit vorgestellt werden dürfen. Die Person und die Vita der Tatbeteiligten einer Straftat stoßen auf ein unbestreitbares Publikums- und damit auch Medieninteresse. Jede die Identität des Betroffenen (Täter oder Tatverdächtiger) aufdeckende Darstellung berührt dessen Persönlichkeit jedoch in ganz erheblicher Weise, da durch sie ein vermutetes oder festgestelltes Fehlverhalten publik gemacht und seine Person somit der Mißachtung der Allgemeinheit ausgesetzt wird.[242] Die mediale Befassung mit seinem Fall wirkt für ihn wie ein zweites, zum eigentlichen Strafverfahren parallel verlaufendes und in seinen Auswirkungen für ihn und seine Familie nicht minder bedeutendes öffentliches Verfahren. Ein überwiegendes öffentliches Interesse an der Aufdeckung der Identität eines Straftäters ist daher von vornherein nur bei Kriminaldelikten von besonderer Bedeutung[243] denkbar.[244]

---

wicht, das man den an einer Publikation bestehenden, von Art. 5 I bzw. Art. 5 III GG geschützten Interessen zuzugestehen bereit ist. Hinzu kommt die Erwägung, daß eine ansonsten unzulässige Personendarstellung nicht durch die Wahl künstlerischer Formen Immunität erlangen kann. Entsprechend werden Personendarstellungen durch Kunstwerke fast einhellig an § 23 I Nr. 1 KUG gemessen, siehe nur *v. Becker*, Straftäter und Tatverdächtige, S. 142; *Schertz* ZUM 98, 757 (761). Auch das BVerfG hat es im Lebach-Urteil (E 35, 202, 244) offengelassen, ob dem umstrittenen Dokumentarspiel der Charakter eines Werkes der Kunst zuerkannt werden konnte, da "auch bei Anwendung dieser Verfassungsnorm (..) zu beachten [gewesen wäre], daß die Freiheit der Kunst, obwohl die Schranken des Art. 5 Abs. 2 GG für sie nicht gelten, dem in Art. 1 und Art. 2 Abs. 1 GG garantierten Persönlichkeitsschutz nicht übergeordnet ist."

242 BVerfGE 35, 202 (226) - "Lebach"; OLG Köln AfP 89, 683 (685).

243 Das BVerfG stellt insoweit – zu Recht – hohe Anforderungen: Erforderlich ist, daß sich die Straftat "durch die Besonderheit des Angriffsobjekts, die Art der Begehung oder die Schwere der Folgen über die gewöhnliche Kriminalität heraushebt", BVerfGE 35, 202 (231) - "Lebach". Regelmäßig wird es sich dabei um schwerste Gewaltverbrechen handeln. Freilich ist insoweit keine starre Grenze möglich. Erinnert sei etwa an den Watergate-Skandal, dem zunächst nur ein einfacher Hausfriedensbruch zugrunde lag. Einen Überblick über die hierzu einschlägige obergerichtliche Rechtsprechung gibt *Helle*, Besondere Persönlichkeitsrechte, S. 155 f.

244 Zu der Frage der zeitlichen Grenzen der Darstellung eines verurteilten Straftäters, die bei § 23 II KUG einzuordnen ist, siehe unten, § 7 B II 4 d).

Problematisch ist insbesondere, ob der Betroffene bereits vor Abschluß des gegen ihn laufenden Strafverfahrens eine identifizierende Berichterstattung über sich und seinen Fall erdulden muß.[245] Einerseits ist es keineswegs illegitim, wenn sich die Massenmedien mit laufenden Verfahren beschäftigen. Kriminalitätsberichterstattung kann die Arbeit der Justiz veranschaulichen und gegebenenfalls kritisieren, Verständnis für die Ursachen kriminell abweichenden Verhaltens schaffen und sogar einen Beitrag zur Generalprävention leisten, indem sie über die tatsächlich erfolgten staatlichen Reaktionen auf Straftaten berichtet und so die faktische Geltung des Strafrechts dokumentiert.[246] Andererseits aber wird der Betroffene regelmäßig schon dadurch der Mißachtung der Öffentlichkeit ausgesetzt, daß er in den Massenmedien als möglicher Straftäter genannt wird. In der Bevölkerung kommt ein Tatverdacht häufig einem Schuldnachweis gleich. Auch wenn ein Beschuldigter nicht als "Täter", sondern (bloß) als "Tatverdächtiger" oder als "mutmaßlicher Täter" gekennzeichnet wird, ist damit eine – je nach Schwere der ihm zur Last gelegten Tat – erhebliche Prangerwirkung[247] verbunden, die oft genug einem Rufmord und einer Existenzvernichtung gleichkommt.[248] Denn das Verfahren gegen ihn mag eingestellt werden oder mit einem Freispruch enden – in der Öffentlichkeit, insbesondere in der Nachbarschaft und am Arbeitsplatz wird er gleichwohl mit der Tat in Verbindung gebracht und entsprechend abgestempelt,[249] was mitunter verheerende seelische und soziale Konsequenzen nach sich ziehen kann.[250] Dieses Interesse des Tatverdächtigen, vor einer derartigen Stigmatisie-

---

[245] Wie praxisrelevant diese Frage ist, zeigen die Befunde der von *Baumann*, Das Bild des Opfers in den Medien (insb. S. 56 ff.) und *Ionescu*, Kriminalberichterstattung in der Tagespresse (insb. S. 120 f.) durchgeführten empirischen Untersuchungen. Danach wurde in der überregionalen Tagespresse der Tatverdächtige in etwa einem Drittel aller Kriminalitätsberichte identifizierbar wiedergegeben.

[246] Siehe *Kühl*, FS Hubmann, S. 241 f., der auch auf die Gefahr hinweist, daß durch die Kriminalberichterstattung Druck auf die Verfahrensbeteiligten ausgeübt und so ein faires Strafverfahren nicht mehr gewährleistet werden kann. Zu diesem Problem siehe unten, § 16.

[247] *Franke*, Bildberichterstattung und Öffentlichkeitsgrundsatz, S. 77, macht zu Recht darauf aufmerksam, daß selbst im Mittelalter nur der verurteilte Straftäter an den Pranger gestellt wurde, es sich beim Angeklagten aber um einen präsumtiv Unschuldigen handelt.

[248] OLG Köln AfP 89, 683 (685).

[249] *Bornkamm* NStZ 83, 102 (103).

[250] Bemerkenswert in diesem Zusammenhang der Erfahrungsbericht von *Gmür*, Schweizerische Ärztezeitung Nr. 44/1999, S. 2604 ff., über die steigende Anzahl von Patienten, die infolge einer identifizierenden Berichterstattung über ihre Person oder einen nahen Angehörigen durch die Boulevardpresse psychopathologische, von ihm unter dem Ausdruck "Medienopfersyndrom" zusammengefaßte Symptome entwickeln (Depressionen, Angst- und Schuldgefühle, zwanghaftes Bemühen, reale oder vermeintliche Vorurteile durch Überanpassung zu widerlegen, Suizidgedanken etc.). Unter den von *Gmür* beschriebenen Fällen befindet sich u.a. ein pflichtbewußter Architekt, der nach der Verhöhnung einer angeblichen Fehlleistung in den Schlagzeilen der Presse in einem Verzweiflungszustand mehrere Arbeitskollegen umgebracht hat; der einzige, bis anhin immer ge-

rung, die ihn in ganz ähnlicher Weise wie eine formelle Verurteilung trifft, geschützt zu werden, wird – wie bereits oben[251] dargelegt – von dem aus dem Rechtsstaatsprinzip ableitbaren Grundsatz der Unschuldsvermutung erfaßt, welcher als Konkretisierung des aPR auch im Privatrecht (mittelbare) Geltung erlangt und insoweit sein Anonymitätsinteresse verstärkt.

Von der Rechtsprechung wird hier zwar prinzipiell anerkannt, daß der Unschuldsvermutung bei der Berichterstattung über laufende Strafverfahren Beachtung zu schenken ist.[252] Für sie stellt der Unschuldsgrundsatz allerdings nur einen unter mehreren im Rahmen der Interessenabwägung zu berücksichtigenden Aspekten dar. Entscheidender Orientierungspunkt bleibt insoweit vielmehr wiederum die Gewichtigkeit des Allgemeininteresses an der Unterrichtung über die Ermittlungstätigkeit der Behörden. Die Identifizierung eines Tatverdächtigen soll danach zumindest dann zulässig sein, wenn es sich um schwere oder "Schwerst"-Kriminalität handelt, da das Berichterstattungsinteresse der Öffentlichkeit in diesem Bereich besonders intensiv sei.[253]

Dem ist jedoch entgegenzuhalten, daß andererseits auch das Anonymitätsinteresse des Tatverdächtigen umso höher zu bewerten ist, je schwerwiegender das ihm zur Last gelegte Delikt und die damit verbundene Rufschädigung ist.[254] Der alte Satz des *semper aliquid haeret* gilt gerade bei gravierenden Straftaten in besonderem Maße. Hier erscheint mithin wieder das bereits oben angesprochene Grundproblem der herrschenden Auffassung, daß mit zunehmender "Höhe" des Öffentlichkeitsinteresses auch das Gewicht des gegenläufigen Interesses des Betroffenen umso schwerer zu gewichten ist, so daß eine sinnvolle Abwägung angesichts dieser Automatik unmöglich wird.

---

sunde 17jährige Sohn eines Schulleiters, der nach einer reißerischen Fortsetzungsgeschichte in der Boulevardpresse, welche die dem Alkoholismus des Vaters zugrundeliegende Ehetragödie mit allen brisanten Details, Familienfotos und Kommentaren klatschsüchtiger Nachbarn publik gemacht hatte, eine akute Zwangssymptomatik entwickelte, indem er bei der Lektüre jede Zeile dreimal lesen mußte und sich stundenlang die Haare einzeln vom Kopf ausriß; ein Arzt, welcher nach der Breitschlagung seiner konflikthaften familiären Verhältnisse in den Medien jahrelang an psychogenen Angst- u. Krampfzuständen litt.

[251] § 7 A I 3.

[252] Vgl. OLG Köln AfP 89, 683 (685); NJW 87, 2682 (2683); OLG Braunschweig AfP 81, 292; OLG Hamburg AfP 83, 466.

[253] So etwa OLG Frankfurt GRUR 90, 1056; OLG Köln AfP 89, 683 (686).

[254] Generell gegen die Veröffentlichung von Aufnahmen des Angeklagten in dezidierter Form bereits *E. Schmidt*, FS W. Schmidt, S. 351: "Gegenüber diesem berechtigten Interesse des Einzelnen ist das so viel beredete Informationsinteresse der Öffentlichkeit ein lächerliches Nichts. Was entgeht einem schon, wenn man in der Presse Bilder von Angeklagten (...) *nicht* zu sehen bekommt ?".

Nach hier vertretenem Ansatz hat demgegenüber jedermann einen Anspruch darauf, anonym zu bleiben, solange er die Aufmerksamkeit der Medien nicht in zurechenbarer Weise auf sich gezogen hat.[255] Danach hat zwar, wer ein aufsehenerregendes Kriminaldelikt begeht, die dadurch verursachte Publizität seinem eigenen Verhalten zuzuschreiben und deshalb auch eine identifizierende Wiedergabe seiner Person zu dulden. Es ist zudem auch nicht zu bestreiten, daß schwere Straftaten als solche "Zeitgeschichte" im Sinne des § 23 I Nr.1 KUG darstellen können.[256] Aufgabe des Strafverfahrens ist es aber nun nachgerade, zu klären, ob der gegen den Angeklagten erhobene Vorwurf auch tatsächlich zu Recht besteht. Solange der Schuldnachweis nicht erbracht ist, spricht die Vermutung der Unschuld dafür, daß das mit einer Straftat verbundene öffentliche Aufsehen und damit ihre zeitgeschichtliche Bedeutung nicht auf die Person des Tatverdächtigen übertragen und ihr zugerechnet werden kann.[257] Die zum schwebenden Verfahren hinzukommende Unbill der öffentlichen und identifizierenden Kriminalitätsberichterstattung ist nicht ein notwendiges Übel eines jeden größeren Strafverfahrens, das der Angeklagte – ob schuldig oder nicht – zu akzeptieren hat. Die mit der Brandmarkung als (zumindest potentiell) Krimineller verknüpfte Schmälerung des sozialen Geltungsanspruchs darf vielmehr nur dem wirklich Schuldigen, eben dem Straftäter zugemutet werden.[258] *Heinze*[259] kritisiert in diesem Zusammenhang zu Recht: "Es sind gerade wissenschaftliche Befunde hinreichend vorhanden, die belegen, daß die Medienverwertung von Täter und Tat oftmals eine Dimension gesellschaftlicher Bestrafung zur Folge hat, zu der die strafrechtliche Sanktion – falls sie überhaupt nachfolgt und nicht ein Freispruch bzw. eine Einstellung des Verfahrens ergeht – oftmals untergeordnet und in ihrer Wirkung wesentlich

---

[255] Auch in der "Lebach" - Entscheidung kommt dem Verursachungsprinzip zentrale Bedeutung zu: "Wer den Rechtsfrieden bricht (...) muß grundsätzlich auch dulden, daß das *von ihm selbst durch seine Tat erregte Informationsinteresse der Öffentlichkeit* (...) befriedigt wird", BVerfGE 35, 202 (231 f.); Hervorhebung nicht im Original.

[256] Vgl. BVerfGE 35, 202 (230) - "Lebach".

[257] Als relevanten Zeitpunkt ist dabei auf die Rechtskraft des strafrechtlichen Urteils abzustellen; a.A. *Bornkamm*, Pressefreiheit und Fairneß des Strafverfahrens, S. 267, der sich mit beachtlichen Argumenten für die erstinstanzliche Verurteilung als entscheidende Zäsur einsetzt. Dabei übersieht er aber, daß der Unschuldige – und als solcher gilt der Betroffene bis zum Eintritt der Rechtskraft – noch weitaus schwerer verletzt wird, wenn er in den Medien nicht nur als der Verdächtige, sondern als verurteilter Krimineller dargestellt wird. Eine Stigmatisierung, der im Falle der Aufhebung des erstinstanzlichen Urteils nicht mehr beizukommen ist. Wie hier auch *Heinze*, FS Stree u. Wessels, S. 951 (952; 957); *Unland*, Verfilmung, S. 206 f.

[258] *Bornkamm*, Pressefreiheit und Fairneß des Strafverfahrens, S. 257 f.; ebenso *Kühl*, FS Hubmann, S. 241 (252); *Helle*, Besondere Persönlichkeitsrechte, S. 160 ff., will eine identifizierende Darstellung nur ausnahmsweise zulassen.

[259] FS Stree und Wessels, S. 951 (953).

schwächer bleibt. Es erstaunt, daß die Gerichtsbarkeit diese faktische Entmachtung der Monopolisierung der gerichtlichen Gewalt beim Staate und folglich auch die Entmachtung der Strafgewalt durch die vierte Instanz, die Medien, bislang tatenlos hinnimmt oder sogar unterstützt."

Nimmt man die Unschuldsvermutung und die mit der Namensnennung und Bildveröffentlichung verbundene Rufschädigung des präsumtiv Unschuldigen ernst, muß man deshalb zu dem Ergebnis gelangen, daß der Betroffene eine identifizierende Darstellung seiner Person – jedenfalls in aller Regel[260] – nicht zu dulden braucht.[261]

bb) Verbrechensopfer

Im Zuge der insbesondere seit der Einführung der dualen Rundfunkordnung verstärkt zu beobachtenden Sensationalisierung der Kriminalberichterstattung ist es mittlerweile vielfach zur Routine geworden, in Verbrechensberichte auch Details über das (oder die) Opfer einzubringen. Vor allem die Boulevardblätter und –sendungen sind bestrebt, in ihre Berichterstattung Aspekte von "human interest" einfließen zu lassen.[262] Die Deliktsopfer haben sich in diesen Fällen nicht nur mit den

---

260 Anders verhält es sich freilich, wenn ein Beschuldigter im Laufe des Verfahrens von sich aus auf den eigenen Persönlichkeitsschutz verzichtet und die medienwirksame "Flucht in die Öffentlichkeit" sucht. Eine weitere Ausnahme wird man auch machen müssen, wenn die Täterschaft des Beschuldigten (etwa ein unmittelbar nach der Tat verhafteter Amokläufer) *zweifelsfrei* feststeht. Ein auf die Unschuldsvermutung gestütztes Verbot identifizierender Berichte wäre hier nur formalistisch, siehe *Soehring*, Vorverurteilung durch die Presse, S. 67, 82 f.

261 So auch *Franke*, Bildberichterstattung und Öffentlichkeitsgrundsatz, S. 121 ff., der den Anonymitätsanspruch des Angeklagten allerdings bei § 23 II KUG verortet; *Schwerdtner*, Das Allgemeine Persönlichkeitsrecht, S. 216 ff., 224 f., plädiert sogar dafür, daß selbst bei verurteilten Straftätern eine identifizierende Berichterstattung nur mit Einwilligung des Betroffenen zulässig sein soll.

Unschuldsvermutung und Anonymitätsschutz ergänzen und verstärken sich bei relativen Personen der Zeitgeschichte somit gegenseitig – erst bei erwiesener Schuld ist eine identifizierende Darstellung zulässig. Anders dagegen die Situation bei absoluten Personen der Zeitgeschichte: Diese Persönlichkeiten des gesellschaftlichen Lebens, die in eigenverantwortlicher Weise in das Rampenlicht der Öffentlichkeit getreten sind und ein umfassendes Berichterstattungsinteresse an ihrer Person erregt haben, können von vornherein keinen Anoymitätsanspruch geltend machen. Bei ihnen besteht weder ein Grund noch ein Bedürfnis, der Allgemeinheit die Kenntnis von einem schwebenden Strafverfahren vorzuenthalten. Allerdings haben auch sie ein Anrecht darauf, als präsumtiv unschuldig zu gelten. Die Schutzwirkung des Unschuldprinzips gelangt bei ihnen deshalb insofern zur Geltung, als sie zwar nicht gegen identifizierende, wohl aber gegen präjudizierende Medienberichte vorgehen können.

262 Eines der jüngeren prominenten Beispiele hierfür ist die etwa Berichterstattung über das Geiseldrama auf der philippinischen Insel Jolo, in deren Verlauf über Monate hinweg von den Medien

psychischen und materiellen Schäden der Tat, sondern auch noch zusätzlich mit der Tatsache auseinanderzusetzen, daß ihre Person, ihr erlittenes Schicksal und der ihnen beigebrachte Schmerz vor einem großen Publikum ausgebreitet wird. Dies ist schon deshalb nicht unproblematisch, weil die Reaktion des sozialen Umfelds (Bekannte, Kollegen, Nachbarschaft) auf eine derartige Berichterstattung keineswegs immer positiv im Sinne einer Solidarisierung mit dem Betroffenen ausfällt. Je nach Deliktsart, Tatverlauf und straftatbezogenem Verhalten des Opfers muß dieses vielmehr befürchten, von seiner Umwelt anders beurteilt und mit negativen Attributen (unvorsichtig, leichtsinnig, ein unsolides Leben führend) versehen zu werden.[263] Durch den Medienbericht und die daraus resultierende Etikettierung droht dem Verbrechensopfer damit eine erneute Viktimisierung mit teilweise nachhaltigen beruflichen und privaten Schadensfolgen.[264] Der vom Täter verursachte Schaden wird auf diese Weise auf gesellschaftlicher Ebene fortgesetzt, das dem Opfer beigebrachte Unrecht mithin noch verstärkt und erweitert.[265] Für den Verletzten ist es deshalb vielfach von eminenter Bedeutung, ob seine Identität ohne seine vorhergehende Zustimmung preisgegeben werden darf.

Die herrschende Auffassung orientiert sich hier entsprechend der oben dargestellten Vorgehensweise am Ausmaß und an der Schutzwürdigkeit des an einer Straftat und den von ihr Betroffenen bestehenden öffentlichen Informationsinteresses. Verbrechensopfer[266] sollen danach zwar regelmäßig nicht unter § 23 I Nr. 1 KUG subsumiert werden können, da sich das (anerkennenswerte) Interesse der Öffent-

---

die Lebensgeschichte sowie das aktuelle Leiden insbesondere der – physisch wie psychisch sehr labilen – deutschen Geisel *Renate Wallert* für die deutsche Öffentlichkeit in Wort und Bild illustriert wurde. Die ständige Präsenz der Journalisten führte dabei sogar dazu, daß es die Geiseln trotz ihrer prekären Lage wagten, sich über den Medienandrang zu beschweren, siehe Journalist 8/2000, S. 43.

263 *Gerhardt*, Der Einfluß auf das Strafverfahren aus medialer Sicht, S. 34 ff., berichtet etwa über einen Vergewaltigungsprozeß, der Gegenstand einer umfangreichen Berichterstattung war, aus der über die identifizierbar dargestellte Betroffene u.a. entnommen werden konnte, daß sie Alkoholgenuß und Männerbekanntschaften nicht abgeneigt war und zudem in einer Dreierbeziehung mit zwei anderen Männern lebte.

264 Zum Problem der sekundären Viktimisierung und der Stigmatisierungsangst von Opfern siehe die Untersuchung von *Kunczik*, Kriminalitätsopfer, insb. S. 44 ff. u. S. 117 ff. sowie S. 112, wo ein Fall geschildert wird, bei dem ein Vergewaltigungsopfer im Zuge der medialen Befassung mit seiner Person seinen Arbeitsplatz verlor. Vgl. auch die Beobachtung von *Kaiser*, Verbrechensopfer und Massenmedien, S. 89 (94), wonach Provokationsformen und Unvorsichtigkeiten des Opfers wie etwa das freiwillige Mitgehen in die Wohnung des späteren Täters in der Berichterstattung vergleichsweise breit dargestellt werden.

265 *Heinze*, FS Stree und Wessels, S. 951 (954).

266 Entsprechendes gilt hinsichtlich der Einordnung von Opfern von Unglücken und sonstigen Schicksalsschlägen, vgl. OLG Karlsruhe ZUM 90, 91 ff. - "Anatomie eines Unfalls".

lichkeit im allgemeinen nur auf den Täter und die Tatumstände, nicht aber auch auf die betroffenen Personen erstrecke.[267] Hiervon werden jedoch bei besonders außergewöhnlichen und aufsehenerregenden Straftaten Ausnahmen gemacht. In diesen Fällen wird der Allgemeinheit auch hinsichtlich der Identität des Opfers ein schützenswertes Informationsinteresse konzediert, der Opferpersönlichkeit mithin zeitgeschichtliche Bedeutung beigemessen. Als Beispiel für ein entsprechend gewichtiges Delikt wird in der Literatur häufig auf das Geiseldrama von Gladbeck verwiesen. Gerade dieses Ereignis hat aber besonders eindringlich vor Augen geführt, daß vielfach erst die Art und der Umfang der medialen Berichterstattung darüber entscheiden, ob und inwieweit ein Verbrechen bundesweites Aufsehen zu erregen vermag. Die herrschende Sichtweise übersieht hier, daß – von wenigen Ausnahmen abgesehen – die involvierten Opferpersonen erst durch die Publizistik zu "Personen der Zeitgeschichte" gemacht werden. Folge dieser Rechtsauffassung ist es somit, daß es den Massenmedien selbst in die Hand gelegt wird, sich gleichsam gegenseitig die Legitimation zu verschaffen, um eine Person ohne ihr Zutun und gegen ihren Willen zum Gegenstand öffentlicher Anschauung zu machen.[268]

Darüberhinaus können aber die Augen nicht davor verschlossen werden, daß sich in der Praxis nicht nur diese – recht unbestimmte und damit im Zweifel von den Medien entsprechend dehn- und strapazierbare – Ausnahme bei besonders spektakulären Kriminalfällen zu Ungunsten des Opfers auswirkt. Es ist auch und vor allem der von der Rechtsprechung sehr grobmaschig ausgestaltete Rahmen zulässiger Berichterstattung über Straftaten und die hierfür verdächtigten Personen, der dafür sorgt, daß der zivilrechtliche Persönlichkeitsschutz von Verbrechensopfern oftmals versagt: Wie dargestellt, können nach der Spruchpraxis der Gerichte bei entsprechend gewichtigem Publikumsinteresse die mutmaßlichen Täter eines Deliktes in identifizierbarer Weise wiedergegeben werden, unabhängig davon, ob sich dessen justizielle Aufarbeitung im Zwischen- oder Hauptverfahren befindet, d.h. ohne daß ein Urteil, geschweige dessen Rechtskraft, abgewartet werden müßte. Täter und Opfer eines Verbrechens sind aber lediglich zwei Subjekte desselben Sachverhalts.[269] Der identifizierbaren Darstellung einer verdächtigen Person folgt

---

267 So etwa *Wenzel* RN 8.10; *Prinz/Peters* RN 854; *Soehring* RN 21.4 ff.; OLG Frankfurt AfP 76, 181 - "Verbrechensopfer"; LG Stuttgart AfP 83, 292 (293) - "Heiratsschwindel"; nach *Sedelmeier* AfP 99, 450 (454) sollen Opfer von Straftaten dagegen typische (relative) Personen der Zeitgeschichte darstellen; das OLG Hamburg (NJW 75, 649 (651) - "Aus nichtigem Anlaß") hat die Frage, ob Verbrechensopfer als PdZ qualifiziert werden können, wiederum ausdrücklich offen gelassen.

268 In diese Richtung auch *Heinze*, FS Stree und Wessels, S. 951 (957).

269 *Heinze*, FS Stree und Wessels, S. 951 (953).

in der Medienverwertung deshalb konsequenterweise regelmäßig auch die Identifizierung des Opfers, zumindest aber die identifizierbare Nennung seiner persönlichen Situation, Umgebung und gesellschaftlichen Position.[270] Die persönlichen Interessen des Opfers bleiben demgegenüber trotz seiner entgegenstehenden Abwehrbefugnisse vielfach unbeachtet. Dies nicht zuletzt auch deshalb, weil der publizistische und finanzielle Erfolg einer rechtswidrigen Medienverwertung die von den Gerichten nach langer Verfahrensdauer verhängten Sanktionen für die Mißachtung der Unterlassungsansprüche des Opfer – sofern diese überhaupt eingeklagt werden – in der Regel bei weitem überwiegt. So paradox es im ersten Augenblick klingen mag, wirkt sich der mangelhafte Persönlichkeitsschutz von Straftätern und Tatverdächtigen damit zum Nachteil ihrer Opfer aus.[271]

Geht man demgegenüber mit dem hier vertretenen Ansatz vom Schutzzweck des § 23 I Nr. 1 KUG aus, so ist ebenso wie bei angeblichen bzw. nicht rechtskräftig verurteilten Straftätern auch bei Verbrechensopfern die Zugehörigkeit zum Kreis der Personen zeitgeschichtlicher Bedeutung prinzipiell zu verneinen. Denn wer unvorhersehbar und unbeteiligt einem Verbrechen zum Opfer fällt, hat nicht in zurechenbarer Weise Anlaß zur Beschneidung seines Rechtes gegeben, selbst darüber entscheiden zu dürfen, ob er zum Gegenstand öffentlicher Erörterung gemacht wird. Freilich kann über eine Straftat und ihre Konsequenzen frei berichtet werden; nur dürfen die Betroffenen eben nicht in identifizierender Form und gegen ihren Willen in das öffentliche Rampenlicht gezerrt werden.[272]

4. Fallgruppen "berechtigten Interesses"

Auch wenn im konkreten Einzelfall für eine identifizierende Lebensbilddarstellung gemäß § 23 I KUG analog prinzipiell keine Rechtevereinbarung mit der jeweils dargestellten Persönlichkeit erforderlich sein sollte, ist die den Medien gewährte Abbildungsfreiheit nicht grenzenlos. § 23 II KUG enthält vielmehr ein bedeutsames Regulativ: Danach ist auch bei zeitgeschichtlichen Persönlichkeiten eine Darstellung ohne vorherige Autorisation unzulässig, wenn und soweit da-

---

[270] Die identifizierende Darstellung des Opfers ist in der Praxis zwar nicht die Regel, aber auch nicht der absolute Ausnahmefall, wie der oftmalige Verweis auf das Drama von Gladbeck vermuten lassen könnte. Nach der Statistik von *Baumann*, Das Bild des Opfers in den Medien, S. 64, wird in der Tagespresse bei ca. 23 % aller Kriminalberichte der volle Name bzw. Nachname des Opfers angegeben. Bei einer Untersuchung von *Ionescu*, Kriminalberichterstattung in der Tagespresse, S. 138, war das Opfer in 18 % der untersuchten BILD-Artikel identifizierbar.

[271] *Heinze*, FS Stree und Wessels, S. 951 (952).

[272] Ebenso MüKo-*Schwerdtner* § 12 RN 171 a.E.; vgl. auch *Löffler/Ricker* Kap. 42 RN 14.

durch ihre "berechtigten Interessen" verletzt werden. Ob dies der Fall ist, muß auch hier durch eine Güter- und Interessenabwägung ermittelt werden. Im folgenden soll deshalb der Versuch unternommen werden, die wichtigsten rechtlichen Gesichtspunkte aufzuzeigen, die bei der journalistischen oder künstlerischen Darstellung einer Lebensgeschichte (oder eines Teiles daraus) in der Praxis zu berücksichtigen sind. Eine abschließende Darstellung ist dabei angesichts der Vielzahl der denkbaren Konfliktkonstellationen zwar nicht möglich. Gleichwohl lohnt sich die Mühe einer gewissen Vorstrukturierung, da es zu einem Großteil immer die gleichen Kollisionslagen sind, mit denen sich die Rechtsprechung auseinanderzusetzen hat. Für ihre Lösung sind dabei von besonderer Bedeutung die Aspekte der Rechtmäßig- bzw. Rechtswidrigkeit der Informationsgewinnung (hierzu a)), der konkreten Gewichtung einer bei der Privat- oder Intimsphäre zu verortenden Information (hierzu b)), der zeitlichen Grenze einer Darstellung (hierzu c)) sowie schließlich der Gesichtspunkt der Wahrheit oder Unwahrheit einer – insbesondere künstlerischen – Darstellung (hierzu d)).

a) Zulässigkeit der Verwertung illegal erlangter Informationen

"Medien leben von der Information. (...) Erfolgreiche Medienproduktion setzt daher zu einem wesentlichen Teil erfolgreiche Informationsbeschaffung voraus."[273] "Erfolgreich" ist dabei keineswegs immer mit "legal" gleichzusetzen. Vom Zwang zu Exklusivität animiert, recherchieren Journalisten bisweilen an der Grenze des Erlaubten. Wenn sie im Laufe ihrer Nachforschungen die straf- oder zivilrechtlichen Grenzen der Recherche[274] überschreiten oder von ihren Informanten illegal erlangte "Insiderkenntnisse", Fotos und Dossiers zum Verkauf angeboten bekommen, stellt sich für die Redaktionen die zentrale Frage, ob derartiges Material trotz des ihm anhaftenden Makels[275] publiziert werden kann. Hinter dieser Frage verbergen sich unterschiedliche Fallkonstellationen, die eine entsprechend differenzierte Betrachtungsweise erfordern. Dabei erscheint es zweckmäßig, zunächst danach zu trennen, ob die rechtswidrige Beschaffung von den Medien selbst oder (nur) von einem außenstehenden Informanten vorgenommen wurde.

---

273 *Soehring* RN 1.1 f.

274 Zu der Frage, wann eine Informationsbeschaffung als illegal zu qualifizieren ist, ausführlich *Steffen* AfP 88, 117 ff und *Wente*, Journalistische Recherche, S. 70 ff.; 195 ff.

275 Unproblematisch ist es freilich, wenn sich ein Veröffentlichungsverbot bereits aus der Art der Information selbst ergibt, etwa weil es um Intimes geht.

aa) Illegale Recherche durch Medienvertreter

In dem Fall des Journalisten *Günter Wallraff*,[276] welcher sich unter Vorspiegelung einer falschen Identität in die Redaktion eines Medienunternehmens eingeschlichen und Informationen über die inneren Entscheidungsprozesse angeeignet hatte, befanden sowohl der BGH als auch das BVerfG, daß illegale Recherchemethoden nicht automatisch ein Verwertungsverbot nach sich ziehen. Die Zulässigkeit der Veröffentlichung sei in diesen Fällen vielmehr anhand einer einzelfallorientierten Interessenabwägung zu bestimmen.[277] Diesem Urteil hat sich das Schrifttum weitgehend angeschlossen.[278]

Bettermann[279] hat jedoch darauf aufmerksam gemacht, daß dieser Ansatz mit dem Rechtsgedanken des § 249 S. 1 BGB unvereinbar ist. Wer bei der Informationsbeschaffung vertragliche Pflichten verletzt oder gegen Deliktsrecht verstößt, hat den Zustand herzustellen, der bestünde, wenn die rechtswidrige Recherche unterlassen worden wäre. Damit hat er illegal mitgeschnittene Telefongespräche, entwendete oder unrechtmäßig fotokopierte Dokumente sowie sonstige Materialien, die er sich im Laufe seiner Ermittlungen angeeignet hat, herauszugeben und die Publikation seiner diesbezüglichen Kenntnisse zu unterlassen. Dieser zivilrechtliche Ansatz greift dabei auch nicht unter verfassungsrechtlichen Gesichtspunkten zu kurz. Denn Art. 5 I GG schützt zwar auch die *Verbreitung* rechtswidrig erlangter Informationen;[280] dies aber eben nur im Rahmen der allgemeinen Gesetze. Wer bei der *Akquisition* von Informationen gegen Vertrags- oder Deliktsrecht[281] verstößt und als Folge dieser Verletzung von den allgemeinen Gesetzen mit einem Verwer-

---

276 Hierzu schon oben, § 7 A I 1 b).

277 Vgl. BGHZ 80, 25 (40 f.) - "Wallraff I"; BVerfGE 66, 116 (139 ff.) - "Wallraff / Springer". Während nach dem Dafürhalten des BVerfG die Veröffentlichung i.E. unzulässig war, hatte sich der BGH – u.a. unter Berufung darauf, daß ein Veröffentlichungsverbot "das Rechtsgefühl stärker belasten" würde als die Veröffentlichung der erschlichenen Informationen (aaO, S. 41) – noch *gegen* ein Verwertungsverbot ausgesprochen. Bemerkenswert ist in diesem Zusammenhang, daß auch das Reichsgericht (RGZ 45, 170, 173) sich auf das "Rechtsgefühl" stützte, um zu begründen, daß unter rechtswidrigen Umständen erschlichene Informationen (in casu ging es um Fotos der Leiche *Otto v. Bismarcks*) *nicht* veröffentlicht werden dürfen. Zur Bedeutung des Rechtsgefühls für die Rechtsordnung siehe *Rehbinder*, Rechtssoziologie, RN 118.

278 Etwa *Wenzel* 10.11 ff.; *Soehring* 12.86 f.; *Löffler/Ricker* 42. Kap. RN 19 ff.; *Eberle*, Information als Ware ?, S. 1 (6).

279 NJW 81, 1065 (1067); ausführlich hierzu auch *Wente*, Journalistische Recherche, S.103 ff.

280 So ausdrücklich BVerfGE 66, 116 (137) - "Wallraff / Springer".

281 Relevant sind hier insbesondere Verstöße gegen Schutzgesetze i.S.v. § 823 II BGB, etwa §§ 123, 242, 201 ff. StGB. Ein drastisches Beispiel rechtsbrecherischer Recherche schildert *Gerhardt*, Der Einfluß auf das Strafverfahren aus medialer Sicht, S. 38: Vier BILD - Redakteure waren in die Wohnung eines (zu Unrecht) Beschuldigten eingedrungen und hatten sich Bilder und Informationen für eine erfundene Story ("Der Vampir von Sachsenhausen") beschafft.

tungsverbot belegt wird, der kann sich nicht unter Verweis auf den Schutzgehalt von Art. 5 I GG auf ein Publikationsrecht berufen.[282]

Nach hier vertretenem Ansatz besteht damit für Material, das von Medienvertretern illegal beschafft wurde, ein absolutes Verwertungsverbot.[283] Dieses Ergebnis deckt sich durchaus mit der Aufgabe freier Medien. Ihrer Wächterfunktion entspricht es, die Öffentlichkeit auf Mißstände hinzuweisen und rechtswidrige Machenschaften aufzudecken, nicht aber, selbst das Recht zu brechen.

bb) Illegale Ermittlungen durch medienfremde Dritte

Der Großteil der unter illegalen Umständen beschafften Informationen wird den Medien indes von dritter Hand zugeliefert. Da hier schuldrechtliche Beziehungen nur zwischen dem Geschädigten und dem medienfremden Informanten entstehen, kann zumindest aus dem Grundsatz der Naturalrestitution kein an die Medien gerichtetes Verwertungsverbot deduziert werden.[284] In diesen Fällen wird man eine weitere Unterscheidung einführen müssen, und zwar je nach der Ursache der Rechtswidrigkeit:

(1) Eingriff in das Brief-, Post- und Fernmeldegeheimnis (Art. 10 I GG) und das Grundrecht auf Unverletzlichkeit der Wohnung (Art. 13 I GG)

Die Veröffentlichung von Informationen, die unter Verletzung des von Art. 10 GG geschützten Brief-, Post- und Fernmeldegeheimnisses oder des von Art. 13

---

282 Aus methodischer Sicht bestehen hier nur zwei Wege, um einem Verwertungsverbot auszuweichen: Entweder man dehnt den Schutzbereich des Art. 5 I GG auch auf die rechtswidrige *Beschaffung* von Informationen aus. Dann bestünde die Möglichkeit, die eben (FN 282) genannten Normen von der Tatbestandsseite her verfassungskonform so auszulegen, daß die Recherche nicht als rechtswidrig zu qualifizieren wäre. Eine Schutzbereichsausdehnung wurde vom Verfassungsgericht a.a.O. (S. 137) jedoch ausdrücklich abgelehnt. Oder aber man betrachtet ein Verwertungsverbot als unverhältnismäßige Rechtsfolge. Dann hätte das BVerfG aber § 249 S. 1 BGB als insoweit verfassungswidrig erklären müssen.

283 Im Ergebnis ebenso *Bettermann* NJW 81, 1065 ff.; *Wente*, Journalistische Recherche, S. 103 ff.; in diese Richtung auch *Janisch*, Investigativer Journalismus, S. 120, der allerdings eine Ausnahme machen will, wenn ein "nicht unerheblicher Rechtsbruch" aufgedeckt wurde, wobei offen bleibt, wann das der Fall sein soll.

284 Das gilt jedoch nur, wenn das Verhalten des Informanten den Medien nicht zurechenbar ist. Über die Fälle des § 831 I 1 BGB hinaus könnte etwa zweifelhaft sein, wie das Verhalten von gelegentlichen freien Mitarbeitern zu qualifizieren ist. Zweckmäßigerweise wird man nur solche Außenstehenden nicht den Medien zurechnen können, die diesen ohne jedwede Veranlassung Informationen zutragen. So auch *Macht* AfP 99, 317 (322, dort FN 72).

GG erfaßten Hausrechts erlangt wurden, berührt die Geheimsphäre und damit das allgemeine Persönlichkeitsrecht des Betroffenen.[285] Der Schutz der Geheimsphäre ist allerdings – anders als der Schutz der Intimsphäre – nicht absolut. Vielmehr sind in diesem Bereich die für und gegen eine Veröffentlichung sprechenden Interessen, also die Medienfreiheiten und das Persönlichkeitsrecht des Betroffenen, grundsätzlich gegeneinander abzuwägen.

Unter diesem Gesichtspunkt erscheint es zunächst nicht weiter bemerkenswert, daß auch der Bundesgerichtshof in seinem Urteil zu der "Kohl/Biedenkopf-Affäre"[286] eine Güterabwägung für erforderlich gehalten hat, um beurteilen zu können, ob der heimliche Mitschnitt des zwischen den beiden Persönlichkeiten geführten Telefongesprächs veröffentlicht werden durfte. Denn wenngleich die Veröffentlichung eines unter Verletzung des § 201 StGB angefertigten Telefontransskripts die persönlichen Geheimhaltungsinteressen in besonderer Weise berühre, könne bei entsprechend nachhaltigem Öffentlichkeitswert das Interesse der Allgemeinheit an der Publikation der so gewonnenen Informationen höher zu veranschlagen sein als die Rechte des Betroffenen.[287]

Dem Urteil des BGH ist zugute zu halten, daß es – wenigstens auf den ersten Blick – angesichts der den Medien zugewiesenen Wächterfunktion plausibel erscheint, wenn insbesondere bei brisantem, die Öffentlichkeit aufs höchste interessierenden Material nicht mit einem generellen Veröffentlichungsverbot reagiert wird, nur weil von einem Außenstehenden bei dessen Beschaffung der von der Rechtsordnung gesteckte Rahmen nicht beachtet wurde. Bei näherer Betrachtung zeigt sich jedoch, daß von dem Gericht einem gewichtigen Umstand nicht hinreichend Rechnung getragen wurde: Der Verfassungsgeber hat mit den Artt. 10, 13 GG kraft ausdrücklicher Anordnung den in einer bestimmten räumlichen oder funktionellen Sphäre befindlichen Informationen *unabhängig von ihrer inhaltlichen Brisanz oder Belanglosigkeit* einen besonderen und – wie die Schrankenregelungen dieser Gewährleistungen verdeutlichen – dicht abgeschirmten Geheimnisschutz angedeihen lassen. Dieser Wertung liefe es aber zuwider, würde man nun bei der Veröffentlichung, also bei der eigentlichen Realisierung des durch die Grundrechtsverletzung bewirkten Schadens nach der inhaltlichen Wertigkeit der

---

285 Hierzu bereits oben, § 7 A I 2.

286 Zum Sachverhalt bereits oben, § 7 A I 2.

287 BGHZ 73, 120 (128 f.) - "Kohl / Biedenkopf".

Information differenzieren.[288] Auch ein gesteigertes öffentliches Interesse vermag deshalb angesichts des hohen und rechtlich stark abgesicherten Eigenwerts, den die Verfassung der von den Artt. 10, 13 GG umfaßten Geheimsphäre zugesteht, eine Publikation nicht zu rechtfertigen.

Ergänzend kann hier zudem der Präventionsgedanken fruchtbar gemacht werden. Illegalen Übergriffen in die Sphäre der Artt. 10 und 13 GG würde geradezu Vorschub geleistet, wenn man rechtswidrige Bespitzelungen, in deren Verlauf tatsächlich ein sensationeller Sachverhalt aufgespürt wird, unter Berufung auf das hohe öffentliche Informationsinteresse und das damit gesteigerte Gewicht der Medienfreiheiten mit einem Publikationsrecht prämieren würde. Angesichts der Preise die von den Medien für derartige auflagen- und quotenträchtige Nachrichten gezahlt werden,[289] wäre für Informanten ein Anreiz geschaffen, "auf Verdacht" illegale Nachforschungen anzustellen, in der Hoffnung, eine Angelegenheit aufzuspüren, die so bedeutend ist, daß die Gerichte die Mittel durch den Zweck geheiligt sehen.[290]

Mit diesem prinzipiellen, d.h. vom (vermeintlichen) Öffentlichkeitswert der Information unabhängigen Verwertungsverbot werden private Interessen nicht einseitig übergewichtet. Denn es würde der objektiven Dimension der Artt. 10 und 13 GG nicht gerecht, wenn man die Respektierung der Geheimsphäre als ausschließlich privates Interesse betrachten würde. Im freiheitlichen Rechtsstaat ist das Vertrauen der Bürger in den wirksamen Schutz vertraulicher individueller Kommunikation und einen gesicherten Bereich räumlicher Privatsphäre unabdingbar. Jeder einzelne hat ein Interesse daran, daß über räumliche Distanz hinweg Nachrichten, Gedanken und Meinungen ausgetauscht und an abgeschirmten Orten Handlungen

---

288 Vgl. *Lerche* AfP 75, 822 (826 f.) und AfP 76, 55 (61). Zu den systematischen Bedenken hinsichtlich eines nach dem inhaltlichen Bezug abgestuften Grundrechtsschutzes bereits oben, § 7 B II 2.

289 So sollen etwa die heimlich aufgenommenen Fotos, welche ein außereheliches Verhältnis zwischen der Herzogin von York ("Fergie") und ihrem Finanzberater dokumentierten, dem Fotografen zwei Millionen Dollar eingebracht haben, siehe *Fahrenhorst* ZEuP 98, 84 (FN 5). Angesichts derartiger Summen geht auch die Erwägung fehl, daß das Strafrecht allein eine hinreichende Abschreckungswirkung entfaltet, um derartige Übergriffe zu verhindern, zumal auch nicht alle Einbrüche in die von den Artt. 10, 13 GG geschützten Sphäre strafbewehrt sind. Mit ihren weitreichenden Hochleistungsteleobjektiven können Paparazzi heute etwa von weit entfernten, höhergelegenen Punkten gestochen scharfe Bilder auch von abgeschirmten Grundstücken schießen, ohne bemerkt zu werden oder das Grundstück betreten zu müssen. Auch der Journalist, der die Hoteltür zum Zimmer des toten Ministerpräsidenten Barschel aufbrach, um Fotos von der in der Badewanne liegenden Leiche zu machen, ließ sich offensichtlich nicht von strafrechtlichen Sanktionen beeindrucken, vgl. Schweizerisches Bundesgericht NJW 94, 504.

290 *Wenzel* RN 10.15.

vorgenommen werden können, ohne Gefahr zu laufen, darüber am nächsten Tag in der Zeitung nachlesen zu müssen.

Festzuhalten ist damit, daß i.R.d. Informationsbeschaffung begangene Einbrüche in die von Art. 10 und Art. 13 GG umrissenen Schutzzonen ein prinzipielles, d.h. von keiner vorherigen Abwägung mit Art. 5 I GG abhängiges Verwertungsverbot nach sich ziehen.[291] Ausnahmen hiervon können sich allerdings ergeben, wenn eine Veröffentlichung zum Schutze anderer, höherwertiger Rechtsgüter erforderlich ist. Zu denken wäre hier etwa an die Aufdeckung geplanter Anschläge auf Leib und Leben (Art. 2 II GG) oder an Staatsstreichpläne (vgl. Art. 20 IV GG), soweit in diesen Fällen nicht bereits auf andere, ebenso wirksame Weise, insbesondere durch eine Anzeige bei den zuständigen Behörden, Abhilfe geschaffen werden kann.

(2) Sonstige Rechtsverletzungen

Übrig bleiben damit die Fallgruppen, bei denen sich weder aus dem Prinzip der Naturalrestitution (§ 249 S. 1 BGB) noch aus der grundrechtlichen Wertordnung eine Präjudizierung zugunsten eines absoluten Verwertungsverbots ableiten läßt. Die Tatsache, daß es bei der Informationsbeschaffung zu einem Rechtsbruch kam, kann auch hier nicht einfach als Bagatelle beiseite geschoben werden. Wenn man den Medien auch nicht vorwerfen kann, selbst illegale Machenschaften betrieben zu haben, so machen sie sich doch die "giftigen Früchte"[292] unlauteren Handelns zu eigen. Auch die bereits angesprochenen Präventionserwägungen sind hier nicht völlig von der Hand zu weisen. Andererseits ist in dieser Konstellation aber ein breites Spektrum an Rechtsverstößen denkbar. Es geht – anders als i.R.d. Artt. 10, 13 GG – nicht allein um derart schwerwiegende, mit der Grundrechtsordnung bereits von vornherein unvereinbare Informationsbeschaffungsmaßnahmen, daß man den Präventivgedanken als übergeordneten Gesichtspunkt für ein generelles Verwertungsverbot heranziehen könnte. Da Art. 5 I GG auch die Verbreitung rechtswidrig erlangter Informationen erfaßt, wird man hier – und nach dem hier vertretenen Ansatz nur hier – somit um einzelfallbezogene Abwägungen und Wertungen nicht umhin kommen. Als Leitlinie kann dabei die Erwägung des BVerfG herangezogen werden, daß ein überwiegendes Interesse an der Veröffentlichung

---

291 Im Ergebnis so auch *Macht* AfP 99, 317 (322); *Lerche* AfP 75, 822 (827 f.); *Wenzel* RN 10.15. Auch das OLG München (AfP 92, 78 (80)) ist in einem Art. 13 GG betreffenden Fall ohne Güterabwägung von einem prinzipiellen Verwertungsverbot ausgegangen; der Linie des BGH folgen dagegen *Soehring* RN 12.85 f. und GRUR 86, 518 (523); *Prinz/Peters* RN 87 sowie *Löffler/Ricker* 42. Kap. RN 20.

292 *Lerche* AfP 76, 55 (61).

illegal erlangter Informationen in der Regel nur dann bestehen wird, wenn es um die Aufdeckung von Zuständen und Verhaltensweisen geht, die ihrerseits rechtswidrig sind.[293] Daneben ist aber auch dem Unwerturteil der bei der Informationsbeschaffung verletzten Norm Bedeutung beizumessen. Insbesondere Verstöße gegen strafrechtliche Vorschriften werden so regelmäßig ein Verwertungsverbot nach sich ziehen.

cc) Fazit

Es zeigt sich somit, daß ein Großteil der Fälle anhand übergreifender Gesichtspunkte, d.h. ohne sich auf das schwammige Gebiet der Güterabwägung zu begeben, entschieden werden kann. Rechtswidriges Handeln der Medienvertreter oder die Schutzbereichsverletzung der Artt. 10, 13 GG durch einen Informanten bei der Informationsakquisition zieht ein prinzipielles Verwertungsverbot nach sich. Einzig in der Fallvariante der sich aus sonstigen Umständen ergebenden Rechtswidrigkeit der Informationsbeschaffung durch medienfremde Dritte ist eine Einzelfallabwägung unabdingbar. Aber auch hier läßt sich die Abwägung durch entsprechende Anforderungen an den Recherchezweck (Aufdeckung rechtswidriger Zustände) bzw. das Recherchemittel (kein Verstoß gegen Strafrecht) eine gewisse Vorstrukturierung erreichen.

b) Intim- und Privatsphärenschutz

Vermögen Personen der Zeitgeschichte gegen die Darstellung ihrer Person in den Medien auch prinzipiell keine Gegenrechte geltend zu machen, so bedeutet das doch nicht, daß sie damit die Veröffentlichung jeglicher Lebensdetails hinzunehmen hätten. Denn selbst wenn sie durch ein entsprechendes öffentliches Verhalten ihres Anspruchs auf Anonymität verlustig gegangen sind, haben sie gleichwohl ein "berechtigtes Interesse" (§ 23 II KUG) daran, daß gewisse Aspekte ihres Lebens nicht zum Gegenstand allgemeiner Erörterung gemacht werden. Die Schutzintensität, die ihrem Diskretionsinteresse zugestanden wird, hängt dabei wesentlich davon ab, welcher Persönlichkeitssphäre die relevanten Informationen zugeordnet werden.[294] Allerdings dient die Verortung eines Sachverhalts bei der Intim- oder Privatsphäre nur einer ersten, groben Bewertung. Ob eine Publikation im Einzelfall ohne die Einwilligung des Betroffenen tatsächlich unzulässig ist, kann erst anhand einer umfassenden Betrachtung unter Berücksichtigung der jeweiligen Umstände beurteilt werden. Jedoch lassen sich auch hier übergreifende Leitgedan-

---

[293] BVerfGE 66, 116 (139) - "Wallraff / Springer".

[294] Dazu schon oben, § 7 A I 1 a) aa).

ken herausarbeiten, anhand derer eine vom unsicheren Kriterium der "Gewichtigkeit des öffentlichen Interesses" unabhängige Vorstrukturierung erreicht werden kann.

aa) Selbstbestimmungsgedanke

Zum einen kann beim Diskretionsschutz – ebenso wie im Rahmen des Anonymitätsschutzes – der *Selbstbestimmungsgedanke* fruchtbar gemacht werden: Zwar haben auch zeitgeschichtliche Personen, die sich nicht mehr auf ihr Anonymitätsrecht berufen können, ein Recht auf Achtung ihrer Intim- und Privatsphäre. Dieser Anspruch wird aber verwirkt, wenn und soweit sie ihr Privat- oder Intimleben selbst an die Öffentlichkeit tragen, indem sie etwa aufgrund (exklusiv-)vertraglicher Bindung eine Berichterstattung aus diesem Bereich gestatten. Wer sein Privat- oder Intimleben bewußt thematisiert und dem Rampenlicht der Öffentlichkeit aussetzt, hat es seiner eigenen, selbstbestimmten Lebensführung zuzuschreiben, wenn die Medien das einmal geweckte Interesse auch weiterhin befriedigen.[295] Die Interessenwertung verändert sich dabei umso stärker zulasten des Betroffenen, je aktiver und bewußter er das Interesse an einer Beschäftigung mit ihm geschaffen hat. Denn auch hier gilt: Ein sinnvolles Abwägen der konfligierenden Interessen muß berücksichtigen, wessen Verhalten dazu geführt hat, daß es überhaupt zu einem Interessenskonflikt kam. Wer aber durch bewußtes, aktives Handeln das Interesse der Allgemeinheit an seinen privaten oder intimen Angelegenheiten auf sich gezogen hat, der muß als Konfliktverursacher auch die Konsequenzen seines eigenen Verhaltens erdulden. Auch hier gilt: "Selbstbestimmung ist ohne Selbstverantwortung nicht denkbar."[296] Prominente, die gegen Entgelt für ein bestimmtes Medium die Hüllen fallen lassen oder diesem immer wieder ihre neuesten Alkoholexzesse anvertrauen, können eine Berichterstattung aus diesem Bereich damit nicht von ihrer Einwilligung abhängig machen.[297]

Das Vorverhalten des Betroffenen zeigt hier zudem, ob er eine entsprechende Darstellung seiner Person überhaupt als Verletzung empfindet. Da das Persönlichkeitsrecht mit dem subjektiven Empfinden der Person eng verknüpft ist, muß die-

---

[295] Dieses Ergebnis ließe sich auch mit dem Gedanken des *venire contra factum proprium* begründen. Denn wer sein Privat- und Intimleben bewußt der Öffentlichkeit präsentiert, der verhält sich widersprüchlich, wenn er zur Abwehr entsprechender Berichte nunmehr eine Verletzung seiner Persönlichkeit geltend macht.

[296] *Hillgruber*, Der Schutz des Menschen vor sich selbst, S. 153.

[297] Vgl. OLG Frankfurt AfP 2000, 185 (186 f.) - "Katharina Witt"; *Soehring* AfP 2000, 230 (234). Eine andere Frage ist freilich, ob der Nachdruck entsprechender Fotos der Einwilligung des Fotografen bedarf bzw. ob sie vom Zitatrecht des nachdruckenden Mediums gedeckt ist.

ses auch im Einzelfall berücksichtigt werden. Diese Überlegung ermöglicht somit eine Konkretisierung des Gedankens praktischer Konkordanz: Der Beeinträchtigte soll sich gegen eine Handlung des anderen nicht wehren und damit in dessen Rechtsbereich eingreifen können, wenn es ihm gar nicht um das legitime Anliegen des Schutzes seiner ideellen Belange geht.[298] Allerdings ist der Verlust des Diskretionsschutzes nicht unumkehrbar. Der Entschluß, Berichte über Vorgänge aus der Privat- oder Intimsphäre ausdrücklich zu gestatten oder hinzunehmen, kann auch wieder rückgängig gemacht werden. Solange dies aber nicht konsistent und situationsübergreifend zum Ausdruck gebracht wird, kann der Betroffene gegen eine entsprechende Berichterstattung keine Rechte geltend machen.[299]

bb) Ausstrahlungswirkung des grundrechtlichen Privatsphärenschutzes

Bei der Beurteilung der konkreten Schutzintensität, die einer Information im Einzelfall zuteil wird, ist das Augenmerk daneben auch auf die durch die anderen grundrechtlichen Gewährleistungen zum Ausdruck kommenden Wertentscheidungen zu richten. Ein Beispiel hierfür haben wir bereits oben im Zusammenhang mit der Frage der Zulässigkeit der Publikation von Informationen, die unter Einbruch in die von den Artt. 10, 13 GG geschützte Geheimsphäre erlangt wurden, kennengelernt. Im Rahmen des Intim- und Privatsphärenschutzes sind insoweit vor allem die in den *Artt. 4 I und 6 I GG*[300] zum Ausdruck kommenden Wertungen von Bedeutung. Durch die Darstellung von Zuständen und Vorgängen aus dem ehelichen, familiären oder religiösen Gebiet werden Sachverhalte berührt, die zum forum internum des menschlichen Daseins gehören. Der über die Artt. 1 I, 2 I GG garantierte Privatsphärenschutz erfährt in diesem Bereich durch die angeführten Verbürgungen eine signifikante Verstärkung.[301] Richtigerweise wird man hier deshalb den Umfang zulässiger Berichterstattung auf die Nennung der wesentlichen biographischen Eckpunkte (wie Hochzeit, Scheidung, Kindesgeburt oder Zu-

---

298 *Geiser*, Persönlichkeitsverletzung durch Kunstwerke, S. 158.

299 BVerfG ZUM 2000, 149 (156) - "Caroline von Monaco"; OLG Köln AfP 82, 181 (182 f.) - "Rudi Carell"; *Helle*, Besondere Persönlichkeitsrechte, S. 184; *Koppelhele* AfP 81, 337 (338 f.); vgl. auch OLG Oldenburg NJW 83, 1202 - "Nierentransplantation"; kritisch *Ladeur* ZUM 2000, 879 (881).

300 Zu denken wäre auch an Art. 10 und Art. 13 GG, welche ebenfalls dem Privatsphärenschutz dienen. Die durch diese Verbürgungen zum Ausdruck kommenden Wertentscheidungen werden jedoch vor allem bei dem Problem der Veröffentlichung rechtswidrig erlangter Informationen relevant.

301 Zu Art. 6 GG vgl. BVerfG ZUM 2000, 149 (156) - "Caroline von Monaco"; *Neidhard / Gerlach*, FS Engelschall, S. 255 ff. (insb. 262 f.); *Soehring* AfP 2000, 230 (233); vgl. auch BVerfGE 35, 35 (39 f.); 42, 234 (236 f.); 57, 170 (177 f.); zu Art. 4 GG vgl. BVerfG NJW 97, 2669 (2670) - "Scientology".

gehörigkeit zu einer Konfession) zu beschränken haben.[302] Nähere konfessionelle Gepflogenheiten sowie die Hintergründe und Details familiärer oder ehelicher Schwierigkeiten gehen die Öffentlichkeit demgegenüber auch dann nichts an, wenn sie eine herausragende Persönlichkeit betreffen.[303]

cc) Eingriffsintensität

Erhebliche Bedeutung ist schließlich auch der *Eingriffsintensität* einer Darstellung beizumessen. Allerdings ist fraglich, anhand welcher Orientierungsspunkte diese bestimmt werden soll.

In der Rechtsprechung besteht hier vielfach die Tendenz, die von einem Beitrag erreichte *Anzahl an Rezipienten* als zentrales Kriterium heranzuziehen.[304] Je nach Auflagenstärke respektive Einschaltquote wären danach die an einen Bericht zu stellenden Anforderungen mehr oder weniger hoch zu veranschlagen. Dies ist jedoch nicht bedenkenfrei. Denn zum einen wird es dem Dargestellten in der Regel weniger auf die genaue Rezipientenzahl als vielmehr darauf ankommen, ob ein Bericht sein soziales Umfeld sowie die Menschen an seinem Wohnort und Arbeitsplatz erreicht. Dieser unmittelbare Lebens- und Berufsbereich kann aber durch einen Beitrag in einer vergleichsweise auflagenschwachen, lokal jedoch fast alle Haushalte erreichenden Zeitung mindestens genauso stark betroffen sein wie durch einen Bericht in einer überregional vertriebenen Illustrierten. Zum anderen sind nicht zuletzt auch aus Rechtssicherheitsgründen Zweifel anzumelden, ob der zu erwartenden Einschaltquote mitsamt den sie beeinflussenden Faktoren (wie Sendezeit oder Konkurrenzprogramm) bei der Frage einer Persönlichkeitsrechtsverletzung Entscheidungsrelevanz beigemessen werden kann.[305] *Wenzel*[306] wendet hier zu Recht ein: "Soll in einem Dokumentarspiel mit üblicherweise großer Zu-

---

[302] Nach BGH AfP 99, 350 f., bestätigt durch BVerfG AfP 2000, 352 f., soll auch die Angabe des Scheidungsgrundes (Ehebruch) zulässig sein, solange es sich dabei nur um dessen pauschale Mitteilung und nicht etwa um Einzelheiten daraus handelt.

[303] So auch Löffler-*Steffen* § 6 LPG RN 216; OLG Hamburg AfP 98, 643 (644) - "Scheidungsgrund".

[304] Etwa BGH NJW 85, 1617 (1619) - "Nacktfoto"; BVerfGE 35, 202 (227) - "Lebach"; 54, 208 (216) - "Böll / Walden".

[305] So aber ausdrücklich BVerfGE 35, 202 (227) - "Lebach", wonach "im Einzelfall (..) selbstverständlich [sic!] auch die Sendezeit und das gleichzeitige Programm der ARD eine Rolle" spielen soll. Wenn es um die Verfilmung einer Lebensgeschichte oder eines tatsächlichen Ereignisses geht, werden diese Faktoren allerdings zum Zeitpunkt der Produktionsplanung, also wenn die Frage der Rechtevereinbarungen mit den Betroffenen gerade virulent wird, in aller Regel noch völlig offen sein.

[306] AfP 73, 432 (434).

schauerbeteiligung weniger gesagt werden dürfen als in einer Sendung, an der nur geringes Interesse besteht ? (...) Kann also in den Spätnachrichten gebracht werden, was um 20.00 Uhr nicht mehr zulässig wäre ? Darf gesendet werden, wenn im anderen Kanal Kulenkampff läuft, nicht hingegen, wenn eine kulturelle Sendung mit traditionell niedriger Einschaltquote ausgestrahlt wird ? Und soll schließlich der Grundsatz gelten, am Montagmorgen ja, am Freitagabend nein ?"

Ein weiterer Gesichtspunkt, dem von der Rechtsprechung erhebliche Bedeutung beigemessen wird, ist die *Art des Massenmediums*, über das ein Beitrag kommuniziert wird. Danach soll eine Darstellung durch das Fernsehen aufgrund der großen Glaubwürdigkeit dieses Mediums, der stärkeren Intensität des optischen Eindrucks sowie der Kombination von Bild und Ton einen weitaus stärkeren Eingriff bedeuten als eine Wort- oder Schriftberichterstattung in Hörfunk oder Presse.[307] Bereits oben[308] wurde jedoch aufgezeigt, daß in der kommunikationswissenschaftlichen Literatur heute weitgehende Einmütigkeit darüber besteht, daß die Wirkung einer Darstellung nicht allein von der Darstellungsform oder dem Darstellungsmedium, sondern von einer Vielzahl an Variablen abhängig ist. Es ist zwar richtig, daß die Glaubwürdigkeit eines Beitrags einen bedeutenden wirkungsrelevanten Faktor darstellt und daß dem Fernsehen allgemein die größte Glaubwürdigkeit von allen Massenmedien zugesprochen wird.[309] Allerdings wird auch die Glaubwürdigkeit eines Beitrags im Einzelfall wiederum nicht allein von der Art des Darstellungsmediums, sondern von einem ganzen Bündel weiterer Faktoren beeinflußt, die in unterschiedlichem Ausmaß zum Tragen kommen können: So kann die positive Einstellung der Empfänger zum Massenmedium Fernsehen etwa überlagert werden durch die Einstellung zum konkreten Sender, zur jeweiligen Sendung, zum Moderator oder zur Art, auf die ein bestimmter Beitrag präsentiert wird.[310] Ein Ansatz, der Beiträgen, die über ein bestimmtes Medium kommuniziert werden, in jedem Falle eine höhere Wirkungsintensität zuschreibt, erscheint

---

307 So BVerfGE 35, 202 (226 ff.) - "Lebach"; 54, 208 (216) - "Böll / Walden"; AfP 93, 478 f. - "Berichterstattung über bereits getilgte Vorstrafen"; BGH NJW 85, 1617 (1619) - "Nacktfoto".

308 § 7 B I.

309 So erklärten bei einer Allensbacher Erhebung von 1993 fast 40 Prozent der Befragten, am glaubwürdigsten sei das Fernsehen, während sich nur 16 Prozent für die Zeitung aussprachen. Ein Befund, der sich mit den Umfrageergebnissen aus anderen westlichen Ländern deckt, siehe *Noelle-Neumann*, Wirkungen der Massenmedien auf die Meinungsbildung, S. 547.

310 Darüberhinaus ist zu bedenken, daß je nach den sozialstatistischen Merkmalen (Alter, Geschlecht, Bildung etc.) auch unter den Rezipienten die den einzelnen Faktoren zugestandene Glaubwürdigkeit erheblich variieren kann, siehe *Koschnick*, Mediaplanung und Mediaforschung, S.1257; *Kepplinger*, Darstellungseffekte, S. 338.

daher zu pauschal.[311] Eine wirkungsbezogene Betrachtung müßte vielmehr die zwischen einem Medienbericht und der Rezipientenreaktion bestehende jeweilige Wirkungsbeziehung in ihrer ganzen Komplexität berücksichtigen, was nicht zuletzt aufgrund der Uneinheitlichkeit der vorhandenen Kommunikationsmodelle kaum handhabbar erscheint.

Als sachgerechter Orientierungspunkt kann dagegen die *Ausführlichkeit und Dichte*, mit der ein fremdgezeichnetes Persönlichkeitsbild erstellt wird, herangezogen werden. Ein Eingriff ist dabei als umso intensiver zu werten, je mehr durch die einzelnen Informationen dem Rezipienten die Möglichkeit gegeben wird, ein Persönlichkeitsprofil des Betroffenen abzulesen. So wird beispielsweise die Darstellung eines einzelnen Erlebnisses eine Person weniger beeinträchtigen als die Darstellung eines längeren Lebensabschnittes. Mit der Erstellung eines Totalbildes des ganzen Lebens von der Kindheit an hat ein Eingriff damit seine höchste Intensität erreicht.[312] Ebenso macht es einen wesentlichen Unterschied, ob etwa das Faktum der lebensbedrohlichen Erkrankung einer zeitgeschichtlichen Persönlichkeit lediglich mitgeteilt oder aber die Anamnese und der Anlaß der Krankheit zum Gegenstand einer ausführlichen Dokumentation gemacht wird. Allgemein gehaltene Hinweise über dem Grunde nach private Vorgänge sind damit im Gegensatz zu detailliert und unmittelbar zur Anschauung gebrachten Schilderungen in der Regel als zulässig zu werten.

c) Zeitliche Darstellungsgrenze

Erhebliche praktische Bedeutung erlangt immer wieder die Frage, wie lange die in ein aufsehenerregendes Ereignis involvierten Akteure in identifizierbarer Weise öffentlich dargestellt werden dürfen. Schwierigkeiten ergeben sich hier insbesondere bei der Kriminalberichterstattung: Gerade die "Wiederaufbereitung" mitunter jahrzehntealter, spektakulärer Straftaten erfreut sich bei den Medien großer Beliebtheit, sei es, daß diverse herausragende Delikte im Rahmen einer Rückschau ("Mörder, die man nie vergißt"[313]) noch einmal überblicksmäßig aufgegriffen und nachgezeichnet werden, sei es, daß die Geschichte eines einzelnen Verbrechens in

---

[311] Kritisch auch *Wellbrock*, Persönlichkeitsschutz und Kommunikationsfreiheit, S. 165 ff.; *von Becker*, Straftäter und Tatverdächtige, S. 153 f.

[312] In diese Richtung auch *Wolf*, Der grundrechtliche Schutz der Privatsphäre, S. 211; *Peifer*, Individualität im Zivilrecht, S. 222.

[313] So etwa der Titel einer elfteiligen BILD-Serie vom 12.6. bis 23.6.1990, in deren Verlauf verschiedene Straftäter, deren Verurteilung durchweg Jahre zurücklag, nochmals dem Publikum mit Bild und voller Namensnennung vorgestellt wurde; vgl. auch OLG Hamburg AfP 76, 137 ff. zu einer anderen BILD-Serie mit dem Titel: "Tatort Hamburg – Die größten Verbrechen Hamburgs".

ausführlicher Weise mit all seinen Entstehungsursachen und Hintergründen zum Gegenstand eines Kino- oder Fernsehfilmes gemacht wird.[314] Auch bei rechtskräftig verurteilten Verbrechern ist eine Namensnennung, Abbildung oder sonstige wiedererkennbare Darstellung jedoch nicht zeitlich unbegrenzt möglich, wie das BVerfG in der bereits wiederholt erwähnten Lebach-Entscheidung[315] festgestellt hat :

Gegenstand dieser Entscheidung war ein vom ZDF produziertes Dokumentarspiel über einen Soldatenmord in Lebach, bei dem 1969 vier schlafende Soldaten der Wachmannschaft eines Munitionsdepots der Bundeswehr ermordet wurden, um Waffen zu erbeuten. Das Gewaltverbrechen erregte in der deutschen Öffentlichkeit ungewöhnliches Aufsehen; über die Tat, die Fahndungsmaßnahmen und das Strafverfahren wurde in Presse, Hörfunk und Fernsehen eingehend berichtet. Gegen die für 1972 geplante Ausstrahlung wandte sich der 1970 wegen Beihilfe zu dem Verbrechen zu einer Freiheitsstrafe von sechs Jahren verurteilte Beschwerdeführer, welcher eingangs des Filmes mit Namen und Bild vorgeführt und später von einem Schauspieler, der seinen Vor- und Nachnamen trug, dargestellt werden sollte, mit Erfolg:

Das BVerfG hob dabei hervor, daß die Ausstrahlungswirkung des verfassungsrechtlichen Schutzes der Persönlichkeit es nicht zulasse, daß sich die Kommunikationsmedien über die aktuelle Berichterstattung hinaus zeitlich unbeschränkt mit der Person eines Straftäters befassen. Vielmehr gewinne nach Befriedigung des aktuellen Informationsinteresses grundsätzlich sein Recht darauf, "allein gelassen zu werden", zunehmende Bedeutung und setze dem Wunsch der Massenmedien und einem Bedürfnis des Publikums, seinen individuellen Lebensbereich zum Gegenstand der Erörterung oder gar der Unterhaltung zu machen, Grenzen.[316] Der Täter, der durch eine schwere Tat in das Blickfeld der Öffentlichkeit getreten sei und die allgemeine Mißachtung erweckt habe, bleibe dennoch ein Glied dieser Gemeinschaft mit dem verfassungsrechtlichen Anspruch auf Schutz

---

[314] Der Sender SAT 1 hat etwa im Mai 2001 die Geschichte der 1962 (!) wegen Mordes verurteilten *Vera Brühne* im Rahmen eines zweiteiligen Fernsehspiels ausgestrahlt. Nach einem Bericht der FAZ vom 30.1.2001, S. 54, ist zudem die Ausstrahlung der ebenfalls geraume Zeit zurückliegenden Kriminalgeschichten *Walter Sedlmayr* (Mord) und *Richard Oetker* (Entführung) geplant.

[315] BVerfGE 35, 202 ff. - "Lebach". Auch die von SAT 1 vorgenommene Neuverfilmung, die Ende 1996 – also 27 Jahre nach der Tat – ausgestrahlt werden sollte, war Gegenstand einer Verfassungsbeschwerde (BVerfG AfP 2000, 160 ff. - "Lebach II"). Da der Film aber eine Identifizierung des Betroffenen nicht ermöglichte, vermochte er mit seiner Klage nicht durchzudringen. Ausführlich hierzu *Unland*, Die Verfilmung tatsächlicher Ereignisse, S. 214 ff.

[316] BVerfGE 35, 202 (233) - "Lebach".

seiner Individualität. Wörtlich fügte das Gericht hinzu: "Hat die das öffentliche Interesse veranlassende Tat mit der Strafverfolgung und strafgerichtlichen Verurteilung die im Interesse des öffentlichen Wohls gebotene gerechte Reaktion der Gemeinschaft erfahren und ist die Öffentlichkeit hierüber hinreichend informiert worden, so lassen sich darüber hinausgehende fortgesetzte oder wiederholte Eingriffe in den Persönlichkeitsbereich des Täters nicht rechtfertigen; sie würden namentlich bei Fernsehsendungen mit entsprechender Reichweite über den Täter eine erneute soziale Sanktion verhängen."[317]

Zentrale Bedeutung erlangt damit die Frage nach dem Zeitpunkt, von dem ab sich die Grundrechtswaage vom legitimen Anspruch der Medien, den Namen und das Bildnis eines Straftäters veröffentlichen zu können, wieder zugunsten des Interesses des Betroffenen, in Ruhe gelassen zu werden, neigt. Das BVerfG vertrat insoweit in der erwähnten Entscheidung die Auffassung, daß diese zeitliche Grenze nicht anhand einer allgemeinen, nach Monaten und Jahren fest umrissenen Frist, sondern vielmehr individuell verschieden zu fixieren sei. Entscheidendes Leitkriterium müsse dabei das Ziel der Wiedereingliederung des Täters in die Gesellschaft sein. Die wiederholte Darstellung einer schweren Straftat werde demgemäß nicht mehr durch das aktuelle Informationsinteresse gedeckt, sobald sie die Resozialisation des jeweiligen Täters gefährde, was regelmäßig zumindest dann anzunehmen sei, wenn ein identifizierender Bericht nach oder in zeitlicher Nähe vor einer Haftentlassung erfolge.[318]

Gerade für den aus publizistischer Sicht bedeutsamen Zeitraum zwischen der rechtskräftigen Verurteilung und der Haftentlassung des Betroffenen stellt diese individuell variierende und damit recht vage Grenzziehung die Medienschaffenden jedoch vor unüberwindbare Schwierigkeiten. Das Kriterium der Resozialisierungsgefährdung vermittelt kaum die notwendige Klarheit, um ex ante beurteilen zu können, ob ein retrospektiver Bericht von einem Richter bereits als unzulässige Beeinträchtigung der "berechtigten Interessen" (§ 23 II KUG analog) des Straftäters bewertet würde, zumal jeder einen verurteilten Verbrecher identifizierende Bericht dessen Resozialisierungschancen zu beeinträchtigen prinzipiell imstande ist. Es nimmt deshalb auch nicht wunder, daß die im Anschluß an die Lebach-Entscheidung ergangenen, sich an der Resozialisierungsgefahr orientierenden Judika-

[317] BVerfGE 35, 202 (233 f.) - "Lebach".
[318] BVerfGE 35, 202 (234 ff.) - "Lebach".

te entsprechend uneinheitlich ausfielen und kaum zur besseren Handhabbarkeit des Kriteriums beizutragen vermochten.[319]

Leidtragende dieser Rechtsunsicherheit sind in der Regel freilich weniger die berichterstattenden Medien selbst als vielmehr die betroffenen Delinquenten. Denn da gerade bei nicht eindeutiger Rechtslage eine Schadensersatzklage des Inhaftierten angesichts des damit einhergehenden Prozeßrisikos ohnedies kaum zu befürchten steht,[320] neigen die Boulevardmedien dazu, unklare Grenzen im Zweifel weit, d.h. im Sinne der Zulässigkeit einer Darstellung zu interpretieren. Aber auch Filmproduzenten, die eine aufsehenerregende Straftat im Rahmen eines Kino- oder Fernsehfilmes nachzuzeichnen gedenken, sind von der Unpraktikabilität dieses Kriteriums betroffen: Wenn sie nicht das Risiko eingehen möchten, daß ihr kapitalintensives Projekt von dem Betroffenen im nachhinein durch eine Unterlassungsklage torpediert bzw. seine Veröffentlichung von einer hohen finanziellen Gegenleistung abhängig gemacht wird, dann sind sie gezwungen, sich die erwünschte Rechtssicherheit zuvor durch eine entsprechende Rechtevereinbarung zu erkaufen (sofern der Betroffene überhaupt zum "Verkauf" seiner Persönlichkeitsrechte bereit ist), obgleich im Einzelfall die Verfilmung der Straftat womöglich auch ohne Zustimmung des Dargestellten zulässig gewesen wäre.[321]

Angesichts dieser Schwierigkeit wird in der Literatur verschiedentlich die Einführung einer festen zeitlichen Grenze befürwortet. Während *Lampe*[322] mit einem Appell an Rechtsprechung und Gesetzgeber für eine identifizierende nachprozessuale Kriminalberichterstattung eine einheitliche Frist von sechs Monaten ab Rechtskraft des Urteils vorschlägt, plädiert *v. Becker*[323] für eine je nach Höhe der

---

319 OLG Hamburg AfP 76, 137 ff. - "Banklady": Prinzipiell legitimes Informationsinteresse über eine Bankräuberin auch 7 Jahre nach ihrer Verurteilung bzw. 1 Jahr nach ihrer Haftentlassung; OLG Hamburg AfP 83, 466 ff. - "Bombenattentat": Legitimes Berichterstattungsinteresse auch 2 1/2 Jahre nach der Tat; OLG Hamm AfP 88, 258 ff.: Resozialisierungsinteresse überwiegt 2 Jahre nach der Verurteilung zu einem schweren Verbrechen selbst dann, wenn ein weiterer Tatbeteiligter erst später gefaßt wird; LG Berlin AfP 98, 418 ff.: Namensnennung eines nur zu einer Bewährungsstrafe verurteilten Täters auch 2 1/2 Monate nach der Verurteilung zulässig; OLG Hamburg AfP 91, 537 ff. - "Honka I" und ZUM 95, 336 ff. - "Honka II": Identifikation eines Mörders 13 1/2 Jahre bzw. 17 Jahre nach seiner Verurteilung unzulässig; vgl. auch BVerfG AfP 93, 478 f.: Berichterstattung über eine Vorstrafe und die ihr zugrundeliegende Straftat auch nach Tilgung im Bundeszentralregister nicht generell unzulässig.

320 Vgl. *Scholderer* ZRP 91, 298 (301), der darauf hinweist, daß selbst bei eindeutiger Rechtslage bei den betroffenen Strafgefangenen die psychische Hemmung, ihren Fall erneut vor Gericht zu bringen, in aller Regel so groß ist, daß keine presserechtlichen Schritte eingeleitet werden.

321 Vgl. *Eickmeier* ZUM 98, 1 (8).

322 NJW 73, 217 (220 ff.).

323 Straftäter und Tatverdächtige in den Massenmedien, S. 241 ff.

verhängten Strafe abgestufte Lösung: Bleibt der Verurteilte nach der Urteilsverkündung auf freiem Fuß oder hat er – etwa wegen Anrechnung der Untersuchungshaft (§ 51 StGB) oder wegen Strafaussetzung auf Bewährung (§ 56 StGB) – nicht mehr als weitere zwölf Monate Haft zu erwarten, soll eine identifzierende Berichterstattung danach auf maximal sieben Tage bzw. bei wöchentlichen oder monatlichen Publikationen bis zur nächsten, dem Urteil nachfolgenden Ausgabe/Sendung begrenzt sein. In jedem anderen Fall der zeitlich begrenzten Freiheitsentziehung sei eine Frist von sechs Monaten ab Rechtskraft des Urteils angemessen. Sofern schließlich eine Verurteilung zu lebenslanger Freiheitsstrafe bzw. zu voraussichtlich dauernder Unterbringung erfolge, sei diese Frist auf ein Jahr nach Rechtskraft des Urteils zu verlängern, es sei denn, das Verbrechen habe Eingang in die politische oder allgemeine Kriminalgeschichte gefunden. In diesem Fall sei bei einer späteren Haftentlassung ein Schutz vor identifizierender Medienpublizität analog § 23 II KUG nur dann zuzubilligen, wenn anderenfalls die soziale Existenz des Betroffenen praktisch unmöglich gemacht werden könnte.

Engau[324] und ihm folgend *Braun*[325] befürworten ebenfalls eine einheitliche, vom verhängten Strafmaß abhängige Fristenbemessung. Im Gegensatz zu *v. Becker* wollen sie jedoch die Zeitgrenze einer zulässigen Darstellung nach einem Zehntel der nach rechtskäftigem Urteil noch zu verbüßenden Strafe bemessen. Für den Fall, daß eine Verurteilung keine (weitere) Freiheitsstrafe nach sich zieht bzw. eine lebenslange Freiheitsstrafe zur Folge hat, schlagen sie dabei vor, eine Untergrenze von einem Monat und eine Höchstgrenze von eineinhalb Jahren nach Rechtskraft festzulegen.

Dieser – zustimmungswürdige – Vorschlag hat zum einen den Vorteil, die mit der von der Rechtsprechung favorisierten Lösung einhergehende und von *Lampe*[326] beklagte "schlechthin unerträgliche Rechtsunsicherheit" zu beseitigen. Zum anderen berücksichtigt er aber auch die Tatsache, daß der Täter mit zunehmender Schwere des von ihm begangenen Delikts auch ein stärkeres und damit länger anhaltendes, legitimes Medienecho veranlasst hat, dem eine einheitliche Frist von sechs Monaten nicht gerecht zu werden vermag. Darüberhinaus gilt es allerdings noch zu bedenken, daß es neben den Fällen "normaler" Kriminalität historische Verbrechen gibt, die über das aktuelle Zeitgeschehen hinaus für die Bevölkerung

---

324 Straftäter und Tatverdächtige als Personen der Zeitgeschichte, S. 565 f.

325 Medienberichterstattung über Strafverfahren, S. 229 f., die insoweit zu Recht hervorhebt, daß in den Fällen der Verurteilung zu Freiheitsstrafen, die zur Bewährung ausgesetzt sind, eine Zeitgeschichtlichkeit der Tat in aller Regel nicht vorliegen wird, sofern es sich bei dem Täter nicht ausnahmsweise um eine absolute Person der Zeitgeschichte handelt.

326 NJW 73, 217 (222).

von so bleibender Bedeutung sind, daß die Einführung eines Zeitlimits, jenseits dessen die jeweiligen Täter nicht mehr identifizierbar dargestellt werden dürften, für sie nicht sachgerecht erscheint. Dabei geht es allerdings weniger um die Verbrecher, die durch ihre besonders grausame oder originelle Vorgehensweise vermeintliche "Kriminalgeschichte" geschrieben haben: Denn welche Fälle hierunter zu fassen sind, bestimmen nicht zuletzt die Massenmedien durch die Art und den Umfang ihrer eigenen Berichterstattung, so daß man es ihnen letztlich selbst in die Hand legen würde, die Mörder zu bestimmen, die man tatsächlich "nie vergißt". Gemeint sind vielmehr die politischen Kriminaldelikte von fortwirkender, bundesweiter Relevanz wie etwa die Grausamkeiten der NS-Verbrecher, die Terrorakte der *RAF* oder die Tätigkeit des Kanzleramts-Spions *Guilleaume*, bei denen eine zeitliche Beschränkung der Identifikationsmöglichkeit die öffentliche Erörterung und Aufarbeitung geschichtlicher Ereignisse und der darin involvierten Personen nur behindern würde. Derartige historisch-politische Delikte, die sich in das kollektive Gedächtnis der Bevölkerung eingegraben haben, werden wegen ihrer bleibenden Bedeutung auch nicht wieder zur Privatangelegenheit des Täters. Eine entanonymisierende Darstellung der Tat muß hier zeitlich unbegrenzt möglich bleiben.[327]

In allen übrigen Fällen wird man dagegen eine identifizierende Veröffentlichung ohne vorherige Einwilligung des Betroffenen mit Ablauf der jeweils einschlägigen Frist als unzulässig betrachten müssen. Dabei steht es den Medien freilich weiterhin zeitlich unbegrenzt frei, auf einen zurückliegenden Kriminalfall einzugehen, solange sie nicht das publik machen, "was bei einem Strafverfahren am unwichtigsten ist und (...) sachlich völlig belanglos bleiben wird: den Namen des Täters (..), sein Bild sowie alle anderen Angaben, die zu einer Individualisierung führen."[328]

d) Recht auf Wahrheit und künstlerischer Gestaltungsspielraum

Mit einem Kunstwerk kann die Unwahrheit über eine Person verbreitet werden, indem ihr Leben oder ein bestimmter Lebensabschnitt auf eine Art und Weise nachgezeichnet wird, die nicht mit der Wirklichkeit übereinstimmt. Das ist zum einen der Fall, wenn durch die einseitige Auswahl objektiv wahrer Tatsachen ein

---

[327] So auch *v. Becker*, Straftäter und Tatverdächtige in den Massenmedien, S. 243, der zu Recht darauf hinweist, daß bei derartigen herausragenden Fällen die spätere Resozialisierung des Täters meist auch nur *mit* einer Aufarbeitung der einmal erlangten Prominenz vorstellbar ist.
[328] *Lampe* NJW 73, 217 (222).

falscher Eindruck, ein unrichtiges Bild von ihr erzeugt wird.[329] Die Interessen des Dargestellten sind aber auch (und vor allem) tangiert, wenn er mit objektiv unwahren Tatsachen in Zusammenhang gebracht, seine Story also von dem Künstler mit erfundenen Episoden "angereichert" wird.

Kunstwerke unterliegen zwar spezifischen, verfassungsrechtlich geschützten Eigengesetzlichkeiten. Im Gegensatz zu journalistischen Berichten können sie den "Bonus"[330] für sich in Anspruch nehmen, nicht völlig der Realität entsprechen zu müssen. Gleichwohl gilt das Freiheitsrecht der Kunst nicht schrankenlos. Wenn ein Künstler die Geschichte einer bestimmten Person zum erkennbaren Vorbild seiner Arbeit nehmen und diese uminterpretieren oder mit erfundenen Begebenheiten ausschmücken will, konfligiert sein Interesse an möglichst ungehemmter schöpferischer Entfaltung mit dem ebenfalls verfassungsrechtlich geschützten Persönlichkeitsrecht des Dargestellten. Es stellt sich dann die Frage, welche Richtlinien ein Drehbuch- oder Romanautor zu beachten hat, wenn er sich in seiner Arbeit mit Ereignissen oder Personen seiner Umwelt auseinandersetzen möchte, ohne Gefahr zu laufen, daß sein Werk später mit einem Veröffentlichungs- oder Ausstrahlungsverbot belegt wird.

Ausgangspunkt der Überlegung muß hier sein, daß nicht jeder Dargestellte von jeder falschen Schilderung in gleicher Weise berührt wird. Insoweit ist zunächst zwischen Unwahrheit in *Haupt- und Nebenpunkten* zu unterscheiden: Es liegt auf der Hand, daß die Interessen des Betroffenen in ungleich stärkerem Maße tangiert werden, wenn eine Schilderung nicht nur in Nebensächlichkeiten und Alltäglichem von der Wirklichkeit abweicht, sondern sie Dinge falsch darstellt, die für seine Entwicklung und seinen Lebensweg von grundlegender Bedeutung waren. Denn Ungenauigkeiten bei der Darstellung derjenigen Handlungen und Ereignisse, welche die Lebensgeschichte und den Charakter prägten, werden in aller Regel auch das Gesamturteil über das Leben und die Persönlichkeit des Dargestellten erheblich verzerren.[331] Entscheidend muß dabei sein, ob die unwahre Schilderung einer Begebenheit die Person als solche in einem *"falschen Licht"* erscheinen läßt.[332] Dies hängt freilich nicht allein von der Qualität der jeweiligen Information ab. Mindestens ebenso wichtig ist daneben auch das Ausmaß der von dem Werk für sich in Anspruch genommenen *Authentizität*. Denn je mehr eine Darstellung vorgibt, die geschehenen Ereignisse den Tatsachen entsprechend wiederzugeben,

---

329 *Ramelow*, Lebensbildschutz, S. 70; *Ulrich*, Das Recht auf Identität, S. 212.

330 *Lerche*, Ausgewählte Fragen der Kunstfreiheit, S. 17.

331 Vgl. *Ramelow*, Lebensbildschutz, S. 79.

332 In diese Richtung bereits KG UFITA 30 (1960), S. 105 (108) - "Ein Lied geht um die Welt".

desto eher ist sie geeignet, das Lebens- und Charakterbild, welches das Publikum von dem Dargestellten gewinnt, festzulegen bzw. zu beeinflussen.[333]

Ob eine Darstellung aus Sicht der Rezipienten als authentisches Abbild der realen Wirklichkeit oder als künstlerische Schöpfung zu verstehen ist, beurteilt sich dabei aufgrund der ganzen Umstände des Kunstwerks. Ein Hinweis am Anfang des Werks, alle Handlungen und Personen seien frei erfunden, ist dafür weder notwendig noch unbedingt hinreichend. Denn *Vor- oder Abspanntexte* bzw. klarstellende Vorsprüche, in denen auf die Fiktion oder die nur zufällige Übereinstimmung mit lebenden Personen hingewiesen wird, entfalten oftmals nur in sehr beschränktem Ausmaß verfremdende Wirkung.[334] Zum einen werden diese Texte häufig bereits gar nicht zur Kenntnis genommen: Vorbemerkungen in Büchern oder Filmen bleiben vielfach aus Vorfreude oder auch aus schlichtem Desinteresse unbeachtet. Beim Kinobesuch befinden sich die Zuschauer am Ende des Films zudem zumeist schon in Aufbruchstimmung, während beim Fernsehen der Anfang oder das Ende eines Spielfilms nicht selten verpasst wird. Zum anderen vermag ein vergleichsweise kurzer Hinweis aber auch beim Leser oder Zuschauer, der diesen ernst nimmt und dahinter nicht nur einen juristischen Winkelzug zur Umgehung etwaiger Ansprüche vermutet, den bleibenden Eindruck des Werks nur bedingt zu kompensieren.[335] Wesentlich bedeutsamer ist daher, in welchem Stil die jeweilige Darstellung einer Person erfolgt und in welchem Zusammenhang sie steht. Wenn etwa eine vollständige Geschichte oder eine bestimmte Episode aus einer Geschichte auf derart phantasievolle und überzogene Weise geschildert wird, daß ihre Wahrheit von vornherein als ausgeschlossen erscheint, so ist dies ein gewichtigeres Indiz für den fiktiven Charakter der dargestellten Personen als ein entsprechender Hinweis am Anfang oder Ende des Werks.[336]

---

333 Vgl. OLG Stuttgart NJW 89, 396 (397) - "Barfuß im Sand"; BGH NJW 83, 1194 - "Moritat auf Helmut Horten"; *Unland*, Verfilmung, S. 171 f. m. w. Nachw.

334 So bestätigte der BGH in seiner "Mephisto"-Entscheidung (Z 50, 133 ff.) das vom OLG zuvor ausgesprochene Veröffentlichungsverbot, obwohl sich der Verlag verpflichtet hatte, das Buch nur mit der klarstellenden Vorbemerkung herauszugeben, daß der Roman zwar an wirkliche Personen angelehnt sei, deren Handlungen und Gesinnungen jedoch weitgehend der Phantasie des Autors entsprungen seien; ähnlich LG Köln AfP 83, 414 ff. - "Das große Finale" (bestätigt durch OLG Köln Az. 15 W 73/82); *Wenzel* RN 3.26 "empfiehlt" ein klarstellendes Vorwort, läßt aber offen, ob dies ausreichen soll.

335 *Jacobs*, FS Kreile, S. 307 (315); ebenso *Unland*, Verfilmung, S. 185; vgl. auch *Hubmann* UFITA 26 (1958), S. 19 (29 f.); *v. Hartlieb*, 28. Kap., RN 9. Nicht zu überzeugen vermag deshalb die Ansicht von *Ulrich*, Das Recht auf Identität, S. 131 f., wonach durch entsprechende Vor- oder Abspanntexte verhindert werden könne, daß ein falsches Bild von der Wahrheit entstehe, weil die Korrektur für den falschen Eindruck so gleich mitgeliefert werde.

336 *Geiser*, Persönlichkeitsverletzung durch Kunstwerke, S. 76 f.

Erhebt eine filmische oder literarische Darstellung danach offensichtlich nicht den Anspruch, mit der wirklichen Lebensgeschichte des Dargestellten übereinzustimmen, wie es insbesondere bei einer die historischen Ereignisse ins Groteske und Irreale überhöhenden *Satire* der Fall ist, muß man dem Künstler bei der Schilderung der handelnden Personen einen weiten Gestaltungsspielraum zugestehen. Da es sich hier – für den Leser oder Zuschauer eindeutig erkennbar – um ein den tatsächlichen Geschehnissen nicht entsprechendes Phantasieprodukt des Verfassers handelt, der Karikierte somit auch keine Gefahr läuft, in ein falsches Licht gerückt zu werden, hat er es auch hinzunehmen, daß seine Geschichte uminterpretiert und auf erheblich verzerrte Weise wiedergegeben wird.[337] Die Grenzen zulässigen künstlerischen Wirkens sind in diesem Fall erst dann erreicht, wenn sich auch bei werkgerechter Betrachtung die Art der Darstellung als ehrverletzend erweist.[338]

Greift der Künstler dagegen – wie insbesondere beim Doku-Drama[339] – bewußt zum Stilmittel der *Tatsachenreportage*, dann muß er sich auch am selbstgewählten Maßstab der dokumentarischen Genauigkeit messen lassen. Denn je realistischer die Darstellung, desto größer ist die Wahrscheinlichkeit, daß sie vom Publikum für bare Münze genommen wird. Die Einschleusung unwahrer negativer Tatsachen entfaltet hier eine besonders perfide und nachhaltige Wirkung, weil das Publikum diese wegen der sonst verfolgten Tatsachengenauigkeit ebenfalls für wahr halten wird.[340] Allerdings kann insoweit keine völlige Realitätstreue gefordert werden: Denn obgleich der möglichst wirklichkeitsgetreuen Wiedergabe verpflichtet, kommt auch diese Stilrichtung nicht ohne künstlerische Bearbeitung und damit ohne Mischung von Fiktion und realen Begebenheiten aus. Die dramaturgisch notwendige Konzentration macht es vielmehr oftmals erforderlich, die Nacherzählung in zeitlicher und thematischer Hinsicht zu komprimieren; vielfach werden zudem auch nicht sämtliche Details eines darzustellenden Sachverhaltes überliefert sein.[341] So kann insbesondere die nachträgliche Darstellung einer Unterhaltung zwischen zwei Personen den realen Gesprächswortlaut nur selten wort-

---

[337] So konnte sich etwa der Immobilienspekulant *Schneider* nicht dagegen wehren, daß ihm (bzw. der Filmfigur *Dr. Schneider*) in dem Film "Peanuts – Die Bank zahlt alles" unter anderem ein Verhältnis zu einer Prostituierten zugeschrieben wurde. Zu dem Fall siehe *Eickmeier* ZUM 98, 1; *Unland*, Verfilmung, S. 12; 182 ff.

[338] BGH NJW 57, 459 (462) - "Sherlock Holmes".

[339] Reine Dokumentationen, die – im Gegensatz zu Doku-Dramen – keine dramaturgisch aufbereiteten Spielhandlungen und damit auch keine interpretativen Inszenierungsleistungen durch Schauspieler aufweisen, werden demgegenüber in aller Regel schon nicht als Kunst einzustufen sein und sich damit auch nicht auf den von Art. 5 III GG gewährleisteten "gewissen Bonus der Kunst" (*Lerche*, Ausgewählte Fragen der Kunstfreiheit, S. 17) berufen können.

[340] *Meyer-Cording* JZ 76, 737 (743).

[341] BVerfGE 35, 202 (229) - "Lebach".

wörtlich wiedergeben. Der in der Darstellung nachgezeichnete Inhalt der Unterredung muß daher in Sätze gekleidet werden, die mit den damals tatsächlich gesprochenen nicht oder nur bedingt identisch sein werden. Sie sind somit historisch unwahr. Gleichwohl wird man im Hinblick auf die in Art. 5 III GG zum Ausdruck kommende Wertentscheidung des Verfassungsgebers derartige kleinere Unwahrheiten, die den Gesamteindruck nicht in spürbarer Weise zu beeinflussen vermögen, hinzunehmen haben. Denn auch für den "normalen" Zuschauer ist es leicht ersichtlich, daß eine auf nachgespielten Szenen basierende Wiedergabe einer Geschichte aufgrund der dramaturgisch erforderlichen Zeit- und Ablaufsraffung nicht bis ins letzte Detail den historischen Realitäten entsprechen kann. Kleinere persönlichkeitsbezogene Unwahrheiten müssen von den Betroffenen deshalb hingenommen werden, sofern eine Gesamtschau ergibt, daß ihr Lebensbild im wesentlichen richtig wiedergegeben wird. Solange eine fehlerhafte Information eine Person somit nicht vor den Augen der Öffentlichkeit in einem verzerrten Licht darstellt, verletzt sie auch ihre Persönlichkeit nicht in einer Weise, die eine Beschneidung künstlerischer Interessen als angemessen erscheinen läßt.[342]

Schwierig wird die rechtliche Würdigung hingegen, wenn ein Werk *offensichtlich eng an einen historischen Ausgangsstoff angelehnt* ist, jedoch nicht den expliziten Anspruch erhebt, über seine gesamte Länge hinweg ausschließlich die Wirklichkeit abzubilden, so daß aus dem Horizont eines durchschnittlichen Rezipienten nicht mehr nachvollzogen werden kann, wo der Bezug zum Realen aufhört und die Dichtung beginnt. Nicht zuletzt bei Filmproduktionen ist diese Darstellungsform ("Nach einer wahren Begebenheit.") sehr populär, ermöglicht sie es doch, die Originalstory durch die Hinzufügung erfundener Handlungsstränge noch weiter "aufzupeppen" und zu variieren. Es ist die Frage, wessen Interessen dann schwerer zu gewichten sind: Die des Portraitierten, der befürchtet, durch die Andichtung unvorteilhafter Episoden in der Öffentlichkeit in einem negativ verzerrten Licht dargestellt zu werden, oder die Interessen des Drehbuchautors bzw. Schriftstellers, dem es möglicherweise gar nicht darauf ankam, ein exaktes Abbild zu erschaffen und sich von der realen Person nur den Anstoß und die Inspiration zur Kreation einer Figur seiner Phantasie holte ? Dies war auch die zentrale Frage des weithin bekannten Mephisto-Beschlusses des BVerfG, über die sich die Richter indes nicht einigen konnten und im Patt der Stimmengleichheit verblieben.

---

342 So schon KG UFITA 30 (1960), S. 105 (108) - "Ein Lied geht um die Welt"; ebenso *Geiser*, Persönlichkeitsverletzung durch Kunstwerke, S. 84; *Schertz* ZUM 98, 757 (763); *Unland*, Verfilmung, S. 175 ff. m. w. Nachw.

Auslöser der Entscheidung war *Klaus Manns* Schlüsselroman "Mephisto – Roman einer Karriere", in dem der Aufstieg eines Schauspielers namens *Hendrik Höfgen* geschildert wird, der seine politischen Überzeugungen verleugnet und alle menschlichen und ethischen Bindungen abstreift, um im Pakt mit den Machthabern des nationalsozialistischen Deutschlands eine künstlerische Karriere zu machen. Als Vorbild und Grundlage für den Roman diente ersichtlich die Person und das Leben des Schauspielers *Gustav Gründgens*, wobei in das Geschehen frei erfundene, für den Leser als solche aber freilich nicht erkennbare Episoden eingearbeitet wurden. So wird dem Protagonisten unter anderem ein enges Verhältnis zu *Hermann Göring* sowie eine langdauernde masochistische Beziehung zu einer farbigen Tänzerin angedichtet, welche er, als sie seiner Karriere gefährlich zu werden droht, in niederträchtiger Weise von der Gestapo verhaften und abschieben läßt. Das vom Adoptivsohn Gründgens erwirkte Veröffentlichungsverbot wurde vom BGH bestätigt.[343] Gegen diese Entscheidung richtete sich die erfolglose Verfassungsbeschwerde des betroffenen Verlages.

Die aufgrund der verfahrensrechtlichen Regelung des § 15 III 4 BVerfGG unterlegenen Richter[344] vertraten dabei die Ansicht, daß in diesen Fällen regelmäßig den Belangen des Künstlers der Vorrang eingeräumt werden müsse. Bei Lebensbilddarstellungen in Romanform sei strikt zwischen der historischen Wirklichkeit und der "ästhetischen Realität"[345] des Kunstwerks zu differenzieren: Der Roman habe "nicht eine wirklichkeitsgetreue, an der Wahrheit orientierte Schilderung historischer Begebenheiten zum Ziel, sondern wesenhafte, anschauliche Gestaltung aufgrund der Einbildungskraft des Schriftstellers."[346] Auch wenn ein Künstler seine Figuren an Personen der realen Wirklichkeit anlehne, finde durch sein Schaffen eine "Überhöhung oder Transzendierung" auf eine andere, ästhetische Ebene statt. Durch das künstlerische Wirken werde das geschaffene Abbild von seinen Bezügen zur realen Welt, d.h. vom Urbild abgelöst und verselbständige sich diesem gegenüber. Die künstlerische Absicht des Autors verbiete es, das Werk einseitig an der historischen Wirklichkeit und seinen (negativen) Wirkungen auf ein Publikum zu messen, das den Inhalt der Darstellung für die Wirklichkeit nehme. Vielmehr müsse auch die Lösung der künstlerischen Darstellung von der historischen Wirk-

---

343 BGHZ 50, 133 ff. - "Mephisto".

344 Der Entscheidung wurden von zwei der drei unterlegenen Richter abweichende Meinungen beigefügt, BVerfGE 30, 173 (200 - 218, abw. Meinung *Stein*; 218 - 227, abw. Meinung *Rupp-v.Brünneck*) - "Mephisto"; Zustimmung erfahren die Sondervoten von *Godbersen* SchlHA 84, 33 (35), *Keller* UFITA Bd.79 (1977), S. 89 ff., *Ulrich*, Das Recht auf Identität, S. 218 f., *Larenz/Canaris*, SchuldR II, § 80 V 2 c sowie *Hager* JURA 2000, 186 (191).

345 BVerfGE 30, 173 (203) - "Mephisto", abw. Meinung *Stein*.

346 BVerfGE 30, 173 (204) - "Mephisto", abw. Meinung *Stein*.

lichkeit und ihre Verselbständigung als ästhetische Realität mitgewürdigt werden. Wenn deshalb bei Würdigung des Romans als Kunstwerk die rein stoffliche Beziehung zum portraitierten Urbild in den Hintergrund trete, dann dürfe zur Vermeidung negativer sozialer Wirkungen für die dargestellte Persönlichkeit eine Verfremdung auch dann nicht verlangt werden, wenn die Anlehnung an die Wirklichkeit noch erkennbar sei.[347]

Dieser Gedanke der Trennung einer ästhetischen Welt des Künstlers von der Realwelt findet sich aber auch noch in der jüngeren Rechtsprechung. So stellte etwa das OLG Stuttgart[348] in einem Urteil zu einem Schlüsselroman fest, daß die im Streit stehende Kriminalgeschichte von weiten Teilen der Leserschaft zwar als die Geschichte des Klägers verstanden werde. Dieser müsse aber gleichwohl hinnehmen, daß ihm neben der von ihm tatsächlich begangenen Straftat noch ein weiteres Delikt zugeschrieben werde. Denn dies habe "künstlerische Gründe": Beim Kriminalroman müsse der Autor, der eine wahre Geschichte zum Stoff nehme, alle in der Geschichte vorkommenden Straftaten zur dramaturgischen Bereicherung miteinander verknüpfen und sie einem einzigen Täter, dem Gegenspieler des Detektivs, zuweisen. Das Interesse des Betroffenen, nicht auch als Täter einer Straftat dazustehen, die er nicht begangen habe, müsse hinter dieser künstlerischen Motivation der Behandlung und Umgestaltung des einmal gewählten Stoffes zurückstehen.

Der Ansatz einer Überhöhung oder Transzendierung des Ausgangsstoffes in eine von der sozialen Wirklichkeit isolierte, ästhetische Kunstwelt vermag bei näherer Betrachtung jedoch nicht zu überzeugen. Denn Kunst spielt sich schließlich "nicht im freien Raum ab, sondern entfaltet ihre Wirkung innerhalb der Gesellschaft und auf die Gesellschaft und in sie hinein."[349] Realitätsbezogene Personenportraits werden dementsprechend bewußt als künstlerisches Stilmittel eingesetzt, um die Resonanz und Stoßkraft einer Darstellung zu erhöhen. Auch bloß vereinzelt eingestreute Unwahrheiten können hier verletzen, zumal wenn sie in Büchern, Fernseh- oder Kinofilmen weite Verbreitung finden. Wenn die Anknüpfung an wirkliche Personen und Begebenheiten auf der Hand liegt, ist zweifelhaft, ob "der mündige Bürger" einen entsprechenden Roman oder Film auch tatsächlich "als eine Schöpfung der Phantasie (..) verstehen [wird], die als solche niemand zu be-

---

347 BVerfGE 30, 173 (209 - 211; 222) - "Mephisto", abw. Meinungen *Stein, Rupp-v.Brünneck*.
348 OLG Stuttgart NJW 89, 396 f. - "Barfuß im Sand"; vgl. auch OLG Stuttgart NJW 76, 628 f. - "Siemens/Delius"; BGH NJW 83, 1194 f. - "Moritat auf Helmut Horten".
349 *Jacobs*, FS Kreile, S. 307 (311).

leidigen vermag."[350] Ob mit der Hinzudichtung objektiv unwahrer Tatsachen ein künstlerisches Anliegen verfolgt und eine hinreichende "ästhetische Verselbständigung" der Darstellung erreicht wird oder nicht, kann daher nicht entscheidend sein.[351] Maßgebend muß vielmehr sein, ob die erdichteten Handlungen und die Charakterzüge der Roman- bzw. Filmfigur in einer Weise mit den wahren Tatsachen vermischt werden, die den Leser oder Zuschauer in die Annahme oder zumindest in den Zweifel versetzen, daß diese mit der Wirklichkeit übereinstimmen.[352] Denn wo das Publikum in dem Glauben gelassen wird, Information statt Fiktion vermittelt zu bekommen, läuft der Dargestellte Gefahr, sein Leben und seine Person in ein falsches Licht gerückt zu sehen.

Die hierbei entstehende Frontstellung ist insofern durchaus mit der bei der Medienberichterstattung mitunter bestehenden Kollisionslage zu vergleichen: Der Künstler, dessen Darstellung sich bewußt und erkennbar an einer wahren Begebenheit orientiert, will ebenso wie der Journalist mit seiner Äußerung öffentliches Gehör finden. Anders als diesem wird man jenem für seine Darstellung – gerade was die bereits erwähnten Nebenpunkte anbelangt – zwar nicht die gleiche Tatsachentreue vorschreiben können. Die Grenze zulässiger künstlerischer Äußerung ist hier jedoch ebenso wie bei der Berichterstattung erreicht, wenn er unwahre Tatsachen, die als ehrenrührig anzusehen sind, in seine Darstellung einzustreuen strebt. In diesem Fall ist ihm zuzumuten, die Unwahrheit seiner Darstellung außer Zweifel zu setzen oder aber das als Inspiration benutzte Vorbild unkenntlich zu machen. Denn anderenfalls hieße dies, dem Künstler im Vergleich zum Journalisten nur deshalb Immunität zu gewähren, weil er es versteht, ansonsten unzulässige Tatsachenbehauptungen durch eine entsprechende Formenwahl auf eine künstlerische Ebene zu "transzendieren".[353]

Die Freiheit des Schriftstellers oder Drehbuchautors wird dadurch auch nicht in unangemessener Weise beschnitten. Zumeist wird es so sein, daß er bei einer Darstellung auf die Erkennbarkeit der Person verzichten kann, ohne dadurch in seiner Schaffensfreiheit unzumutbar eingeschränkt zu sein.[354] Vor allem wenn es ihm lediglich darauf ankommt, einen bestimmten Personentypus (z.B. den Typ des ge-

---

[350] So aber BVerfGE 30, 173 (223 f.) - "Mephisto", abw. Meinung *Rupp-v.Brünneck*.

[351] So aber OLG Stuttgart NJW 89, 396 f. - "Barfuß im Sand"; ähnlich *Wenzel* RN 3.20.

[352] So bereits KG UFITA 4 (1931), 319 (325) - "Eine gewisse Viktoria"; ebenso *Lerche*, Ausgewählte Fragen der Kunstfreiheit, S. 17; *Meyer-Cording* JZ 76, 737 (741); *Ramelow*, Lebensbildschutz, S. 71.

[353] So *Wenzel* RN 3.16, der aber inkonsequenterweise auch der erwähnten Entscheidung des OLG Stuttgart (NJW 89, 396 f. - "Barfuß im Sand") zustimmt.

[354] Vgl. *Rehbinder*, Urheberrecht, RN 435.

rissenen Gangsters oder des skrupellosen Karrieremachers im NS-Staat) darzustellen, muß er nicht eine konkrete Person abbilden, sondern kann auf Phantasiegestalten zurückgreifen. Will er sich deshalb von der Wirklichkeit inspirieren lassen und sie nur zum Ausgangspunkt seines künstlerischen Schaffens machen, dann ist ihm zuzumuten, die Geschehnisse soweit zu verfremden, daß keine Rückschlüsse auf reale Personen gezogen werden können. Denn gerade wenn der Künstler sich selbst in die Welt der Phantasie begibt und seinen Charakteren unwahre Tatsachen andichten will, die für das Urbild ehrenrührig wären, dann sollte er auch konsequenterweise weiter in der Phantasie verbleiben und das Urbild unkenntlich machen.[355] Das Gebot, die Identität derjenigen Personen, deren Geschichte als Stoff verwendet wurde, unkenntlich zu machen, ist insoweit Ausdruck einer praktischen Konkordanz zwischen den widerstreitenden Interessen des Künstlers und des Betroffenen. Ist dagegen – umgekehrt – gerade beabsichtigt, die Geschichte einer bekannten Persönlichkeit oder eines in der Erinnerung haften gebliebenen Ereignisses für das Publikum wiedererkennbar nachzuzeichnen, dann hat die Abbildung – so man eine unter Umständen kostspielige Vereinbarung mit den einzelnen Betroffenen zur "Abgeltung" ihrer Persönlichkeitsrechte vermeiden will – entweder im wesentlichen realitätsgetreu zu erfolgen oder aber durch die Wahl der Darstellungsform (wie z.B. Satire) deutlich zu machen, daß kein Anspruch auf Wahrheitstreue erhoben wird.[356]

Keine gegenläufigen "Stoffrechte" stehen freilich zu befürchten, sofern der Ursprungsstoff hinreichend verfremdet wird. Dabei hat man jedoch in zweierlei Richtung Vorsicht walten zu lassen: Zunächst muß die konkrete Darstellungsweise so gewählt werden, daß die *Originalpersonen* von den Zuschauern oder Lesern auch tatsächlich nicht wiedererkannt werden können. Für die Anwendbarkeit des § 22 KUG reicht es, wie der Bundesgerichtshof wiederholt festgestellt hat, bereits aus, wenn die Betroffenen nur für einen Teil der Rezipienten erkennbar sind.[357] Namen und äußeres Erscheinungsbild, aber auch sonstige markante Merkmale der Urbilder müssen deshalb in einer Weise verändert werden, die eine Identifikation wirklich unmöglich macht. Die Verfremdung muß mit anderen Worten intensiv genug sein, um auch eine verschleierte oder indirekte Assoziation mit den Originalbeteiligten zu verhindern. Denn trotz der Wahl eines Phantasienamens wird das Publikum beispielsweise in der Romanbeschreibung des Staatsrates und Intendan-

---

355 *Meyer-Cording* JZ 76, 737 (743); ähnlich *Lerche*, Ausgewählte Fragen der Kunstfreiheit, S. 17.

356 BGH NJW 75, 1882 (1884) - "Studiobühne"; BGHZ 50, 133 (147) - "Mephisto".

357 BGH NJW 92, 1312 (1313) - "Fernsehbericht über Korruptionsprozeß"; NJW 81, 1366 (1367) - "Wallraff II".

ten *Hendrik Höfgen* unschwer eine Wiedergabe des Lebensbildes des Staatsrates und Intendanten *Gustav Gründgens* vermuten[358] bzw. in der Filmfigur des *Dr. Schuster* den Bankrotteur *Jürgen Schneider* wiedererkennen, zumal wenn jener ebenfalls ein Toupet sowie eine für das Vorbild bekannte Lesebrille trägt.[359] Darüberhinaus muß aber auch vermieden werden, daß aufgrund der Verfremdung unbeabsichtigte Assoziationen mit unbescholtenen und *unbeteiligten Dritten* entstehen. Der Verfremdungsabstand ist also nicht nur hinsichtlich des wahren Vorbildes, sondern auch bezüglich derjenigen Personen einzuhalten, die etwa eine in der Erzählung vorkommende, herausgehobene Funktion in der realen Welt ausüben oder aufgrund sonstiger charakteristischer Merkmale mit einer Roman- oder Filmfigur verwechselt und so Opfer eines negativen Imagetransfers werden könnten. Um von dritter Seite keinen Unterlassungs- oder Schadensersatzansprüchen ausgesetzt zu sein, empfiehlt es sich deshalb unter anderem, bei der literarischen oder filmischen Darstellung möglichst auf "unverdächtige", d.h. an den Handlungsorten häufig vorkommende Allerweltsnamen zurückzugreifen.[360]

---

[358] Vgl. BVerfGE 30, 173 ff. - "Mephisto".

[359] *Schertz* ZUM 98, 757 (761); ähnlich LG Köln AfP 83, 414 ff. (bestätigt durch OLG Köln Az 15 W 73/82) - "Das große Finale": Dort wehrten sich der Nationalspieler *Bernd Schuster* und seine Frau *Gabi Lehmann* gegen den Abdruck eines Fortsetzungs-"Romans" über "die stürmische Liebesgeschichte" um den "populären Fußballspieler *Roland Schneider*" und das "verwöhnte Fotomodell *Angie Hollmann*".

[360] *Jacobs*, FS Kreile, S. 307 (313 f.). Entsprechend wurde vom OLG Köln (GRUR 92, 640 f.) untersagt, daß in dem Film "Schtonk", der die Veröffentlichung der gefälschten Hitlertagebücher zum Gegenstand hatte, der Name der Zeitschrift, die tatsächlich in den Skandal verwickelt war (STERN) durch EXPRESS ersetzt wurde, da dadurch Assoziationen zu der gleichnamigen Kölner Tageszeitung, die mit der Affäre nichts zu tun hatte, geweckt wurden.

2. Kapitel Rechtliche Konstruktion des Exklusivvertrages

§ 8 Exklusivlizenz am Lebensbild ? – Zur immaterialgüterrechtlichen Qualität des Rechts am Lebensbild

Wie bereits oben[361] angedeutet wurde, entfaltet der Exklusivvertrag traditioneller Auffassung zufolge nur schuldrechtliche Wirkung. Durch den Vertragsschluß wird danach die lediglich obligatorische Verpflichtung des betroffenen Erlebnisträgers begründet, von der Geltendmachung persönlichkeitsrechtlicher Abwehrrechte, die sich bezüglich einer geplanten Publikation seines Vertragspartners (Printmedium, TV-Sender, Filmproduktionsfirma etc.) ergeben könnten, abzusehen (sog. pactum de non petendo[362]). Die dem Vertragspartner verschaffte Rechtsstellung ist damit zwangsläufig begrenzt: Aufgrund der auf die Parteien beschränkten Wirkung des Exklusivvertrages vermag er nicht aus einer eigenen, absolut wirkenden Berechtigung einzuschreiten, wenn ihm die Konkurrenz zuvorkommt und unberechtigt – d.h. ohne vorherige Einwilligung – die persönlichkeitsrechtlich geschützte Story publiziert und auf diese Weise seine teuer erkaufte Rechtsposition wirtschaftlich entwertet. Durch die lediglich schuldrechtliche Wirkung des Vertrages wird dem Erlebnisträger darüberhinaus nicht die Rechtsmacht genommen, bei entsprechend lukrativen Angeboten anderer Publikationsorgane die Exklusivklausel zu unterlaufen und auch diesen rechtswirksam die öffentliche Darstellung seines Lebensbildes zu gestatten.[363] Die durch den Exklusivvertrag eingeräumte Rechtsposition erscheint somit recht instabil und – zumindest aus Sicht des Vertragspartners – unbefriedigend.

Es liegt jedoch regelmäßig nicht nur einseitig im Interesse des begünstigten Mediums, eine möglichst starke Rechtsposition zu erlangen, sondern genausogut auch im Interesse des Trägers des Persönlichkeitsrechts selbst. Denn dieser hat sein Augenmerk zumeist in erster Linie darauf gerichtet, mit der Veräußerung der Exklusivrechte an seiner Story einen möglichst hohen finanziellen Ertrag zu erwirtschaften. Deshalb muß er bestrebt sein, seinem Vertragspartner auch die rechtlichen Mittel in die Hand zu geben, welche zur optimalen Verwertung seines Lebensbildes einschließlich der diesbezüglich erforderlichen rechtlichen Maßnahmen – wie die anwaltliche oder gerichtliche Abwehr unautorisierter Darstellungen

---

361 § 4.

362 Vgl. *Wenzel* RN 2.58; *Soehring* RN 7.50; MüKo-*Schwerdtner* § 12 RN 174.

363 Vgl. *Helle*, Besondere Persönlichkeitsrechte, S. 110; *Magold*, Personenmerchandising, S. 503 ff.

durch Dritte – benötigt werden. Je verläßlicher schließlich die Position ist, die er seinem Vertragspartner einzuräumen vermag, desto höher wird auch der mit der Exklusivvermarktung von ihm erzielbare Preis ausfallen.[364]

Diesen Interessen der beteiligten Parteien ließe sich dogmatisch problemlos beikommen, wenn der Rechtsinhaber über seine persönlichkeitsrechtlichen Befugnisse verfügen, also seinem Vertragspartner ein gegenüber jedermann wirksames, quasidingliches Recht[365] an der öffentlichen Darstellung seines Lebensbildes einräumen könnte. Dies hätte nämlich einerseits zur Konsequenz, daß der Rechtserwerber eigene Ansprüche vorbringen könnte, wenn ein Konkurrent eine unautorisierte Lebensbilddarstellung vornehmen würde, da ein derartiger Eingriff in das Persönlichkeitsrecht des Betroffenen gleichzeitig auch eine Verletzung seiner eigenen, dinglich ausgestalteten Rechtsposition bedeutete. Zum anderen würde eine dingliche Wirkung des Vertrages den Rechtsinhaber der Möglichkeit berauben, gegen die Exklusivklausel zu verstoßen. Denn soweit die dem Vertragspartner eingeräumte Berechtigung reichte, hätte er die Rechtsmacht verloren, erneut und anderweitig über die Darstellung seines Lebensbildes zu verfügen.[366]

Die Frage, ob und inwieweit über persönlichkeitsrechtliche Befugnisse rechtsgeschäftlich verfügt werden kann, ist allerdings noch weithin ungeklärt. Während die Rechtsprechung sich eines Votums hierzu bislang enthalten hat,[367] mehren sich im Schrifttum[368] in jüngerer Zeit die Stimmen, die dafür plädieren, dem Rechtsinhaber die Möglichkeit einzuräumen, mit dinglicher Wirkung zugunsten seines Vertragspartners über seine Persönlichkeitsrechte zu verfügen.

Hintergrund dieser Entwicklung sind die gewandelten Realitäten bei der Kommerzialisierung berühmter Personen. Die wirtschaftliche Verwertung von Persönlichkeitsdetails (das sog. "Personenmerchandising") stellt in der gegenwärtigen Infor-

---

364 *Forkel* GRUR 88, 491 (492 f.); *Schertz*, Merchandising, RN 376.

365 Zur quasidinglichen Wirkung ausschließlicher Nutzungsrechte im Urheberrecht, das insoweit als Vorbild dienen würde, siehe *Rehbinder*, Urheberrecht, RN 307.

366 Vgl. *Helle*, Besondere Persönlichkeitsrechte, S. 110; *Magold*, Personenmerchandising, S. 503 ff.

367 Vom BGH wurde die Frage bereits in zwei Entscheidungen (BGH ZUM 2000, 582 (586) - "Marlene Dietrich" und BGH GRUR 87, 128 - "NENA") aufgeworfen, beide Male jedoch ausdrücklich offen gelassen.

368 *Ullmann* AfP 99, 209 (210 ff.); *Götting*, Persönlichkeitsrechte als Vermögensrechte, S. 275 ff.; *Magold*, Personenmerchandising, S. 497 ff.; *Forkel* GRUR 88, 491 ff.; *Peukert*, ZUM 2000, 710 (715); *Schertz*, Merchandising, RN 380; *Beuthien/Schmölz*, Persönlichkeitsschutz durch Persönlichkeitsgüterrechte, S. 32 ff. u. 62 f.; *Rehbinder*, Urheberrecht, RN 433; a.A. *Helle*, Besondere Persönlichkeitsrechte, S. 114 ff.; *Schack*, Urheber- und Urhebervertragsrecht, RN 51.

mations- und Mediengesellschaft einen nicht mehr wegzudenkenden Bestandteil des Wirtschaftslebens dar.[369] Anders als noch vor wenigen Jahrzehnten ist es heute in der Praxis üblich geworden, gegen entsprechendes Honorar sein Konterfei, seinen Namen, seine Stimme, seine Lebensgeschichte oder andere Persönlichkeitsmerkmale zu vermarkten. Viele Prominente aus Sport und Unterhaltung treffen vertragliche Vereinbarungen, in denen sie zur kommerziellen Verwertung ihrer Person einzelne Persönlichkeitsrechte auf Merchandising-Unternehmen "übertragen".[370] Auf diese Weise erschließen sie sich weitere Einnahmequellen, deren Erträge häufig weit üppiger sprudeln als die Einkünfte aus ihrer eigentlichen professionellen Tätigkeit.[371] Sowohl auf seiten derjenigen, die eine Vermarktung ihrer Person gestatten möchten, als auch auf seiten der Rechteerwerber besteht dabei ein starkes Interesse daran, daß dieser in der Rechtswirklichkeit bereits rege praktizierte Handel mit Persönlichkeitsrechten auch juristisch erfaßt und in dogmatische Formen gegossen wird, welche die Verkehrsfähigkeit und damit die wirtschaftliche Verwertung des Persönlichkeitsrechts erleichtern. Deshalb wird im Hinblick auf die bestehende Dissonanz zwischen dem rechtlichen Ordnungsrahmen und den faktischen Gegebenheiten zunehmend die Abkehr vom starren Dogma der Unübertragbarkeit des Persönlichkeitsrechts gefordert.

Klassischem Verständnis zufolge sind Persönlichkeitsrechte dem Schutz *ideeller* Interessen verhaftet. Ihre Aufgabe ist es, Positionen zu schützen, die in unmittelbarem und untrennbarem Zusammenhang mit der Persönlichkeit des einzelnen stehen. Aus dieser engen Verknüpfung der Persönlichkeitsrechte mit ihrem jeweiligen Rechtsträger, also aus ihrer Höchstpersönlichkeit, wird der Grundsatz abgeleitet, daß sie unabtrennbar, unveräußerlich und demzufolge auch unübertragbar sind.[372] Die technischen, wirtschaftlichen und gesellschaftlichen Veränderungen haben es nun aber mit sich gebracht, daß bei vielen Schutzbereichsausprägungen des Persönlichkeitsrechts immer weiter der Schutz *materieller* Interessen in den Vordergrund gerückt ist. Mit der fortschreitenden Entwicklung der Massenmedien sind Persönlichkeitsmerkmale in einem zuvor nicht gekannten Ausmaß

---

369 *Peukert* ZUM 2000, 710.

370 Bezeichnend für den Umfang des Handels mit Vermarktungsrechten an prominenten Personen ist der dem Urteil BGH GRUR 87, 128 - "NENA" zugrunde liegende Sachverhalt: Die Sängerin Nena hatte danach einer Verwertungsgesellschaft "sämtliche für die kommerzielle Nutzung von 'NENA' erforderlichen Rechte (...), insbesondere das Recht am eigenen Bild, das Recht am Namen 'NENA', das Recht am Logo, (...) " übertragen.

371 So hatte der amerikanische Golfprofi *Tiger Woods* beispielsweise im Alter von 21 Jahren bereits Werbeverträge über 60 Millionen Dollar abgeschlossen, während sich die Summe der gewonnenen Preisgelder zu diesem Zeitpunkt auf "lediglich" 1,8 Millionen Dollar belief, siehe TIME Magazine vom 14. 8. 2000.

372 *Götting*, Persönlichkeitsrechte als Vermögensrechte, S. 1; *Schertz*, Merchandising, RN 377.

wirtschaftlich nutzbar geworden. Vor allem im Bereich der Werbung werden die Persönlichkeitsdetails berühmter Personen immer häufiger dazu instrumentalisiert, die positiven Assoziationen, die der Verbraucher mit der Person verbindet, auf die zu bewerbenden Produkte oder Dienstleistungen zu transferieren.[373] Prominente fühlen sich so durch die unautorisierte Kommerzialisierung ihrer Person in der Regel weniger in ihren ideellen als vielmehr in ihren materiellen, d.h. wirtschaftlichen Belangen beeinträchtigt.[374] Entsprechend hat die Rechtsprechung im Hinblick auf die an der Persönlichkeit bestehenden materiellen Interessen anerkannt, daß viele Persönlichkeitsrechte neben ideellen auch schutzbedürftige vermögenswerte Komponenten in sich vereinen.[375]

Die Befürworter einer dinglichen Wirkung von Exklusivverträgen schlagen nun angesichts des in der Praxis herrschenden Transaktionsbedürfnisses vor, bei denjenigen persönlichkeitsrechtlichen Ausprägungen, die diese "Doppelnatur"[376] als ideelles und als Vermögensrecht aufweisen, dem Rechtsträger die Möglichkeit einzuräumen, über seine materiellen Befugnisse zu verfügen. Ähnlich wie beim Urheberrecht, das ebenfalls durch die enge Verflechtung materieller und ideeller Interessen charakterisiert wird, soll der Rechtsträger konstitutive, d.h. gebundene Rechtsübertragungen vornehmen und so seinem Vertragspartner absolut wirkende Nutzungsrechte an den vermögenswerten Bestandteilen seiner Persönlichkeitsrechte einräumen dürfen.[377] Das Persönlichkeitsrecht soll danach wie das Urheberrecht nach § 29 S. 2 UrhG als unveräußerliches Stamm- oder Mutterrecht zwar beim Rechtsinhaber verbleiben. Diesem wird aber die Befugnis eingeräumt, Exklusivlizenzen an den materiellen Komponenten seiner Persönlichkeitsrechte zu vergeben, die als Tochterrechte an das bei ihm verbleibende Stammrecht gebunden bleiben. Auf diese Weise wird versucht, einen sachgerechten Ausgleich her-

---

373 BGH ZUM 2000, 582 (586) - "Marlene Dietrich".

374 Bezeichnend hierfür die als Eingangszitat dieser Arbeit gewählte Äußerung *Elizabeth Taylors* anläßlich einer Pressekonferenz, auf der sie begründete, warum sie die US-Fernsehgesellschaft ABC, die eine Verfilmung ihrer Lebensgeschichte plante, auf Unterlassung verklagte.

375 BGHZ 50, 133 (137) - "Mephisto"; BGH ZUM 2000, 582 (585) - "Marlene Dietrich" m. w. Nachw.

376 So für das Bildnis- und Namensrecht *Götting*, Persönlichkeitsrechte als Vermögensrechte, S. 275 ff.

377 *Magold*, Personenmerchandising, S. 511 ff.; *Schertz*, Merchandising, RN 378 ff.; *Forkel* GRUR 88, 491 (496 ff.); *Brandl* AfP 81, 349 (351); anders *Ullmann* AfP 99, 209 (211) und *Beuthien/Schmölz*, Persönlichkeitsschutz durch Persönlichkeitsgüterrechte, S. 16 f.; 32 ff.; 64 ff., die sogar für die Anerkennung von translativ, d.h. frei übertragbaren, persönlichkeitsbezogenen Immaterialgüterrechten am Namen oder sonstigen charakteristischen Kennzeichen einer Person eintreten; zum Begriff und dogmatischen Unterschied zwischen Persönlichkeits-, Vermögens- und Immaterialgüterrechten *Götting*, Persönlichkeitsrechte als Vermögensrechte, S. 4 ff.

zustellen, der zum einen das Anliegen des Trägers des Persönlichkeitsrechts berücksichtigt, anderen seine Persönlichkeitsmerkmale zur Verwertung überlassen zu können, zum anderen aber auch gewährleistet, daß seine höchstpersönlichen Interessen nicht übermäßig gefährdet werden.[378]

Es ist allerdings die Frage, ob auch das Recht am Lebensbild in den Kreis derjenigen Persönlichkeitsrechte einzugliedern ist, bei denen man sich eine gebundene Rechtsübertragung vorstellen könnte. Da Rechtspositionen, die lediglich den Schutz ideeller Belange bezwecken, wegen ihrer unauflöslichen Bindung an die Person keinen tauglichen Verfügungsgegenstand darstellen, kommt die Einräumung dinglich wirkender Lizenzen nur bei denjenigen Persönlichkeitsrechten in Betracht, die (zumindest auch) wirtschaftliche Aspekte zum Schutzgegenstand haben, dem Rechtsinhaber also auch die materielle Verwertung des jeweiligen Persönlichkeitsdetails zu sichern bestimmt sind.[379]

Die Entwicklung des Medienmarktes hat nun zwar dazu geführt, daß Personen, die es aufgrund mehr oder weniger erfreulicher Umstände zu einer gewissen Bekanntheit gebracht haben, sich gegen entsprechende Bezahlung an TV-Sender oder Presseorgane binden und die Verpflichtung eingehen, ausschließlich diesen gewisse Informationen zukommen zu lassen bzw. nur diesen das Recht einzuräumen, bestimmte Informationen publik zu machen. Hochzeiten und Kindesgeburten, Nacktfotos und intime Geständnisse, Krankheits- und sonstige Leidensgeschichten, kurz, alles, was den Medien noch nicht bekannt ist oder nicht ohne Autorisation des Betroffenen publiziert werden darf, wird so wie gewöhnliches Handelsgut auf dem Nachrichtenmarkt veräußert. Das Lebensbild stellt damit de facto ebenso wie das Abbild, der Name, die Stimme und andere zu Werbezwecken eingesetzte Persönlichkeitsdetails eine geldwerte Position dar.[380]

Während jedoch beispielsweise beim Recht am eigenen Bild je nach Fallkonstellation einmal ideelle, ein anderes Mal (nämlich bei der werbemäßigen Nutzung) pekuniäre Interessen im Vordergrund stehen können,[381] geht es bei der Frage, ob und inwieweit persönliche Lebensverhältnisse eines Menschen vor den neugierigen Augen der Öffentlichkeit ausgebreitet werden dürfen, jedenfalls für das Gros

---

[378] *Magold*, Personenmerchandising, S. 511 f.; *Forkel* GRUR 88, 491 (497).

[379] Vgl. *Forkel* GRUR 88, 491 (492).

[380] Vgl. *Ullmann* AfP 99, 209 (210).

[381] Freilich können auch ausnahmsweise einmal ideelle wie materielle Interessen gleichermaßen betroffen sein, etwa wenn das Konterfei einer Person in der Werbung für ein Mittel zur Hebung der sexuellen Potenz (BGHZ 26, 349 ff. - "Herrenreiter") oder für eine Pflegesubstanz für dritte Zähne (BGHZ 30, 7 ff. - "Caterina Valente") verwendet wird.

der Bevölkerung ausschließlich um ideelle Belange.[382] Wo aber emotionale Gesichtspunkte im Vordergrund stehen, stellt die Umstrukturierung eines Persönlichkeitsrechts von einem geldwerten Abwehrrecht zu einem positiv verwertbaren, d.h. übertragbaren Vermögensrecht kein erstrebenswertes Ziel dar.

Die Rechtsordnung ist zwar prinzipiell gehalten, gesellschaftliche Entwicklungen und Veränderungen aufzugreifen und ihnen einen angemessenen rechtlichen Ordnungsrahmen zu bieten. Es ist jedoch nicht ihre Aufgabe, den sich aus der zunehmenden Vermarktung der Persönlichkeitsrechte ergebenden Forderungen und Wünschen professioneller Verwerter entgegenzukommen und mit der verwerterfreundlichen Umwandlung des Lebensbildrechts zu einem Immaterialgüterrecht rechtliche Strukturen zur Verfügung zu stellen, welche die maximale Kommerzialisierung des Individuums noch zusätzlich zu unterstützen und voranzutreiben imstande sind, sofern diese Entwicklung – wie bei der Vermarktung des Lebensbildes – erhebliche Gefahren für die Persönlichkeit des Betroffenen mit sich bringt und damit dem Schutzanliegen des Art. 2 I i.V.m. Art. 1 I GG letztlich gerade zuwiderläuft.[383] Denn wenn die Rechtsordnung dem einzelnen Anonymität und Diskretion gewährleistet, dann nicht, um die rechtlichen Voraussetzungen für die wirtschaftliche Verwertung seines Lebensbildes zu schaffen,[384] sondern um ihm eine von öffentlicher Anteilnahme unbelastete Individualität zu sichern. Nicht die Eröffnung von Verdienstchancen, sondern die Wahrung eines Bereichs, in dem der einzelne für sich sein und seine Persönlichkeit entwickeln und wahren kann, ist das Anliegen des Lebensbildschutzes, das durch die Ermöglichung gebundener Rechtsübertragungen letzten Endes konterkariert würde.[385] Im Gegensatz etwa zum Bildnis- und Namensrecht kommt die Vergabe dinglich wirkender Lizenzen beim Lebensbildrecht – jedenfalls de lege lata[386] – daher nicht in Betracht.[387] Für

---

[382] *Krneta* GRUR Int. 96, 298 (305).

[383] In diese Richtung auch *Schack*, Urheber- und Urhebervertragsrecht, RN 51; *ders.* AcP 195 (1995), S. 594 (599 f.); *Krneta* GRUR Int. 96, 298 (305 f.); *Peukert* ZUM 2000, 710 (713; 720); *Peifer*, Individualität im Zivilrecht, S. 291 ff.; 316 f.; vgl. auch BGH ZUM 2000, 582 (587) - "Marlene Dietrich".

[384] So explizit BVerfG ZUM 2000, 149 (156) - "Caroline von Monaco"; vgl. auch *Soehring* AfP 2000, 230 (234); *Baston-Vogt*, Der sachliche Schutzbereich, S. 252.

[385] Vgl. BVerfGE 35, 202 (220) - "Lebach".

[386] Vgl. *Peifer*, Individualität im Zivilrecht, S. 316.

[387] So auch *Peukert* ZUM 2000, 711 (720); ähnlich *Schertz* ZUM 98, 757 (765); *Freitag*, Die Kommerzialisierung von Darbietung und Persönlichkeit des ausübenden Künstlers, S. 154 ff.
Nach *Magold*, Personenmerchandising, S. 512 und 569 f. soll auch beim Lebensbildrecht eine gebundene Rechtsübertragung möglich sein. Allerdings beziehen sich seine Ausführungen auf die werbemäßige Verwertung von Persönlichkeitsdetails. Das Lebensbild ist hierfür jedoch ungeeignet. Denn in der Werbung geht es darum, den Namen, das Bild, die Stimme, ein von der Person

die mediale Verwertung des Lebensbildes einer Person ist vielmehr weiterhin am (nur) schuldrechtlichen Modell festzuhalten.

Im übrigen ist in diesem Zusammenhang zu bedenken: Auch wenn man das Lebensbildrecht einer gebundenen Rechtsübertragung zugänglich machen würde, wären in der Regel doch nicht alle von der Exklusivklausel erfaßten Informationen von einer Übertragung betroffen. Medienrechtliche Exklusivverträge werden über Informationen ganz unterschiedlicher Natur abgeschlossen, deren persönlichkeitsrechtlicher Schutz – je nach Nähe zur innersten Lebenssphäre – auch unterschiedlich intensiv ausfällt. Manch ein Exklusivvertrag wird nicht geschlossen, um dem Betroffenen die Rechte an seinem Lebensbild, welche er einer Publikation entgegenhalten könnte, "abzukaufen", sondern um ihm Informationen zu entlocken, von denen man einfach keine Kenntnis hat, die aber – etwa aufgrund ihres starken Öffentlichkeitsbezuges – unter persönlichkeitsrechtlichen Gesichtspunkten "gemeinfrei" wären, also bei entsprechender Kenntnis ohne weiteres publiziert werden könnten. Mit dinglicher Wirkung vermögen jedoch nur solche Informationen übertragen zu werden, an denen der Persönlichkeitsrechtsträger auch eine eigentumsähnliche Ausschlußbefugnis inne hat, wie etwa bei Vorgängen aus der Intim- oder Privatsphäre. Im Ergebnis bestünde damit ein Gemengelage an Informationen, die teilweise mit dinglichen Nutzungsrechten des Vertragspartners belastet und der Disposition des Betroffenen entzogen wären, teilweise beim Betroffenen verbleiben würden, aber aufgrund (nur) obligatorischer Bindungen keinem anderen mitgeteilt werden dürften. Verschärft würde dieser Zustand zudem noch dadurch, daß die ursprünglich persönlichkeitsrechtlich geschützten Informationen nach ihrer Veröffentlichung gemeinfrei werden,[388] die dinglich wirkende Lizenz mithin wie ein Einwegprodukt nach erstmaligem Gebrauch nutzlos würde. Ein Ergebnis, das am Sinn einer solchen Konstruktion zweifeln läßt.

Festzuhalten bleibt somit an dieser Stelle, daß aufgrund der lediglich relativen Wirkung inter partes des Exklusivvertrages dem Erlebnisträger auch nach Vertragsabschluß noch die rechtliche Möglichkeit verbleibt, die bereits dem Vertragspartner eingeräumte Rechtsposition durch weitere, der Exklusivklausel widersprechende Vereinbarungen mit Dritten zu unterwandern. Auch kann der Vertragspartner keine Abwehransprüche aus eigenem, d.h. übertragenem Recht geltend machen. Gleichwohl ist er – wie noch näher darzulegen sein wird[389] – nicht ohne

---

geprägter Slogan etc. mit einem bestimmten Produkt in Verbindung zu bringen, nicht aber, die Lebensgeschichte des Betroffenen wiederzugeben.

388 Dazu näher § 7 B II 4 b) aa) und § 18.

389 § 17.

rechtlichen Schutz gestellt. Ihm bleibt es vielmehr unbenommen, bei vertragswidrigem Verhalten des Informanten nach allgemeinen vertragsrechtlichen Regeln Schadensersatz zu fordern bzw. einem rechtswidrigem Vorgehen eines Konkurrenten mit den vom Wettbewerbsrecht (§ 1 UWG) bereitgestellten Instrumentarien zu begegnen. Das Privatrecht bietet damit auch ohne Anerkennung der Übertragbarkeit von Persönlichkeitsrechten hinreichende Mittel zur Lösung anstehender Interessenkonflikte.

§ 9 Vertragsbestandteile

Die Einordnung des Exklusivvertrages als schuldrechtlichen Vertrag bedarf freilich der weiteren Präzisierung. Seinem Wesen nach handelt es sich um einen atypischen, also weder einem gesetzlich geregelten Typus entsprechenden noch als Mischung mehrerer derartiger Typen zu qualifizierenden Vertrag.[390] Typologische Ähnlichkeiten bestehen jedoch – trotz aller Unterschiede im einzelnen – insbesondere mit dem Dienstvertrag sowie dem urheberrechtlichen Lizenzvertrag, an denen man sich je nach konkreter vertraglicher Ausgestaltung und individueller Problemstellung orientieren kann.[391]

Durch den Exklusivvertrag werden gegenseitige, im Austauschverhältnis stehende Verpflichtungen beider Parteien begründet. Der Verpflichtung des Rechtserwerbers zur Entrichtung des vereinbarten Honorars steht dabei in der Regel eine Pflichtentrias des Informanten gegenüber:[392]

A. Mitwirkungspflicht

Eine der Hauptleistungspflichten des Informanten besteht darin, seinem Vertragspartner alle Informationen und Materialien zugänglich zu machen, welche im Hinblick auf eine geplante Publikation hilfreich oder notwendig sein könnten. Dazu gehört es insbesondere, sich für Interviews, Film- und Fotoaufnahmen zur Verfügung zu stellen, eigene Bilder und Dokumente zu übergeben sowie Einblick in Briefe und sonstige persönliche Unterlagen zu gestatten. Wenn eine Story über ein laufendes Gerichtsverfahren angefertigt werden soll, wird zudem häufig verein-

---

[390] Ausf. hierzu *Sidler*, Exklusivberichterstattung über Sportveranstaltungen, S. 159 ff. (insb. S. 166 ff.).

[391] So auch *Doepner/Spieth* AfP 89, 420 (425); *Urek*, Exklusivvereinbarungen, S. 27 f.; *Wente*, Journalistische Recherche, S. 189 f.; *Brandl* AfP 81, 349 (350).

[392] Die Einteilung entspricht derjenigen von *Prantl*, Journalistische Information, S. 140 ff.

bart, daß der anwaltliche Vertreter des Informanten dem Vertragspartner gegenüber von seiner Schweigepflicht entbunden wird und Akteneinsicht zu gewähren sowie Schriftsätze zur medialen Verwertung freizugeben hat.[393] Dabei empfiehlt sich im Interesse der Rechtsklarheit, bei der Vertragsgestaltung den Umfang der Mitwirkungspflicht in zeitlicher und inhaltlicher Hinsicht möglichst präzise festzulegen.

B. Einwilligungspflicht

I. Rechtliche Einordnung

Exklusivstories betreffen zumeist eine ganze Reihe von Informationen, die aufgrund ihres engen Persönlichkeitsbezuges der ausschließlichen Dispositionsbefugnis der dargestellten Person unterliegen.[394] Ohne entsprechende Autorisation des Betroffenen dürfte eine Publikation hier nicht erfolgen. Der Exklusivvertrag hat deshalb zum Ziel, dem publizierenden Medium die Befugnis zu verschaffen, die Geschichte auf die gewünschte Art zu nutzen. Durch die Vereinbarung mit dem Dargestellten soll eine an sich unerlaubte Handlung ausnahmsweise zulässig werden. Hinsichtlich der vertraglichen Konstruktion wird dabei herkömmlicherweise der Weg beschritten, daß man – wie bereits oben[395] angedeutet wurde – in der Erklärung des Betroffenen, die Darstellung der ihn betreffenden Informationen zu gestatten, entweder einen Verzicht auf die Geltendmachung der aus dem Eingriff in das Persönlichkeitsrecht resultierenden Ansprüche (sog. pactum de non petendo[396]) oder aber einen Verzicht auf die Ansprüche selbst erblickt.[397]

Dieser konstruktive Ansatz ist in den letzten Jahren in der Literatur[398] jedoch zu Recht in die Kritik geraten. Beide Varianten laufen im Ergebnis nämlich darauf hinaus, daß trotz der vorangegangenen Übereinkunft der Vertragsparteien die Mediendarstellung als widerrechtlicher Eingriff in das Persönlichkeitsrecht des Dargestellten zu qualifizieren ist. Lediglich den Eintritt der Rechtsfolgen vermag der

---

393 Beispielhaft hierfür der Tatbestand der Entscheidung des OLG Frankfurt ZUM-RD 98, 277 ff. - "STERN/Böttcher".

394 Vgl. *Soehring* RN 19.43.

395 § 8.

396 OLG München AfP 82, 230 (232) - "Amerikanische Liebesschulen"; MüKo-*Schwerdtner* § 12 RN 174; *Soehring* RN 7.50; *Wenzel* RN 2.58; *Wente*, Journalistische Recherche, S. 87.

397 Es handelt sich dabei um einen Erlaßvertrag (§ 397 BGB) über künftige Ansprüche des Betroffenen, siehe *von Gamm*, UrhR, Einf. RN 109.

398 *Helle* AfP 85, 93 (94); *Dasch*, Einwilligung, S. 29 f.; *Götting*, Persönlichkeitsrechte als Vermögensrechte, S. 146 m. w. Nachw.

Vertrag danach also zu verhindern. Dies steht aber zum einen im Widerspruch zur auch im Deliktsrecht anwendbaren Regelung des § 276 II BGB, wonach die Haftung wegen Vorsatzes im voraus nicht erlassen werden kann.[399] Zum anderen zieht diese Konstruktion auch die eigentümliche Konsequenz nach sich, daß Dritte aufgrund der fortbestehenden Rechtswidrigkeit der Publikation prinzipiell Nothilfe (§ 227 BGB) gegen diese üben könnten.[400] Daher wird vertreten, daß die Einwilligung des Betroffenen systematisch bereits auf der Tatbestandsebene als negatives Tatbestandsmerkmal einzuordnen sei.[401] Gestützt wird diese Auffassung nicht zuletzt auch durch den Wortlaut des § 22 S. 1 KUG, wonach Bildnisse mit Einwilligung des Abgebildeten verbreitet oder öffentlich zur Schau gestellt werden dürfen. Mit der Einwilligung ist deshalb bereits das Vorliegen einer deliktischen Handlung zu verneinen, so daß persönlichkeitsrechtliche Ansprüche, die Gegenstand eines Verzichts sein könnten, erst gar nicht zur Entstehung gelangen.

Die Einwilligung und die ihr zugrundeliegende obligatio dürfen dabei nicht miteinander verwechselt werden. Sie verhalten sich gegenseitig wie Verpflichtungs- und Vollzugsgeschäft und sind somit rechtlich voneinander zu trennen. De facto werden beide freilich oftmals in einem Akt zusammenfallen; zwingend ist dies allerdings keineswegs. Es ist vielmehr ebenso möglich, daß sich der Betroffene zunächst zur Erteilung der Einwilligung verpflichtet und sie in Erfüllung dieser Verpflichtung erst zu einem späteren Zeitpunkt erklärt.[402] Bei der Vertragsgestaltung gilt es deshalb zu überlegen, ob die Veröffentlichungseinwilligung zugleich mit dem Abschluß des Vertrages oder aber erst nachfolgend erteilt werden soll. Die zweite Alternative ist für den Rechtserwerber jedoch nicht unbedenklich: Er läuft hier nämlich Gefahr, sich später um die Einwilligung des Rechtsinhabers bemühen zu müssen, weil dieser es sich inzwischen vielleicht anders überlegt hat und seine Person nicht mehr öffentlich dargestellt sehen möchte. Insbesondere bei kapitalintensiven Filmproduktionen ist es für den Vertragspartner aber wirtschaftlich nicht hinnehmbar, wenn sich nach Abschluß der Dreharbeiten Verzögerungen ergeben, weil die dargestellten Personen ihre Autorisation verweigern und der vertragliche Einwilligungsanspruch erst langwierig auf dem Rechtswege durchgesetzt werden muß.[403]

---

399 Vgl. Palandt-*Heinrichs* § 276 RN 4 und 57.

400 *Helle* AfP 85, 93 (94; dort insb. FN 22); *Götting*, Persönlichkeitsrechte als Vermögensrechte, S. 146; *Dasch*, Einwilligung, S. 30.

401 So (negatives Tatbestandsmerkmal) *Götting*, Persönlichkeitsrechte als Vermögensrechte, S. 146; *Helle* AfP 85, 93 (96 ff.); *Wenzel* RN 7.35; anders (Rechtfertigungsgrund) *Dasch*, Einwilligung, S. 35; *Soehring* RN 19.43; beide Ansichten laufen hier aber auf dasselbe Ergebnis hinaus.

402 *Götting*, Persönlichkeitsrechte als Vermögensrechte, S. 159.

403 Zur Durchsetzung der vertraglichen Verpflichtung auf Erteilung der Einwilligung siehe unten,

II. Inhaltliche und zeitliche Präzisierung

Die Einwilligung in die mediale Lebensbildverwertung kann unter inhaltlichen wie zeitlichen Beschränkungen erteilt werden. Da insoweit eine vergleichbare Interessenlage wie bei der Einräumung urheberrechtlicher Nutzungsbefugnisse gegeben ist, bietet es sich an, bei Zweifeln über den konkreten Umfang der Rechtseinräumung auf den Rechtsgedanken zurückzugreifen, der hinter der im Urheberrecht entwickelten sog. Zweckübertragungstheorie steht.[404] Grundüberlegung dieser Theorie ist es, die urheberrechtlichen Befugnisse soweit als möglich beim Werkschöpfer zu belassen, um diesen in umfassender Weise an den wirtschaftlichen Früchten der Verwertung seines Werkes zu beteiligen.[405] Soweit ein anderslautender Parteiwille nicht unzweideutig zum Ausdruck gebracht wird, ist danach davon auszugehen, daß der Urheber nicht mehr Rechte vergeben will, als zur Erreichung des angestrebten Vertragszwecks unbedingt erforderlich ist (vgl. § 31 V UrhG).[406] Wendet man diesen Gedanken entsprechend auf den medienrechtlichen Exklusivvertrag an, ist die Vereinbarung somit dergestalt auszulegen, daß die Einwilligung des Dargestellten in inhaltlicher und zeitlicher Hinsicht nur soweit reicht wie der mit ihrer Erteilung verfolgte Zweck.[407] Der Sache nach handelt es sich bei der Zweckübertragungstheorie allerdings lediglich um eine Auslegungsregel, die nur greifen kann, wenn über den Umfang der Rechtseinräumung Zweifel bestehen. Sie vermag damit keine Hilfe zu bieten, soweit die einzelnen Befugnisse des Mediums bei der Vertragsgestaltung präzise festgelegt werden.[408]

Erklärt sich danach jemand mit einem indiskreten Bericht über seine Person einverstanden, der aus aktuellem Anlaß erfolgen soll, so ist im Zweifel davon auszugehen, daß die Einwilligung in zeitlicher Hinsicht nicht über die Aktualität des Ereignisses hinaus fortbestehen soll.[409] Einem Medium, dem beispielsweise die Einwilligung erteilt wurde, das spektakuläre Krankheitsschicksal eines Patienten zu veröffentlichen, ist es damit mangels anderweitiger Abreden verwehrt, Jahre später eine Neuauflage der Geschichte zu publizieren. Der Betroffene hat hier durch seine Einwilligung zwar gezeigt, daß er die öffentliche Bekanntgabe seiner

---

§ 11.

404 *Brandl* AfP 81, 349 (351); *Frömming/Peters* NJW 96, 958 (959); *Wenzel* RN 7.40.

405 *Schack*, Urheber- und Urhebervertragsrecht, RN 547; *Rehbinder*, Urheberrecht, RN 312.

406 *Rehbinder*, Urheberrecht, RN 312.

407 *Soehring* RN 19.46 und 21.25.

408 *Schack*, Urheber- und Urhebervertragsrecht, RN 547.

409 *Soehring* RN 19.47.

geschützten Lebensdetails nicht als Verletzung seiner Persönlichkeit empfindet. Er kann sich deshalb auch nicht unter Berufung auf sein Persönlichkeitsrecht dagegen wehren, daß andere Publikationsorgane in unmittelbarem Anschluß an die Erstveröffentlichung seiner Krankheitsgeschichte die Story aufgreifen und ihrerseits verwerten. Der Verlust des Lebensbildschutzes ist jedoch nicht unumkehrbar.[410] Die durch sein Vorverhalten erfolgte Öffnung seiner Intim- oder Privatsphäre kann sich nach einem gewissen Zeitraum auch wieder schließen, wenn er konsistent und situationsübergreifend zum Ausdruck gebracht hat, daß er nunmehr wieder in Ruhe gelassen werden möchte. Denn so wie sich die Persönlichkeit mit ihren Erfahrungen, Anschauungen und Meinungen mit der Zeit fortentwickeln und wandeln kann, vermag sich auch die Einstellung des einzelnen zur öffentlichen Darstellung seiner persönlichen Lebensumstände zu verändern.[411] Demgemäß kann nicht unterstellt werden, daß ein einmal aus einer bestimmten Situation heraus erklärtes Einverständnis für alle Zeit fortbestehen soll. Soweit vertraglich nichts anderes abbedungen wurde, ist vielmehr umgekehrt davon auszugehen, daß die wiederholte öffentliche Erörterung der Lebensdetails des Vertragspartners nach einer gewissen Zeit grundsätzlich auch seiner erneuten Einwilligung bedarf.[412]

Ebenso verhält es sich bei der Ermittlung des inhaltlichen Umfangs der erteilten Einwilligung. Wird danach beispielsweise von einem Angeklagten eine identifizierende Berichterstattung über seine Person gestattet, so bedeutet dies noch keineswegs, daß er sich auch mit der Veröffentlichung privater oder gar intimer Lebensdetails einverstanden erklärt. Nicht gefolgt werden kann insoweit auch der von *Prantl*[413] vertretenen Ansicht, wonach die Einwilligung des Vertragspartners in die Veröffentlichung ihn betreffender Informationen auch die Publikation des auf diesen Informationen aufbauenden Artikels in "Ich"- Form mit umfassen soll. Denn davon, daß derjenige, der sich gegen Entgelt mit der Offenlegung persönlicher Lebensdetails einverstanden erkärt, automatisch auch bereit ist, sich die Worte eines Ghostwriters in den Mund legen zu lassen, kann keine Rede sein. Das Unterschieben nicht getaner Äußerungen bzw. die Veränderung tatsächlich gemachter Äußerungen und Aufzeichnungen durch Streichungen und Zusätze stellt einen eigenständigen Eingriff in das Persönlichkeitsrecht des Betroffenen dar.[414] Wort-

---

410 Siehe hierzu bereits oben, § 7 II 4 b) aa).

411 OLG Oldenburg NJW 83, 1202 - "Nierentransplantation".

412 So auch *Soehring* RN 19.47 unter Bezugnahme auf die Nierentransplantations-Entscheidung des OLG Oldenburg, wo ein Zeitraum von drei Jahren als ausreichend angesehen wurde.

413 Journalistische Information, S. 145.

414 Vgl. BVerfGE 54, 148 (155) - "Eppler"; BGHZ 128, 1 (7 f.) - "Caroline von Monaco I".

wahl und Stil eines Beitrages erlauben es der Öffentlichkeit, Rückschlüsse auf die Persönlichkeit des Verfassers zu ziehen. Die Zurechnung der Autorschaft eines von fremder Hand verfaßten Artikels birgt damit ebenso wie die Veränderung tatsächlich getätigter Äußerungen die Gefahr in sich, daß ein falsches Persönlichkeitsbild des Betroffenen vermittelt wird.[415] Deshalb wird man hier im Sinne der Zweckübertragungslehre die eingeräumten Befugnisse im Zweifel eng auszulegen und dem Rechtsinhaber auf diese Weise die Kontrolle über sein Recht so weit wie möglich zu erhalten haben. Im Ergebnis ist somit auch hier vielmehr umgekehrt von dem Grundsatz auszugehen, daß bei Fehlen einer abweichenden ausdrücklichen Vereinbarung eine Veränderung der Sprache und Stilform des Rechtsinhabers nicht zulässig ist.

III. Übertragbarkeit der Einwilligung

Mitunter geschieht es, daß der Erlebnisträger nicht unmittelbar mit einem Publikationsorgan kontrahiert, sondern zur professionellen Vermarktung seiner Geschichte eine Nachrichtenagentur einschaltet, welche dann ihrerseits Dritten die erworbenen Unterlagen einschließlich der daran bestehenden "Rechte an der Story" zum Verkauf anbietet.[416] Hier stellt sich die Frage, ob die vom Betroffenen erteilte Einwilligung in die identifizierende oder indiskrete Darstellung seiner Person abgetreten werden kann.

Auf der einen Seite ist zu bedenken, daß mit der Anerkennung der Übertragbarkeit der Einwilligung den bedenklichen Kommerzialisierungstendenzen im Bereich des Persönlichkeitsrechts noch weiter Vorschub geleistet würde. Auf der anderen Seite liegt es aber im wirtschaftlichen Interesse aller Beteiligten, daß die Agentur die ihr erteilte Erlaubnis zur Publikation der Geschichte weiterübertragen kann. Insbesondere in den Fällen, in denen (wie etwa beim seinerzeit aufsehenerregenden Grubenunglück von Lengede[417] oder bei der filmischen Darstellung eines Ereignisses) mehrere Personen in ein Geschehen verwickelt sind, würde ansonsten die – möglicherweise im konkreten Fall auch unter persönlichkeitsrechtlichen Gesichtspunkten völlig unbedenkliche – professionelle Vermarktung einer

---

415 BGHZ 13, 334 (338 f.) - "Leserbrief".

416 So erwarb beispielsweise die Hamburger Agentur *Action Press* die Beichte *Werner Pinzners* ("Der Killer von St. Pauli"), die von seiner Verteidigerin für 35.000 DM angeboten wurde, um sie anschließend mit einem Gewinn von 15.000 DM an den STERN weiterzuleiten, siehe *Wagner*, Strafprozeßführung, S. 17; vgl. auch die ähnliche Fallschilderung bei *Prantl*, Journalistische Information, S. 120.

417 Hierzu im einzelnen unten, § 14 A.

Geschichte praktisch unmöglich gemacht werden. Entsprechend wird in der Lehre[418] überwiegend die Auffassung vertreten, daß die Einwilligung übertragbar sein muß. Konstruktiv werden dabei zwei Wege beschritten:

Zum einen wird der Ansatz vorgeschlagen, die Einwilligung analog[419] §§ 413, 398 ff. BGB an den Erwerber abtretbar zu machen. In Abwandlung von § 399 Alt. 2 BGB und gestützt auf den Rechtsgedanken des § 34 I, IV UrhG, wonach wegen des persönlichkeitsrechtlichen Kerns des Urheberrechts die Weiterübertragung eines Nutzungsrechts vorbehaltlich abweichender Regelungen von der Zustimmung des Urhebers abhängig ist, soll dabei eine Weiterübertragung der Einwilligung nur erfolgen können, sofern dies ausdrücklich mit dem Betroffenen vereinbart wurde. Die Abtretung der Einwilligung ändert danach auch nichts an den Rechtsschutzmöglichkeiten des Betroffenen. Denn dieser kann in entsprechender Anwendung des § 404 BGB etwaige Widerrufsgründe auch noch nach Abtretung dem Einwilligungserwerber gegenüber geltend machen.[420]

Daneben wird als zweite Möglichkeit die Übertragbarkeit der Einwilligung auch so konstruiert, daß der Betroffene die Agentur zur Erteilung einer Einwilligung bevollmächtigen oder ermächtigen kann.[421] Diese beiden Vorgehensweisen unterscheiden sich dadurch, daß bei der Stellvertretung die Agentur im Namen des Dargestellten mit Wirkung für diesen in die Publikation der Geschichte einwilligen kann, während sie bei der Ermächtigung dazu befähigt ist, die Einwilligung im eigenen Name mit Wirkung für den Rechtsinhaber zu erklären.[422] Letztere Variante ist vor allem unter praktischen Gesichtspunkten vorteilhaft, da der Ermächtigte hier vertragliche Vereinbarungen treffen kann, die ihn selbst berechtigen und verpflichten.
Im Ergebnis erscheint es trotz der erwähnten Bedenken sachgerecht, sich der vorherrschenden Lehrmeinung anzuschließen. Denn zwischen der starren Ablehnung jeglicher Verkehrsfähigkeit der Einwilligung, und der Anerkennung stark verwer-

---

418 *Helle*, Besondere Persönlichkeitsrechte, S. 109 f.; *ders.* AfP 85, 93 (99); *Dasch*, Einwilligung, S. 94 ff.; *Götting*, Persönlichkeitsrechte als Vermögensrechte, S. 162 ff.; Palandt-*Heinrichs* § 12 RN 17; *Unland*, Verfilmung, S. 40 f.; a.A. *Peifer*, Individualität im Zivilrecht, S. 320 f.

419 Die Analogie begründet sich daraus, daß es sich bei der Einwilligung nicht um ein Recht i.S.d. § 413 BGB, sondern um eine Willenserklärung (so die wohl h.M., siehe *Frömming/Peters* NJW 96, 958 m. w. Nachw.) handelt, welche dem Empfänger aber eine Rechtsposition verschafft, die einem subjektiven Recht nicht unähnlich ist, siehe *Dasch*, Einwilligung, S. 99.

420 *Götting*, Persönlichkeitsrechte als Vermögensrechte, S. 163.

421 Siehe dazu und zum folgenden ausführlich *Dasch*, Einwilligung, S. 89 ff.

422 Vgl. BGH GRUR 87, 128 (129) - "NENA", wo – vom BGH unbeanstandet – die Konstruktion der Einwilligungsermächtigung gewählt wurde.

terfreundlicher, dinglich ausgestalteter Persönlichkeitsrechtslizenzen, stellt sie einen auf der bestehenden gesetzlichen Grundlage gangbaren Mittelweg dar, der – was von entscheidender Bedeutung ist – dem Betroffenen in den wesentlichen Bereichen seine Selbstbestimmung bewahrt: So verbleibt ihm zum einen nach allen konstruktiv verschiedenen Kompromißformeln das alleinige Entscheidungsrecht darüber, ob überhaupt eine Weiterübertragung seiner Einwilligung erfolgen darf.[423] Zum anderen bleibt bei der Übertragung der Einwilligung auch der Zweckübertragungsgedanken anwendbar, so daß der Erwerber die Geschichte des Betroffenen weiterhin nur in dem von diesem ursprünglich gebilligten zeitlichen und inhaltlichen Rahmen publizieren darf. Darüberhinaus ändert die Übertragbarkeit der Einwilligung auch nichts an den Widerrufsmöglichkeiten des Betroffenen. Da dem Betroffenen schließlich im Gegensatz zu der Einräumung absolut wirkender Berechtigungen bei der Anerkennung der Übertragbarkeit der Einwilligung auch die Rechtsmacht verbleibt, einem Dritten die Darstellung seiner Geschichte zu gestatten, erleidet er durch diesen Ansatz keinen durchschlagenden Verlust an Selbstbestimmung. Vielmehr bleibt seine Kontrollmöglichkeit in den entscheidenden Bereichen bestehen. Sofern man die Vermarktung von Lebensgeschichten und tatsächlichen Geschehnissen nicht weitgehend unmöglich machen will, wird man sich deshalb für die Verkehrsfähigkeit der Einwilligung auszusprechen haben.

C. Exklusivitätspflicht

Wesensbestimmendes Element des Exklusivvertrages ist die Exklusivitätspflicht. Sie ist es, die den durch die beiden anderen vertraglichen Leistungspflichten bewirkten publizistischen Vorsprung des vertraglich begünstigten Mediums rechtlich absichert. Bei der Exklusivitätspflicht handelt es sich um eine besondere Form einer vertraglich vereinbarten Schweigepflicht,[424] durch die dem Erlebnisträger untersagt wird, anderen Medienunternehmen in irgendeiner Weise bei ihrer Publikationstätigkeit behilflich zu sein. Er ist vielmehr verpflichtet, ausschließlich mit seinem Vertragspartner zu kooperieren, also insbesondere nur diesem Interviews zu gewähren und nur diesem die Veröffentlichung persönlichkeitsrechtlich

---

[423] *Dasch*, Einwilligung, S. 96 (insb. FN 420); *Götting*, Persönlichkeitsrechte als Vermögensrechte, S. 163.

[424] *Wente*, Journalistische Recherche, S. 199.

geschützter Informationen zu gestatten. Die Exklusivitätspflicht ist dabei unter dreierlei Gesichtspunkten näher zu konkretisieren:[425]

In *räumlicher* Hinsicht ist zunächst zu bestimmen, ob die Unterlassungspflichten des Erlebnisträgers auf ein bestimmtes Gebiet begrenzt bleiben sollen. Denkbar ist etwa, daß sich der Vertragspartner die Exklusivität nur für ein bestimmtes Land oder einen bestimmten (z.B. den deutschsprachigen) Raum zusichern läßt. Insofern ist jedoch zu bedenken, daß einmal publizierte Informationen heute in Sekundenschnelle problemlos via Internet abrufbar sind, so daß auch eine nur in Übersee erfolgte Veröffentlichung einen Informationsvorsprung schnell zunichte machen kann. Bei entsprechend aufsehenerregenden Ereignissen ist es daher aus Sicht des Rechtserwerbers ratsam, sich die Weltrechte an der Story zu sichern.

In *zeitlicher* Hinsicht ist weiter festzulegen, wie lange der vertragliche Unterlassungsanspruch des Rechtserwerbers bestehen soll. Hier wird in der Regel als bestimmendes Ereignis die geplante Publikation vereinbart.[426] Auf diese Weise bleibt einerseits der mit dem Vertrag erstrebte Wettbewerbsvorteil durch die Priorität der Veröffentlichung gewahrt. Zum anderen kann so noch am ehesten einem von der Konkurrenz möglicherweise erhobenen Vorwurf der unzulässigen Monopolisierung einer Informationsquelle begegnet werden.

Schließlich muß auch noch der *sachliche* Umfang der Exklusivität determiniert werden. Dabei kann zum einen vereinbart werden, daß sich das Schweigegebot nur auf ein bestimmtes Medium bezieht, also etwa Radio- oder Zeitungsinterviews, nicht aber Auftritte bei konkurrierenden Fernsehsendern erlaubt sein sollen. Gerade wenn ein Ereignis oder eine Lebensgeschichte zum Gegenstand eines Spielfilms gemacht werden soll, kann es sogar im Interesse des Rechtserwerbers liegen, wenn sich der Betroffene den berichterstattenden Organen als Interviewpartner zur Verfügung stellt und durch seine Medienpräsenz zusätzliches Interesse an seiner Person und seiner Geschichte entfacht. Zum anderen können die Parteien darin übereinkommen, daß der Informant nur zu einem begrenzten Themengebiet und/oder nur in einem begrenzten Umfang Stellung nehmen darf. Einem verurteilten Straftäter kann dabei etwa das Recht belassen bleiben, seine gegenwärtige Gemütslage wiederzugeben oder den Tathergang in groben Zügen zu um-

---

425 Hierzu und zum folgenden *Sidler*, Exklusivberichterstattung im Sport, S. 156 f.; *Prantl*, Journalistische Information, S. 146 f.

426 So etwa auch in dem zwischen der Zeitschrift STERN und der Kindesmörderin *Monika Weimar* geschlossenen Exklusivvertrag: "Die dem STERN in dieser Vereinbarung übertragenen Exklusivität endet am Tag nach der jeweiligen STERN-Veröffentlichung", siehe OLG Frankfurt ZUM-RD 98, 116 (117) - "STERN/BILD".

reißen, nicht aber detailliert über seine Zukunftspläne oder die Vorgeschichte und Motive der Tat Auskunft zu geben.

§ 10 Das Kündigungsrecht des Informanten

Ein weiteres Problem im Rahmen der Erörterung der rechtlichen Konstruktion des Exklusivvertrages stellt das Kündigungsrecht des Informanten dar. Die Frage, unter welchen Voraussetzungen sich der Informant vom Vertrag wieder zu lösen vermag, ist von erheblicher praktischer Bedeutung. Gerade wenn ein Vertragsverhältnis im Hinblick auf eine ganze Beitragsreihe (etwa eine Artikelserie über die Lebensgeschichte und Zukunftspläne eines verurteilten Straftäters) eingegangen wurde, die Vertragsabwicklung also einen gewissen Zeitraum in Anspruch nimmt, kann es sich ergeben, daß sich der Betroffene nicht mehr an der eingegangenen Vereinbarung festhalten lassen möchte, sei es, weil ihm generell hinsichtlich der öffentlichen Verbreitung seiner Lebensdetails Skrupel gekommen sind, sei es, weil er sich mit der konkreten Art der Darstellung seiner Person durch seinen Vertragspartner nicht anfreunden kann und nun weitere Veröffentlichungen zu unterbinden sucht. Sofern seine Geschichte auf eine hinreichend große Publikumsresonanz stößt, kann es auch sein, daß ihm von anderen Publikationsorganen lukrativere Offerten unterbreitet werden und er deshalb aus dem bestehenden Vertrag aussteigen möchte.[427]

Exklusivverträge sind rechtlich als Dauerschuldverhältnisse zu qualifizieren.[428] Wenn die Vertragsbeziehung in der Absicht begründet wurde, über einen mehr oder minder langen Zeitraum hinweg immer wieder über den Betroffenen zu berichten bzw. Interviews mit ihm zu führen, ergibt sich dies bereits daraus, daß während der Vertragslaufzeit ständig neue Leistungspflichten (laufende Weitergabe von Informationen sowie Einwilligung in die Veröffentlichung derselben) begründet werden, die Vertragsabwicklung sich also nicht in einem einmaligen Akt erschöpft.[429] Aber auch Vereinbarungen, die nur einen einzelnen Bericht bzw. nur ein einzelnes Interview zum Gegenstand haben, sind aufgrund der Exklusivitätsklausel als Dauerschuldverhältnisse einzuordnen, da auch bei ihnen der Umfang der vertraglichen Gesamtleistung durch das Moment der Zeit, d.h. durch die Dau-

---

427 Beispielhaft hierfür die Tatbestände der Entscheidungen OLG München AfP 81, 347 ff. - "Vera Brühne"; OLG Frankfurt ZUM-RD 98, 277 ff. - "STERN/Böttcher".

428 *Wenzel* RN 2.60; *Sidler*, Exklusivberichterstattung über Sportveranstaltungen, S. 160 f.; OLG Frankfurt ZUM-RD 98, 277 (281) - "STERN/Böttcher".

429 Allgemein zu Dauerschuldverhältnissen *Larenz*, SchuldR I, S. 29 ff.; Palandt-*Heinrichs* Einl. vor § 241 RN 17.

er, während derer es dem Betroffenen untersagt ist, sich anderen Publikationsorganen zur Verfügung zu stellen, geprägt wird.[430]

Dauerschuldverhältnisse können nach den von der Rechtsprechung aus §§ 554a, 626, 723 BGB entwickelten allgemeinen Grundsätzen aus *wichtigem Grund* gekündigt werden. Ein wichtiger Grund ist gegeben, wenn Tatsachen vorliegen, die unter Berücksichtigung aller Umstände und unter Abwägung der beiderseitigen Interessen die Fortsetzung des Vertrages für den Kündigenden unzumutbar machen.[431] Allein ein besseres Angebot eines anderen Medienorgans vermag ein Kündigungsrecht damit in keinem Fall zu begründen.[432]

Ein wichtiger Grund zur Kündigung kann dagegen vorliegen, wenn aufgrund eines *pflichtwidrigen Verhaltens des Publikationsorgans* das Vertrauensverhältnis so schwerwiegend gestört ist, daß eine sofortige Beendigung des Vertrages gerechtfertigt erscheint.[433] Insofern wird man es allerdings nicht ausreichen lassen können, wenn der Vertragspartner wider Erwarten in nachteiliger Weise über den Betroffenen berichtet: Zwar wird Hintergrund und Motiv für den Abschluß eines Exklusivvertrages stets die Erwartung einer wohlwollenden Berichterstattung sein. Trotz der Vertragsbeziehung ist das publizierende Medium jedoch aufgrund allgemeiner medienrechtlicher Grundsätze gehalten, eine objektive und der Wahrheit verpflichtete Berichterstattung zu gewährleisten.[434] Es kann mithin nicht verpflichtet werden, die Tatsachen besser darzustellen, als sie von ihm selber eingeschätzt werden. Solange das Medium sich deshalb innerhalb der Grenzen einer zulässigen und ausgewogenen Berichterstattung hält, kann der Betroffene für sich kein Kündigungsrecht wegen Unzumutbarkeit der Fortsetzung des Vertragsverhältnisses in Anspruch nehmen. Wenn er sich versichern will, daß die Darstellung seines Vertragspartners mit seinen Vorstellungen übereinstimmt, dann muß er die Veröffentlichung des von ihm gelieferten Materials bei der Vertragsgestaltung unter einen Autorisationsvorbehalt stellen. Wird eine entsprechende Autorisationsvereinbarung jedoch nicht getroffen und ist die Veröffentlichung der von ihm zur Verfügung gestellten Informationen von der bei Vertragsschluß erteilten Einwilligung inhaltlich gedeckt, so stellt die Publikation dieser Informationen keinen

---

430 Vgl. *Sidler*, Exklusivberichterstattung im Sport, S. 160 f.

431 Vgl. BGH NJW 97, 1702 (1703 f.); BGHZ 41, 104 (108).

432 Vgl. *Helle*, AfP 85, 93 (100).

433 Palandt-*Heinrichs* Einl. vor § 241 RN 19; Palandt-*Putzo* § 626 RN 18.

434 OLG Frankfurt ZUM-RD 98, 277 (283) - "STERN/Böttcher".

hinreichenden Grund dar, die Fortsetzung des Vertrages als unzumutbar anzusehen.[435]

Ein wichtiger Grund zur Kündigung kann – gerade bei längerfristigen Verträgen – daneben auch darin begründet liegen, daß nach Vertragsschluß eine *wesentliche Veränderung der Verhältnisse* eingetreten ist. Dabei kann es sich zum einen um *äußere* Umstände handeln, etwa wenn sich das publizierende Organ nachträglich zu einem "Pornoblatt"[436] oder "Schmuddelsender" gewandelt hat. Zum anderen kann dies der Fall sein, wenn sich die *innere* Einstellung des Betroffenen so grundlegend geändert hat, daß ihm die geplante Darstellung seiner Person nicht mehr zugemutet werden kann.[437] In beiden Fällen darf jedoch nicht vergessen werden, daß es sich um Ausnahmen vom Grundsatz "pacta sunt servanda" handelt. Wenn der Betroffene sein Lebensbild zum Gegenstand einer entgeltlichen Vereinbarung gemacht hat, dann muß er sich grundsätzlich auch an seinem Wort festhalten lassen. Dies vor allem, wenn der Vertragspartner – man denke nur an Filmproduktionen – im Vertrauen auf den Bestand der Vereinbarung bereits erhebliche Investitionen vorgenommen hat.[438] Andererseits weist *Helle*[439] in diesem Zusammenhang aber auch zu Recht darauf hin, daß die Persönlichkeit keine statische, sondern eine dynamische, sich ständig fortentwickelnde Größe darstellt. Wenn sich aufgrund eines tiefgreifenden Wandels der inneren Überzeugung die Einstellung zu einer einmal gegebenen Einwilligung ändert, gebietet es die vom Persönlichkeitsrecht gewährleistete Freiheit zur Weiterentwicklung und Entfaltung der Persönlichkeit, daß sich der Rechtsinhaber von einer Vereinbarung lösen kann, die ihn in seiner Persönlichkeitsentwicklung behindert.[440] Als sachgerechter Mittelweg bietet sich in diesem Fall an, die zum Rückrufsrecht wegen gewandelter Überzeugung nach § 42 UrhG bzw. zum Rücktrittsrecht wegen unvorhersehbarer Umstände nach § 35 VerlG entwickelten Grundsätze heranzuziehen.[441] Die Interessen des Vertragspartners werden dabei über die in diesen Vorschriften nor-

---

435 Vgl. OLG Frankfurt ZUM-RD 98, 277 (281 ff.) - "STERN/Böttcher"; für Interviews und Hintergrundgespräche siehe *Soehring* RN 7.71 ff.

436 So der Vortrag *Vera Brühnes* in OLG München AfP 81, 347 (349).

437 Vgl. *Helle*, Besondere Persönlichkeitsrechte, S. 118; *ders.* AfP 85, 93 (100).

438 Vgl. *Götting*, Persönlichkeitsrechte als Vermögensrechte, S. 150.

439 AfP 85, 93 (100); Besondere Persönlichkeitsrechte, S. 119.

440 So auch *Dasch*, Einwilligung, S. 86; *Götting*, Persönlichkeitsrechte als Vermögensrechte, S. 150 f.

441 *Wenzel* RN 7.44 ff. Konstruiert man den Exklusivvertrag nicht – wie oben (§ 9 B I) dargestellt – als pactum de non petendo, muß man die Kündigung des Vertrages zugleich als Widerruf der aufgrund des Vertrages erteilten Einwilligung auslegen, siehe *Götting*, Persönlichkeitsrechte als Vermögensrechte, S. 149 ff.

mierten, engen Tatbestandsvoraussetzungen hinaus auch noch durch die Tatsache geschützt, daß er im Falle einer Kündigung schadensersatzberechtigt ist. In Abweichung von der – rechtspolitisch verunglückten – Regelung des § 42 III 1 UrhG wird man den zu ersetzenden Schaden jedoch analog § 122 BGB auf den Vertrauensschaden zu begrenzen haben.[442]

Schließlich ist auch zu berücksichtigen, daß die Kündigung nur als ultima ratio in Betracht kommt, zuvor also stets zu prüfen ist, ob den berechtigten Interessen des Betroffenen nicht mit einer Vertragsanpassung (beispielsweise der Streichung intimer Szenen aus dem Drehbuch) ausreichend gedient werden kann.

§ 11 Die Durchsetzung der Vertragspflichten des Informanten

Steht dem Informanten nach den vorgenannten Grundsätzen kein Kündigungsrecht zu und verweigert er gleichwohl die Vertragserfüllung, so stellt sich die Frage, wie das aus dem Vertrag berechtigte Medium seine vertraglichen Ansprüche durchsetzen kann. Dabei muß nach den einzelnen Vertragspflichten differenziert werden:

Verfügt das aus dem Vertrag berechtigte Medium bereits über alle Informationen und Materialien, die für die geplante Veröffentlichung erforderlich sind, und weigert sich der Betroffene nunmehr, in die Publikation des Beitrags einzuwilligen,[443] so ist zunächst ein Titel auf Erteilung der Einwilligung zu erstreiten. Bei der Einwilligung handelt es sich nach herrschender Auffassung[444] um eine rechtsgeschäftliche Willenserklärung, so daß der erlangte Titel prinzipiell gemäß § 894 I 1 ZPO bzw. § 894 I 2 ZPO zu vollstrecken wäre. Danach gälte die Einwilligung mit Rechtskraft des Urteils bzw. nach Erteilung einer vollstreckbaren Ausfertigung des rechtskräftigen Urteils als abgegeben.

---

442 Vgl. *Dasch*, Einwilligung zum Eingriff, S. 87; *Götting*, Persönlichkeitsrechte als Vermögensrechte, S. 150 f. (insb. FN 47); *Helle* AfP 85, 93 (101); *Fromm/Nordemann*, UhrG, § 42 RN 9.

443 Diese Fallvariante geht mithin davon aus, daß die Veröffentlichungseinwilligung nicht gemeinsam mit dem Abschluß des ihr zugrunde liegenden Exklusivvertrages erteilt wurde.

444 OLG München AfP 82, 230 (232) - "Amerikanische Liebesschulen"; *Frömming/Peters* NJW 96, 958; *Soehring* RN 19.44; *Löffler/Ricker* 43. Kap. RN 6 m. w. Nachw. Nach a.A. soll die Einwillligung als rechtsgeschäftsähnliche Handlung zu qualifizieren sein. Dabei wird jedoch dem Umstand nicht hinreichend Rechnung getragen, daß der Rechtserfolg der Einwilligung nicht eintritt, *obwohl*, sondern gerade *weil* er gewollt ist. Diese Finalität spricht dagegen, sie als geschäftsähnliche Handlung einzustufen, der Rechtswirkungen unabhängig vom Willen des Erklärenden beigelegt werden, siehe *Frömming/Peters* a.a.O.; ausführlich zum Streitstand *Dasch*, Einwilligung, S. 38 ff. und *Helle* AfP 85, 93 (97 ff.).

Nach Ansicht von *Dasch*[445], der sich im Hinblick auf § 22 KUG eingehend mit der bis dahin weitgehend unerörterten Vollstreckungsproblematik beschäftigt hat, soll ein Titel auf Erteilung der Veröffentlichungseinwilligung jedoch nicht vollstreckbar sein. Aus den Vorschriften der §§ 888 III, 894 II ZPO lasse sich nämlich der Rechtsgedanke ableiten, daß vor dem Hintergrund der Artt. 1, 2 GG die Ausübung von Privatautonomie im höchstpersönlichen Bereich nicht auf dem Wege der Zwangsvollstreckung bewirkt werden solle. Einer zwangsweisen Durchsetzung des Urteils stünden mit anderen Worten Schranken aus dem betroffenen Persönlichkeitsrecht entgegen.[446]

Dieser Ansatz vermag jedoch bei näherer Betrachtung nicht zu überzeugen. Wesentliches Anliegen der §§ 888 III, 894 II ZPO ist es zwar zu verhindern, daß der Gläubiger die Erfüllung einer vertraglichen Verpflichtung durch staatliche Zwangsmittel erzwingen kann, wenn diese nur durch Verletzung elementarer personaler Freiheitsrechte des Schuldners bewirkt werden könnte.[447] Durch sein Vorverhalten hat der Schuldner jedoch gerade gezeigt, daß er eine Darstellung seiner Person gar nicht als Verletzung empfindet. Sollten sich nun im nachhinein, d.h. nach Vertragsschluß Umstände ergeben, aufgrund derer durch die erzwungene Durchsetzung der Einwilligungspflicht die persönlichkeitsrechtlichen Interessen des Betroffenen in fundamentaler Weise berührt würden (etwa ein grundlegender Gesinnungswandel, durch den ihm die geplante Darstellung unzumutbar wird), dann besteht für ihn aber – wie oben gesehen[448] – die Möglichkeit, den Vertrag zu kündigen. Liegt dagegen auch unter Berücksichtigung der tangierten ideellen Interessen des Schuldners kein hinreichend wichtiger Grund zur Kündigung vor, dann ist es auch nicht einsichtig, warum die zwangsweise Durchsetzung der freiwillig eingegangenen Verpflichtung nunmehr einen unerträglichen Eingriff in seine Persönlichkeitsrechte darstellen soll.[449] Dieser Gedanke wird zudem auch durch einen Blick ins Urheberrecht bestätigt, wo vor dem Hintergrund einer vergleichbaren Interessenlage nach allgemeiner Auffassung ein zur Einräumung eines Nutzungsrechts verpflichtender Titel gemäß § 894 I ZPO vollstreckt werden kann, obwohl mit der Überlassung der Werknutzung zugleich im erforderlichen Maße über das Urheberpersönlichkeitsrecht disponiert wird.[450] Eine entsprechende Anwendung der §§ 888 III, 894 II ZPO ist hier deshalb abzulehnen. Ein

---

445 Einwilligung, S. 66 ff.

446 *Dasch*, Einwilligung, S. 67 f.

447 Vgl. *Canaris* AcP 184 (1984), S. 201 (233); OLG Frankfurt RPfleger 80, 117 (118).

448 § 10.

449 So zutreffend *Götting*, Persönlichkeitsrechte als Vermögensrechte, S. 161.

450 Vgl. Schricker/*Wild*, UrhG, § 112 RN 10, *Rehbinder*, Urheberrecht, RN 320; 464 a.E.; *Schack*, Urheber- und Urhebervertragsrecht, RN 563; 754.

auf Erteilung der Einwilligung gerichteter Titel kann somit gemäß § 894 I ZPO vollstreckt werden.[451]

Anders verhält es sich dagegen, wenn der Schuldner gegen seine sonstigen Vertragspflichten verstößt: Weigert er sich, seiner *Mitwirkungspflicht* nachzukommen, stellt er sich also nicht (mehr) für Film- und Fotoaufnahmen, Interviews und Hintergrundgespräche zur Verfügung, dann sind die Reaktionsmöglichkeiten des Vertragspartners limitiert: Er kann zwar eine auf die Erbringung der geschuldeten Leistung gerichtete Klage erheben. Die Kooperationspflichten des Schuldners stellen nicht vertretbare Handlungen dar, so daß sich die Titelvollstreckung hier nach § 888 I ZPO richtet. Da dem Exklusivvertrag aber (auch) ein dienstvertraglicher Charakter zukommt, ist das Urteil nach § 888 III ZPO, der hier zur unmittelbaren Anwendung gelangt, nicht vollstreckbar.[452]

Tritt der Schuldner wiederum unter Mißachtung seiner *Exklusivitätspflicht* mit konkurrierenden Publikationsorganen in Kontakt, dann kann sich der Vertragspartner zwar de iure mittels einer einstweiligen Verfügung, die dann über § 890 ZPO vollstreckbar wäre, zur Wehr setzen. Da die durch den Exklusivvertrag erlangte Rechtsposition aber bereits durch eine einzige Zuwiderhandlung entwertet wird, ist diese Rechtsschutzmöglichkeit für ihn ohne großen praktischen Nutzen.[453]

Will sich der Vertragspartner in den beiden letztgenannten Fällen gegenüber seinem unwilligen Informanten nicht mit Schadensersatzansprüchen (vgl. § 893 ZPO) begnügen,[454] besteht für ihn die Möglichkeit, in den Exklusivvertrag eine Vertragsstrafenklausel gemäß §§ 329 ff. BGB aufzunehmen, durch die ein entsprechendes Fehlverhalten sanktioniert werden soll.[455] Vertragsstrafen geben dem Publikationsorgan zum einen ein Druckmittel zur Sicherung der exklusivvertraglichen Ansprüche in die Hand. Zum anderen erleichtern sie es ihm, den Informanten im Falle eines Vertragsbruchs in Anspruch zu nehmen, da er hinsichtlich des – häufig nur schwer zu führenden – Nachweises eines Vermögensschadens in Höhe

---

451 So auch *Götting*, Persönlichkeitsrechte als Vermögensrechte, S. 162.

452 Vgl. *Dasch*, Einwilligung, S. 67 (dort FN 254).

453 So auch *Prantl*, Journalistische Information, S. 147.

454 Die Grundlage für den Schadensersatzanspruch bilden dabei die Grundsätze über die positive Vertragsverletzung in Verbindung mit dem Rechtsdanken der §§ 326, 628 BGB, siehe OLG Frankfurt ZUM-RD 98, 277 (280 f.) - "STERN/Böttcher" und Palandt-*Heinrichs* § 276 RN 114; 128.

455 Zur Rechtsgültigkeit von Konventionalstrafen bei Exklusivverträgen siehe OLG Köln ArchPR 75, 37 und LG Hamburg ArchPR 75, 37 f. - "Schiffsbrüchig".

der Vertragsstrafe von der Darlegungspflicht befreit ist.[456] Die Vereinbarung einer Konventionalstrafe stellt dabei keine Umgehung der Regelung des § 888 III ZPO dar, da bei der Verwirkung der Vertragsstrafe ein Sekundäranspruch in der Form eines Geldanspruchs entsteht, dessen Realisierung nach allgemeiner Ansicht[457] durch das Vollstreckungsverbot des § 888 III ZPO nicht verhindert werden soll. Bei der Vertragsgestaltung ist allerdings darauf zu achten, daß die Verhaltensweisen, die von der Vertragsstrafe erfaßt werden sollen, in der Vertragsstrafenklausel exakt bezeichnet werden. Der Informant, der sich einer Vertragsstrafenklausel unterwirft, muß wissen, unter welchen Voraussetzungen er sie verwirkt.[458] Geht aus der Vertragsstrafenabrede nicht hinreichend bestimmt hervor, welches Fehlverhalten erfaßt werden soll, ist die Abrede unwirksam. Sofern die Vertragspflichten des Exklusivinformanten im Vertragstext jedoch präzise festgelegt werden, genügt es, wenn die Strafe lediglich für den Fall des "Vertragsbruchs" vereinbart wird.[459]

---

456 Allgemein zur Vertragsstrafe siehe statt vieler nur *Larenz*, SchuldR I, S. 376 ff.

457 Palandt-*Heinrichs* § 343 RN 3; *Canaris* AcP 184 (1984), S. 201 (233); *Lohr* MDR 2000, 429 m. w. Nachw.

458 Vgl. BAG NZA 92, 215 (217).

459 *Lohr* MDR 2000, 429 (432; 436); vgl. auch Palandt-*Heinrichs* Vorb. vor § 339 RN 3.

3. Kapitel Grenzen des Exklusivvertrages nach § 138 I BGB

Die Wirksamkeit medienrechtlicher Exklusivvereinbarungen wird insbesondere[460] unter dem Gesichtspunkt der Sittenwidrigkeit oftmals in Frage gestellt. Die Rechtsgültigkeit der Vereinbarung ist nicht nur für die zwischen dem Erlebnisträger und dem vertragsschließenden Medium bestehende Rechtsbeziehung von Bedeutung, sondern auch für die Beurteilung der Frage, ob die Veröffentlichung eines konkurrierenden Medienunternehmens – etwa unter dem Aspekt der Verleitung zu einem Vertragsbruch – als wettbewerbswidriges Verhalten zu beurteilen ist.[461] Im folgenden sollen deshalb die im Hinblick auf § 138 I BGB für medienrechtliche Exklusivverträge typischen Fallkonstellationen näher untersucht werden.

§ 12 Funktion und Inhalt der "guten Sitten"

Aufgabe der Generalklausel des § 138 BGB ist es, der autonomen Rechtsgestaltung der Vertragspartner dort eine Grenze zu setzen, wo diese in Widerspruch zu den in der Gesellschaft vorherrschenden und sie prägenden, grundlegenden Wertvorstellungen tritt. § 138 BGB will verhindern, daß durch Rechtsgeschäfte Unsittliches rechtlich erzwingbar gemacht wird.[462] Bei den "guten Sitten" handelt es sich um einen unbestimmten, der inhaltlichen Präzisierung bedürftigen und fähigen Rechtsbegriff. Nach der klassischen, auch heute noch von der Rechtsprechung verwandten Definition steht ein Rechtsgeschäft im Widerspruch zu den "guten Sitten", wenn es mit dem "Anstandsgefühl aller billig und gerecht Denkenden" unvereinbar ist (sog. "Anstandsformel").[463] Diese Umschreibung ist inhaltlich freilich recht vage und selbst wieder der weiteren Konkretisierung bedürftig. Dabei ist anerkannt, daß sich diese nähere Bestimmung an der herrschenden Rechts- und Sozialmoral zu orientieren hat.[464] Als Ansatzpunkt sind hierbei zunächst die – empirisch zu erhebenden – vorherrschenden Sozialstandards, also die

---

[460] Zu den mit § 134 BGB verbundenen Fragen siehe *Diesbach*, Pay-TV oder Free-TV, S. 135 ff.; *Wente*, Journalistische Recherche, S. 190; zur Unanwendbarkeit kartellrechtlicher Vorschriften siehe *Prantl*, Journalistische Information, S. 166 f.

[461] Dazu unten, §§ 17, 18.

[462] *Medicus*, BGB AT, RN 680; Palandt-*Heinrichs* § 138 RN 1; *Larenz/Wolf*, BGB AT, § 41 RN1.

[463] RGZ 48, 114 (124); 80, 219 (221); BGHZ 10, 228 (232); 52, 17 (20); 69, 295 (297); kritisch zu der mit dieser Formel erfolgenden Abqualifizierung abweichender Meinungen *Rehbinder*, Rechtssoziologie, RN 13 ff. (insb. RN 16).

[464] Vgl. Staudinger-*Sack* § 138 RN 18 m. w. Nachw.

von der Mehrheit[465] der Bevölkerung als verbindlich und für einen gedeihlichen wirtschaftlichen und gesellschaftlichen Verkehr als unentbehrlich empfundenen Wertvorstellungen heranzuziehen.[466] Über die Verweisung des § 138 BGB finden damit außerrechtliche Wertmaßstäbe ihren Einzug in die Rechtsordnung.

Neben diesen sozialethischen Anschauungen sind bei der Ermittlung der "guten Sitten" aber auch die tragenden Gedanken der Rechtsordnung zu berücksichtigen. Sie stecken einerseits den rechtlichen Rahmen ab, außerhalb dessen die gesellschaftlichen Wertvorstellungen nicht mehr rezipierbar sind.[467] Gerade in einer wertepluralen und von stetigem Wandel gekennzeichneten Gesellschaft, in der es sich häufig als äußerst schwierig erweist, den Inhalt eines sittlichen Grundkonsenses festzustellen, geben die der Rechtsordnung zugrundeliegenden ethischen Prinzipien, und hier insbesondere die verfassungsimmanenten Werte und Grundsätze, dem urteilenden Richter daneben aber auch eine wichtige und zeitgeistresistente[468] Entscheidungshilfe bei der Inhaltskontrolle rechtsgeschäftlicher Vereinbarungen an die Hand. Der Inhalt der "guten Sitten" wird demgemäß sowohl durch sozialethische wie durch rechtsethische Prinzipien geprägt, wobei bei Unklarheiten über die herrschende Sozialmoral bzw. bei ihrer Unvereinbarkeit mit den Grundprinzipien der bestehenden Rechtsordnung den rechtsethischen Prinzipien der Vorrang einzuräumen ist.[469] § 138 BGB dient in diesem Fall als das oft erwähnte Einfallstor, durch das die Grundrechte ihre mittelbare Drittwirkung im Privatrecht entfalten und über ihre Ausstrahlungswirkung eine verfassungskonforme Rechtsanwendung ermöglichen.

Bei der Berücksichtigung der verfassungsrechtlichen Wertentscheidungen darf allerdings nicht außer acht gelassen werden, daß auch die rechtsgeschäftliche Privatautonomie Bestandteil dieser objektiven Werteordnung ist (Art. 2 I GG). Auf die Vertragsfreiheit als Ausfluß der rechtsgeschäftlichen Privatautonomie kann sich dabei auch derjenige berufen, dessen Denkungsart mit den Moral- und Wertvorstellungen der Mehrheit nicht konform geht. Denn die freie Entfaltung der individuellen Persönlichkeit vollzieht sich gerade auch durch den Abschluß von Rechtsgeschäften, deren Inhalt den gegenwärtigen Wertanschauungen nicht unbe-

---

465 Kritisch zur Verbindlichkeit von Mehrheitsentscheidungen Staudinger-*Sack* § 138 RN 47.

466 MüKo-*Mayer-Maly* § 138 RN 11; *Larenz/Wolf*, BGB AT, § 41 RN 14; *Rehbinder*, Rechtssoziologie, RN 15 ff.

467 *Larenz/Wolf*, BGB AT, § 41 RN 20.

468 Zu den Gefahren und Grenzen einer Rechtsfortbildung in Anlehnung an ein sich (vermeintlich) wandelndes Rechtsbewußtsein siehe *Würtenberger*, Zeitgeist und Recht, S. 191 ff.

469 *Larenz/Wolf*, BGB AT, § 41 RN 12 und 20.

dingt entspricht.[470] Andererseits kann auch die rechtsgeschäftliche Privatautonomie und damit die Vertragsfreiheit keine uneingeschränkte Geltung für sich beanspruchen. Ihr werden verfassungsrechtlich vielmehr durch die Schrankentrias "Rechte anderer, verfassungsmäßige Ordnung, Sittengesetz" Grenzen gesetzt. Insbesondere über die Schranke der "verfassungsmäßigen Ordnung"[471] sind so kollidierende Verfassungsgrundsätze bei der Inhaltskontrolle medienrechtlicher Vereinbarungen in Ansatz zu bringen. Dabei gilt auch hier, daß die widerstreitenden Wertentscheidungen in einer Weise in Ausgleich zu bringen sind, die beide zu möglichst optimaler Wirksamkeit gelangen läßt. Deshalb darf man nicht soweit gehen, bei jeder Vernachlässigung eines Verfassungswertes die Sittenwidrigkeit der in Rede stehenden Vereinbarung anzunehmen.[472] Herstellung "praktischer Konkordanz"[473] bedeutet insoweit vielmehr, der rechtsgeschäftlichen Privatautonomie der Parteien einen gewissen Spielraum zu lassen:[474] Das Rechtsgeschäft muß nicht etwa mit allen in den einzelnen Verfassungsgeboten zum Ausdruck kommenden Wertungen völlig *übereinstimmen*; sein rechtlicher Schutz endet vielmehr erst, wenn es mit diesen Grundprinzipien *unvereinbar* ist.[475] Bezogen auf den vorliegenden Untersuchungsgegenstand bedeutet dies, daß zunächst und als Grundsatz von der Privatautonomie der vertragsschließenden Parteien auszugehen ist. Sofern mit Blick auf konfligierende rechtsethische Prinzipien die Sittenwidrigkeit einer Exklusivvereinbarung in Erwägung gezogen wird, darf die Vertragsfreiheit der Vertragspartner nur beschnitten werden, wenn dies auch unter Berücksichtigung der verfassungsrechtlichen Wertentscheidung für die Privatautonomie unabdingbar erscheint.[476]

§ 13 Mißbilligte Kommerzialisierung – Intimbereich als "Ware" ?

Medienveröffentlichungen stoßen erfahrungsgemäß auf eine besonders große Publikumsresonanz, wenn in ihnen Fakten preisgegeben werden, die zur innersten Lebenssphäre, insbesondere zum Bereich der Sexualität zu zählen sind. Der me-

---

470 *Baston-Vogt*, Der sachliche Schutzbereich, S. 240; *Medicus*, BGB AT, RN 694.

471 Die Schranke der "verfassungsmäßigen Ordnung" wird gemeinhin wie ein allgemeiner Rechtsvorbehalt behandelt, unter dem alle irgendwie normierten Rechte Dritter und Gemeinbelange zu verstehen sind, so daß dem "Sittengesetz" ebenso wie den "Rechten anderer" praktisch keine eigenständige Bedeutung zukommt, siehe *Dreier* Art. 2 I GG RN 37 ff. m. w. Nachw.

472 So MüKo-*Mayer-Maly* § 138 RN 16.

473 Zum Begriff *Hesse*, Verfassungsrecht, RN 317.

474 *Medicus*, BGB AT, RN 694.

475 So auch *Baston-Vogt*, Der sachliche Schutzbereich, S. 241.

476 In diese Richtung auch *Medicus*, BGB AT, RN 694.

diale "Blick durch das Schlüsselloch" vor allem prominenter Persönlichkeiten vermag eine besondere Faszination auf die Massen auszuüben. Wenn sich eine Person verpflichtet, einem Medium Details aus ihrem Intimleben[477] anzuvertrauen bzw. in die Veröffentlichung dieser Informationen einzuwilligen, stellt sich allerdings die Frage, ob eine derartige Vereinbarung nicht unter dem Gesichtspunkt der mißbilligten Kommerzialisierung eines persönlichkeitsrechtlich geschützten Bereichs als sittenwidrig zu qualifizieren ist.

Die Fallgruppe der mißbilligten Kommerzialisierung wird dadurch gekennzeichnet, daß solche Vereinbarungen dem Anwendungsfeld des § 138 BGB zugeordnet werden, die Lebensaspekte betreffen, bei denen eine Kommerzialisierung als anstößig erscheint.[478] Verhindert werden soll das "Vordringen ökonomischen Kalküls in hiervon freizuhaltende Sektoren".[479] Welche Gebiete und Verhaltensweisen konkret erfaßt werden, läßt sich allerdings zumindest für den Bereich der Sexualität in der Regel nicht anhand der in der Bevölkerung vorherrschenden *sozialethischen Wertvorstellungen*, sondern nur aufgrund verfassungs- bzw. grundrechtlicher Erwägungen festlegen. Denn obwohl allgemein von einem im Zuge der sexuellen Liberalisierung eingetretenen Wandel der gesellschaftlichen Anschauungen zu Fragen der Sexualität ausgegangen wird,[480] fehlt es diesbezüglich an hinreichend konkreten, empirisch belegten Erkenntnissen, so daß angesichts der verbleibenden Ungewißheiten über die aktuell herrschende Sexualmoral eben nur der Rückgriff auf die *Wertmaßstäbe der Rechtsordnung* übrig bleibt.[481]

---

477 Dabei muß es sich nicht nur um Informationen über sexuelle Präferenzen und Abenteuer handeln. Denkbar ist beispielsweise auch, daß ein Medium mit einer Person eine Vereinbarung trifft, in der sich diese verpflichtet, sich psychologisch durchleuchten zu lassen und in die Veröffentlichung des Analyseergebnisses als "Fall des Monats" einzuwilligen, wie es etwa die – mittlerweile vom Markt verschwundene – "psychologische Zeitschrift" WARUM praktizierte; hierzu und zur rechtlichen Beurteilung derartiger Praktiken *Huth* AfP 77, 212 ff.

478 Allgemein hierzu MüKo-*Mayer-Maly* § 138 RN 109; Palandt-*Heinrichs* § 138 RN 56; die Fallgruppe der mißbilligten Kommerzialisierung wird zwar häufig gesondert von den Fällen der Vermarktung des Intimbereiches behandelt, inhaltlich bestehen jedoch keine Divergenzen, vgl. *Larenz/ Wolf*, BGB AT, § 41 RN 54 f.

479 *Diesbach*, Pay-TV oder Free-TV, S. 144.

480 Ein Beispiel unter vielen etwa BGHZ 63, 365 f. - "Bordellpacht": "In der Einstellung zu sexualen Fragen ist in weiten Kreisen der Bevölkerung ein Wandel zu verzeichnen, der dazu Anlaß gibt, (...) eine von der früheren höchstrichterlichen Rechtsprechung (...) abweichende Grenzziehung vorzunehmen."

481 *Schulze* JuS 99, 636 (637); ebenso MüKo-*Mayer-Maly* § 138 RN 48 a.E., der zu Recht darauf hinweist, daß allein "der Verweis auf ein von einer geschäftstüchtigen Stimulantienindustrie geschaffenes Klima" nicht ausreicht.

Besondere Schwierigkeiten wirft diese Fallkonstellation dabei insofern auf, als es bei der Ermittlung und Gegenüberstellung der verfassungsrechtlichen Wertentscheidungen hier nicht darum geht, die von Art. 2 I GG erfaßte Vertragsfreiheit des Betroffenen mit konfligierenden Rechten Dritter oder entgegenstehenden Interessen der Allgemeinheit abzuwägen. Im Raum steht vielmehr das Problem, inwieweit der einzelne vor einer (freiwilligen) Verpflichtung zu einem würdelosen Verhalten, mithin also *vor sich selbst* zu schützen ist. Berührt wird damit die schwierige dogmatische Frage nach der Grenze der Dispositionsbefugnis des Grundrechtsinhabers in Fragen des Persönlichkeitsrechts.[482]

Die herrschende Ansicht[483] zieht diese Grenze unter Bezugnahme auf den "objektiven Wert" der Menschenwürde: Die Garantie der Menschenwürde beinhaltet danach ein objektives, unveräußerliches Moment, über das der einzelne nicht disponieren kann und das auch einer freiwillig eingegangenen Verpflichtung zu menschenunwürdigem Verhalten entgegensteht. Auch ein autonomes Handeln des Betroffenen vermag hiernach seine Würde zu beeinträchtigen, da diese als objektiver und unverfügbarer, von der subjektiven Wertvorstellung des einzelnen zu trennender Wert zu verstehen sei.[484] In Anlehnung an die von *Dürig*[485] geprägte Objektformel ("Die Menschenwürde ist betroffen, wenn der konkrete Mensch zum Objekt, zu einem bloßen Mittel, zur vertretbaren Größe herabgewürdigt wird.") kommt es danach entscheidend darauf an, ob der Betroffene – bei "objektiver" Betrachtung – durch den Vertrag in eine erniedrigende, objekthafte Rolle gedrängt wird. Der Umstand, daß der Vertrag Ausdruck des subjektiven Willens und des Selbstverständnisses des freiwillig agierenden Betroffenen ist, soll demgegenüber unbeachtlich bleiben. Gemäß diesem Grundsatz wurde von der Rechtsprechung etwa die kommerzielle Vermarktung des Sexualbereichs durch Peep-

---

482 Vgl. hierzu *Hillgruber*, Der Schutz des Menschen vor sich selbst, S. 104 ff. und S. 149 ff.; *Schulze* JuS 99, 636 (638), jew. m. w. Nachw.; *Kohl*, Medienwirkung und Medienverantwortung, S. 57 (78 ff.).

483 Besonders deutlich LG Hamburg ArchPR 75, 37 (38) - "Schiffsbrüchig", wonach es mit § 138 BGB nicht vereinbar sein soll, wenn sich der Informant zu einem Bericht verpflichtet, der mit seiner "persönlichen Würde, seinem sozialen Achtungsanspruch (..) in so enger Beziehung [steht], daß er mit dem Bericht gleichsam sich selbst verkauft"; ebenso OLG Köln ArchPR 75, 37; vgl. auch BGH NJW 98, 2895 ff. - "Telefonsex"; BVerwGE 64, 274 (279) - "Peep-Show I"; *Brandl* AfP 81, 349 (350); eine ausführliche Übersicht über den Meinungsstand in Literatur und Rechtsprechung findet man bei *Budde*, Die Wirtschaftsrelevanz der Menschenwürde, S. 80 ff.

484 In diese Richtung auch *Gern* NJW 83, 1585 (1588 ff.).

485 In *Maunz/Dürig* Art. 1 I GG RN 28.

Shows[486], durch Prostitution[487] oder sog. Telefonsex[488] für sittenwidrig befunden, da es mit der Würde des einzelnen nicht zu vereinen sei, wenn er seinen Intimbereich zur käuflich erwerbbaren Ware mache.

Folgte man diesem Ansatz, wonach der einzelne nur insoweit vertraglich über seine persönlichkeitsrechtlichen Befugnisse disponieren kann, als es mit einem objektiv zu ermittelnden Würdeverständnis vereinbar ist, dann wäre zu untersuchen, inwieweit die erwähnte Rechtsprechung auf medienrechtliche Verträge übertragen werden könnte. Dabei müßte eine ganze Reihe von Fragen überdacht werden. Etwa: Liegt eine Objekt-Degradierung des Betroffenen nur vor, wenn er als Mittel zur Befriedigung *sexueller* Gelüste (und nicht etwa nur zur Befriedigung anderer "Rezipientenbedürfnisse" wie Neugier und Sensationslust) benutzt wird ? Welche Rolle spielt der – bei Mediendarstellungen fehlende – unmittelbare körperliche (Prostitution), akustische (Telefonsex) bzw. Optische (Peep-Show) Kontakt zwischen dem Betroffenen und dem Konsumenten ? Wie ist die Tatsache zu beurteilen, daß die Intimsphäre des Dargestellten zum Anschauungsobjekt nicht nur eines einzelnen, sondern eines Millionenpublikums gemacht wird ? Reicht es zu einem Sittenwidrigkeitsverdikt aus, wenn nicht intime Handlungen, sondern "nur" intime Geheimnisse "verkauft" werden ? Ändert sich schließlich etwas an der Beurteilung, wenn sich die Person darüberhinaus verpflichtet, auch in die Veröffentlichung entsprechenden Bildmaterials einzuwilligen, wie dies etwa bei sogenannten Herrenmagazinen der Fall ist ?

Richtigerweise wird man jedoch bereits die Prämisse, die Sittenwidrigkeit eines Vertrages könne auf seine Unvereinbarkeit mit einem "verobjektivierten" Verständnis des Art. 1 I GG gestützt werden, aus übergeordneten grundrechtsdogmatischen Erwägungen verwerfen müssen: Gegenstand der von Art. 2 I GG gewährleisteten Vertragsfreiheit ist es, eigenverantwortlich darüber entscheiden zu dürfen, ob und wozu man sich vertraglich verpflichtet. Von dieser Freiheit macht selbstverständlich nicht nur derjenige Gebrauch, der eine für ihn vorteilhafte Vereinbarung eingeht, sondern auch derjenige, der ein Geschäft abschließt, auf das sich andere nicht einlassen würden, weil sie es für unlohnend, unangenehm oder

---

[486] BVerwGE 64, 274 (280) - "Peep-Show I"; im zweiten Peep-Show - Urteil (E 84, 314 (318) - "Peep-Show II) hat das Gericht das Sittenwidrigkeitsverdikt dagegen nicht mehr auf Art. 1 I GG, sondern auf sozialethische Erwägungen gestützt.

[487] So BGHZ 67, 119 (125) - "Entgangener Dirnenlohn", wo die Sittenwidrigkeit der Prostitution aber in erster Linie unter Berufung auf die entgegenstehende Sexualmoral der Bevölkerung begründet wurde. Freilich wurden auch hier keine entsprechenden empirischen Belege angeführt.

[488] Zuletzt BGH NJW 98, 2895 ff. - "Telefonsex" mit zahlreichen weiteren Rechtsprechungsnachweisen.

eben für unter ihrer Würde liegend hielten. Sofern die Selbstbestimmung des Betroffenen beim Vertragsschluß in vollem Umfang gewahrt bleibt, ist die daraus resultierende vertragliche Bindung nur Ausdruck und Ergebnis freiheitlichen Grundrechtsgebrauchs.[489]

Wenn man nun unter Berufung auf einen von einem subjektiven Grundrechtsverständnis losgelösten, "objektiven" Wertgehalt der Menschenwürde dem rechtsgeschäftlich Handelnden vorschreiben will, zu welchem Verhalten er sich "um seiner selbst willen" nicht verpflichten darf, verfährt man ohne Not, d.h. ohne daß Rechte Dritter auf dem Spiel stünden, entgegen der in Art. 2 I GG zum Ausdruck kommenden Wertentscheidung und gelangt so zu dem paradoxen Ergebnis, die grundrechtlich garantierte Freiheit des einzelnen vor ihrer Ausübung schützen zu müssen.[490] Bei einem derartigen Grundrechtsverständnis wandelt sich Art. 1 I GG von einer Schutz- zu einer Ge- und Verbotsnorm, durch die der eigentlich durch das Grundrecht Berechtigte verpflichtet wird, sich nicht menschenunwürdig zu verhalten.[491] Auf einer imaginären Waage werden damit die Verbürgungen der Art. 1 I GG und Art. 2 I GG in unterschiedliche Waagschalen eingebracht, obwohl beide denselben personalen Träger zu schützen bestimmt sind. Will man deshalb nicht in das Dilemma geraten, dem einzelnen in bevormundender Weise einen "Grundrechtsschutz gegen sich selbst"[492] aufdrängen zu müssen, dann wird man es als im Einklang mit der verfassungsrechtlichen Wertordnung stehend betrachten müssen, wenn sich der Betroffene bei der inhaltlichen Ausgestaltung seiner Verträge nicht an einem von fremder Hand gezeichneten Bild "richtiger" Lebensgestaltung, sondern an seinem eigenen Selbstverständnis orientiert und sich zu einem Verhalten verpflichtet, das von Dritten als erniedrigend und mit ihrem selbstdefinierten Werteverständnis unvereinbar empfunden würde.[493] Verträge, die zwischen autonom handelnden, d.h. keiner äußeren Zwangslage unterliegenden Privaten in Ausübung ihrer durch Art. 2 I GG gewährten Freiheit, sich vertraglich zu

---

489 *Hillgruber*, Der Schutz des Menschen vor sich selbst, S. 153.

490 *Hillgruber*, Der Schutz des Menschen vor sich selbst, S. 154; ähnlich *Gusy* DVBl. 82, 984 (988 f.).

491 *Höfling* NJW 85, 1582 (1584 f.); *Gusy* DVBl. 82, 984 (985 f.); *Dreier* Art. 1 I GG RN 90 f.

492 So der Titel eines Aufsatzes *von Münchs*, in: FS Ipsen, S. 113 ff. (vgl. dort insb. S. 127 f.).

493 Dezidiert in diese Richtung auch *Kohl*, Medienwirkung und Medienverantwortung, S. 57 (79): "Wollte man [dem Betroffenen] im Interesse sozialer Angepaßtheit eine objektiv bessere Erkenntnis entgegensetzen, so bedeutete dies m. E. eine ungeheuere Anmaßung, die geradezu die Ansprüche, die Artt. 1, 2 GG stellen, pervertierten. 'Big brother' hätte die Kontrolle übernommen. Die Garantie der Würde des Menschen und der freien Entfaltung der Persönlichkeit muß auch die freie Wahl des mündigen Bürgers einschließen, sich den herrschenden sozialen Normen nicht zu unterwerfen und ein Außenseiterdasein zu suchen, ohne daß juristische Sanktionen eingreifen, solange kein Dritter gefährdet oder geschädigt wird."

binden, abgeschlossen werden, sind damit inhaltlich stets mit den Grundrechten vereinbar, wenn durch sie keine Dritten gefährdet oder geschädigt werden.[494] Soweit deshalb auch aus sozialethischer Sicht keine empirisch belegten Erkenntnisse gegen die inhaltliche Ausgestaltung eines medienrechtlichen Vertrages bestehen, ist dieser nicht nach § 138 BGB als nichtig zu betrachten, unabhängig davon, wie peinlich oder herabwürdigend die Informationen sind, in deren Veröffentlichung der Betroffene eingewilligt hat.

Dabei darf nicht übersehen werden, daß es nicht immer der scharfen Waffe des § 138 BGB bedarf, um den einzelnen vor einer unzumutbaren Belastung seiner Persönlichkeit zu bewahren. Denn auch wenn man einem Vertrag, der eine sehr weitgehende Selbstbeschränkung des einzelnen zum Gegenstand hat, nicht unter Berufung auf das Gebot der Achtung der Menschenwürde oder andere Freiheitsrechte die Wirksamkeit versagt, verfügt das nuancierte und differenzierende System des Privatrechts über ausreichende Instrumentarien und Lösungsmöglichkeiten, um den Betroffenen vor einer übermäßigen Inanspruchnahme seiner persönlichen Belange zu beschützen: So besitzt der Verpflichtete, wie bereits oben[495] gezeigt wurde, zum einen die Möglichkeit, den Vertrag im nachhinein aus wichtigem Grunde zu kündigen, wenn sich die Umstände so entwickeln sollten, daß die geplante Mediendarstellung nunmehr eine untragbare Beeinträchtigung seiner Persönlichkeit bedeuten würde. Aber auch wenn es bei wertender Betrachtung als zumutbar erscheint, die vertragliche Verpflichtung des Betroffenen aufrechtzuerhalten, kann dieser seine Mitwirkung verweigern und seinen Vertragspartner auf die Geltendmachung von Sekundäransprüchen verweisen, da § 888 III ZPO einer erzwungenen Durchsetzung der Mitwirkungspflichten im Wege der Zwangsvollstreckung entgegensteht. Auf diese Weise wird einerseits die Entscheidungsfreiheit des Verpflichteten in persönlichkeitsrechtlichen Belangen weitgehend gewahrt, andererseits aber auch den schutzwürdigen finanziellen Interessen des Vertragspartners ausreichend Raum gegeben.[496]

---

[494] Ebenso *Hillgruber*, Der Schutz des Menschen vor sich selbst, S. 153; in diese Richtung auch *Gusy* DVBl. 82, 984 (988 f.); *Budde*, Die Wirtschaftsrelevanz der Menschenwürde, S. 84 ff.; *Dreier* Art. 1 I GG RN 90 f. m. w. Nachw.

[495] § 10.

[496] Vgl. auch *Canaris* AcP 184 (1984), S. 201 (232 f.).

§ 14 Erkauftes Schweigen und Verstopfung einer Informationsquelle

Die im Zusammenhang mit § 138 BGB bei medienrechtlichen Exklusivvereinbarungen am häufigsten angesprochene Schwierigkeit betrifft die Frage nach der sog. "Verstopfungsgrenze". Es ist Aufgabe des Exklusivvertrages, einen bestimmten Erlebnisträger ausschließlich an ein Medium zu binden und auf diese Weise den Verteilungskampf um seine Person und seine Geschichte zu beenden. Die Legalität und Wirksamkeit einer derartigen Informationsmonopolisierung kann jedoch durchaus fraglich sein. Gerade wenn es um Ereignisse oder Lebensschicksale geht, welche die Bevölkerung in besonderem Maße bewegen, und der betroffene Informant die einzige verläßliche Quelle der Information darstellt, wird sich das exklusivberechtigte Medium rasch dem Vorwurf der ausgeschlossenen Konkurrenz ausgesetzt sehen, sie in unzulässiger Weise an der Erfüllung ihres Informationsauftrages zu behindern. Den Kern des Problems bildet hier die Frage, ob bzw. inwieweit der Abschluß von Exklusivvereinbarungen vor dem Hintergrund der Berichterstattungsfreiheit der Medien und des damit korrespondierenden Informationsinteresses der Öffentlichkeit mit den "guten Sitten" zu vereinbaren ist.

Diese Frage war auch Gegenstand der weithin bekannten Lengede-Entscheidung, welche der BGH anläßlich eines aufsehenerregenden Grubenunglücks nahe der gleichnamigen Stadt zu treffen hatte:

"Als am 1. November 1963 um 4.16 Uhr auf der niedersächsischen Eisenerzgrube 'Mathilde' bei Lengede-Broistedt ein Bohrmeißel das Gestein zu der 79 Meter tiefen Luftblase durchbricht, in der elf Bergleute seit über 190 Stunden eingeschlossen sind, wird mit dieser Bohrung nicht nur das erfolgreiche Ende der kompliziertesten Rettungsaktion in der Geschichte des Bergbaus eingeleitet, sondern nähert sich damit zugleich auch ein – mit bislang unvorstellbarer Vehemenz und Schärfe ausgetragener – weltweiter journalistischer Wettstreit der Massenmedien um Zitate, Fakten und Informationen über das 'Wunder von Lengede' seinem Höhepunkt. 'Unten waren elf, oben war', wie seinerzeit Londons *Daily Mirror* schrieb, 'die ganze Welt'. Aus nahezu sämtlichen Ländern der Erde waren insgesamt rund 450 Korrespondenten der Presse und des Rundfunks nach Lengede geeilt, um über das Schicksal der eingeschlossenen Bergleute sowie nachfolgend über das beispiellose Rettungswerk minuziös zu berichten. Die Deutsche Bundespost verlegte in die Autos der Reporter Telefonanschlüsse, die Lengeder Bürger an die Reporter zeitweise abgetreten hatten. Bilder, die die Eingeschlossenen im Schein von Taschenlampen mit einer zu ihnen hinabgelassenen Kleinbildkamera von sich selbst fotografiert hatten, gingen per Bildfunk um den Erdball. Der Hörfunk strahlte in Sondersendungen Bandaufnahmen von den Sprechkontakten mit den Verschütteten aus und als schließlich in den frühen Morgenstunden des 1. Novembers 1963 der rettende Bohrmeißel das Verließ der elf Bergleute durchstieß, waren allein die deutschen Druckrechte für die Erlebnisberichte der Eingeschlossenen bereits über die 100.000 DM - Grenze gestiegen."[497]

Das Rennen um die Bergleute und die persönliche Schilderung ihrer Erlebnisse im Bergwerk machte schließlich der Verlag Gruner & Jahr für die Illustrierte STERN. Gegen eine Vergütung von 250.000 DM konnten die elf Geretteten verpflichtet werden, keinem anderen Publikationsorgan Interviews zu gewähren und auf einer bevorstehenden Pressekonferenz lediglich Fragen in bezug auf ihren aktuellen Gesundheitszustand zu beantworten. Die Freude beim STERN über den gelungenen Coup währte indes nicht lange: Noch bevor mit der Publikation einer geplanten Reportagereihe über das Unglück begonnen werden konnte, brachte die BILD-Zeitung eine vierteilige Artikelserie unter der Überschrift "Unsere Höhle war die Hölle / Die Männer von Lengede berichten" heraus. BILD, die sich zuvor ihrerseits vergeblich bei den Bergleuten um die Publikationsrechte bemüht hatte, druckte dabei Bilder ab, die von ihren Reportern mit einer ihnen zur Verfügung gestellten und über eine Versorgungsbohrung in die Höhle niedergebrachten Kamera aufgenommen worden waren. Im begleitenden Bericht wurden zudem als wörtliche Zitate gekennzeichnete, angebliche Äußerungen der Bergleute eingestreut. Gruner & Jahr verklagte daraufhin den Axel Springer-Verlag auf Schadensersatz wegen rechtswidriger Entwertung bestehender Exklusivrechte. Der Fall durchwanderte alle Instanzen bis zum BGH. Es handelt sich dabei um die bislang einzige höchstrichterliche Entscheidung zu presserechtlichen Exklusivverträgen.[498]

Zu der Frage, ob derartige Exklusivverträge unter dem Gesichtspunkt der Quellenverstopfung als sittenwidrig i.S.d. § 138 BGB zu beurteilen sind, führte der BGH in seinem Urteil – im Rahmen eines obiter dictums – aus:

> *"Die Rechtsgültigkeit von Exklusivvereinbarungen der in Rede stehenden Art steht nicht außer Zweifel; denn es sind sehr wohl Fälle denkbar, in denen es im allgemeinen Interesse nicht hingenommen werden kann, daß durch eine*

---

497 *Krone* AfP 82, 196; vgl. auch die ausführliche Berichterstattung in DER SPIEGEL 46/1963, S. 23-43.
498 BGH GRUR 68, 209 ff. – "Lengede".

solche Vereinbarung die einzige Quelle der Information über ein Geschehen verstopft wird, über das zuverlässig unterrichtet zu werden die Öffentlichkeit ein erhebliches und berechtigtes Interesse hat (...). In solchen Fällen muß der Zugang zur Quelle der Information über das Zeitgeschehen jedermann grundsätzlich freigehalten werden. Besonders bedenklich ist in einem solchen Fall die Exklusivvereinbarung dann, wenn sie nicht einmal zum Zwecke des Informationsmonopols für einen Nachrichtenträger geschlossen würde, sondern sie den Zweck hätte, das Schweigen der Betroffenen zu erkaufen und die in Betracht kommenden Nachrichten der Öffentlichkeit gänzlich vorzuenthalten. So könnte es in einem dem Streitfall vergleichbaren Sachverhalt etwa liegen, wenn mit dem durch eine Exklusivvereinbarung erkauften Schweigen der Geretteten verhindert werden sollte, daß Vorwürfe gegen die für die Sicherheit des Betriebes verantwortlichen Organe in die Öffentlichkeit dringen. Aber auch abgesehen von einer derartigen Absicht der Verheimlichung sind in derartigen Fällen Bedenken schon deshalb zu erheben, weil die Exklusivvereinbarung dem Meistbietenden die Möglichkeit eröffnet, Informationsquellen zu verschließen."[499]

Der Rechtswirksamkeit von Exklusivvereinbarungen können nach dieser Rechtsprechung mithin durch den Gesichtspunkt der Quellenverstopfung über § 138 BGB zivilrechtliche Grenzen gesetzt sein. Dabei ist jedoch zu beachten, daß sich der BGH in concreto nicht eindeutig festgelegt hat. Der Verschluß einer Informationsquelle soll demgemäß nicht stets als sittenwidrig und damit nichtig zu beurteilen sein. Vielmehr steht die Gültigkeit einer entsprechenden Vereinbarung lediglich "nicht außer Zweifel".[500] Auch in der medienrechtlichen Literatur wird – zumeist unter wörtlicher Bezugnahme auf die "Lengede"-Rechtsprechung – die Anwendung des § 138 BGB für den Fall in Erwägung gezogen, daß durch eine Exklusivvereinbarung die "einzige Quelle der Information über ein Geschehen verstopft wird, über das zuverlässig unterrichtet zu werden die Öffentlichkeit ein erhebliches und berechtigtes Interesse hat."[501] Allerdings wird gleichzeitig auch das Fehlen näherer Anhaltspunkte und Begründungsansätze beklagt, mittels derer Exklusivverträge diesbezüglich auf ihre Vereinbarkeit mit § 138 BGB hin untersucht werden könnten.[502]

---

499 BGH GRUR 68, 209 f. - "Lengede".

500 Vgl. hierzu auch *Diesbach*, Pay-TV oder Free-TV, S. 139.

501 *Wenzel* RN 2.59; vgl. auch *Soehring*, RN 7.55.; *Wente*, Journalistische Recherche, S. 188; *Löffler/Ricker* 7. Kap. RN 5; *Prinz/Peters* RN 246; *Paschke*, Medienrecht, RN 314.

502 *Tillmanns*, FS Schweizer, S. 227 (252); *ders.* ZRP 99, 339 (343); *Soehring* RN 7.55.

Aufgabe der folgenden Überlegungen soll es deshalb sein, entsprechende Kriterien herauszuarbeiten. Zu klären gilt hier insbesondere: Wann kann man von einer "Verstopfung" einer Informationsquelle sprechen ? Welche Anforderungen sind an das öffentliche Interesse zu stellen, um den Exklusiverwerb einer Information als anstößig und unsittlich erscheinen zu lassen ? Und schließlich: Auf welche rechtlichen Gesichtspunkte läßt sich ein Sittenwidrigkeitsverdikt in dieser Fallgruppe stützen ? Mit dem BGH soll dabei zwischen Verträgen, mit denen ein Publikationsorgan eine bestimmte Information für sich zu monopolisieren sucht ("Veröffentlichungsexklusivvereinbarungen") und Verträgen, mit denen das Schweigen eines Informanten erkauft werden soll ("Informationsunterdrückungsverträge") unterschieden werden:

A. Veröffentlichungsexklusivvereinbarungen

Hier ist zunächst festzuhalten, daß es zumindest nicht *generell* unter dem Aspekt einer zu mißbilligenden Kommerzialisierung als anstößig erscheint, wenn ein Publikationsorgan gegen Entgelt und zum Zwecke einer Exklusivdarstellung bestimmte Informationen für sich zu monopolisieren sucht. Wie nicht zuletzt die Dualität unserer Rundfunkordnung belegt, wird das Medienwesen und die Tätigkeit der Medienschaffenden heute legitimerweise von wirtschaftlichen wie von publizistischen Gesichtspunkten gleichermaßen geprägt. Die Sittenwidrigkeit einer Veröffentlichungsexklusivvereinbarung kann damit jedenfalls nicht auf den Gedanken gestützt werden, daß hier ein Bereich kommerzialisiert würde, in dem ökonomische Erwägungen von vornherein als unsittlich zu erachten wären.[503]

Mit der Sittenordnung könnte es dagegen nicht mehr vereinbar sein, wenn ein Medium Informationen ausschließlich für sich zu vereinnahmen sucht, an deren Kenntnisnahme die Allgemeinheit ein außergewöhnliches Interesse hegt. Seine positivrechtliche Verankerung könnte dieser Ansatz – zumindest für den Bereich der Presseberichterstattung – in den Publizistischen Grundsätzen des Deutschen Presserates finden, deren Richtlinie 1.1[504] bestimmt:

> *"Die Unterrichtung der Öffentlichkeit über Vorgänge oder Ereignisse, die nach Bedeutung, Gewicht und Tragweite für die Meinungs- und Willensbildung wesentlich sind, darf nicht durch Exklusivverträge mit den Informations-*

---

503 *Krone* AfP 82, 196 (202); *Urek*, Exklusivvereinbarungen, S. 59 f.; *Diesbach*, Pay-TV oder Free-TV, S. 143.

504 In der Fassung vom 17. September 1997, veröffentlicht im Jahrbuch 1998, S. 260.

trägern oder durch deren Abschirmung eingeschränkt oder verhindert werden. Wer ein Informationsmonopol anstrebt, schließt die übrige Presse von der Beschaffung von Nachrichten dieser Bedeutung aus und behindert damit die Informationsfreiheit."

Diese Regelung wäre allerdings nur dann im Rahmen des § 138 BGB als verbindliches Kriterium heranzuziehen, wenn von einem Verstoß gegen die Publizistischen Grundsätze des Deutschen Presserates auch zwingend auf einen Verstoß gegen die "guten Sitten" geschlossen werden könnte. Da den publizistischen Grundsätzen des Deutschen Presserates der Rang von Standesrecht zukommt,[505] wird damit die Frage angesprochen, ob die Standeswidrigkeit einer Vereinbarung automatisch auch ihre Sittenwidrigkeit begründet. Nach der heute[506] ganz überwiegenden Auffassung in Rechtsprechung[507] und Literatur[508] ist dies jedoch nicht der Fall. Standespflichtverletzung und Sittenwidrigkeitsverdikt sind danach nicht miteinander gleichzusetzen. Dieser Auffassung liegt die zutreffende Erkenntnis zugrunde, daß der Norm des § 138 BGB keine inhaltliche Beschränkung zu entnehmen ist, so daß als relevante Bezugsgruppe nicht ein bestimmter Bevölkerungs- oder Verkehrskreis, sondern die Gesamtheit der Staatsbürger herangezogen werden muß.[509] Wenngleich Medienvertreter notwendig an dem Abschluß medienrechtlicher Exklusivverträge beteiligt sind, vermögen sie damit nicht allein über den Bestand des Rechtsgeschäfts zu entscheiden. Dies nicht zuletzt deshalb, weil es auch im Medienbereich eine Vielzahl standesrechtlicher Verpflichtungen gibt, die zwar aus einem verfeinerten Standesgefühl der Medienschaffenden verständlich sind, nicht notwendigerweise aber auch mit den allein maßgeblichen Wertvorstellungen breiter Bevölkerungskreise korrespondieren.[510] Bei der Ermittlung des ausschlaggebenden Maßstabes ist deshalb die Verkehrsanschauung des vielschichtigen Publikums in genau demselben Maße zu berücksichtigen wie die der Medienvertreter.[511] Ob und inwieweit Exklusivvereinbarungen mit den "guten Sitten" in Einklang stehen, entscheidet sich somit nicht allein nach den publizistischen Grundsätzen des Deutschen Presserates.

---

505 *Löffler/Ricker* 20. Kap. RN 1 ff. (insb. 6 ff.); *Löffler* BT StandesR RN 6 f.

506 Die Entwicklung der Rechtsprechung war insoweit jedoch durchaus wechselhaft. So wurde insbesondere unter nationalsozialistischem Einfluß Standeswidrigkeit mit Sittenwidrigkeit gleichgesetzt, siehe RGZ 153, 294 (304 f.); vgl. insoweit aber auch noch BGHZ 22, 347 (357).

507 BGHZ 39, 142 (148); 78, 263 (267); BGH WM 95, 1064 (1066).

508 Staudinger-*Sack* § 138 RN 416; Palandt-*Heinrichs* § 138 RN 57, jew. m. w. Nachw.

509 Ausführlich hierzu *Rehbinder*, Rechtssoziologie, RN 13, 15.

510 Vgl. *Hanna*, Standesrecht, S. 42.

511 Vgl. *Hanna*, Standesrecht, S. 41.

Die Sittenwidrigkeit von Veröffentlichungsexklusivvereinbarungen über Informationen, an denen ein außergewöhnliches Öffentlichkeitsinteresse besteht, könnte sich jedoch aus übergeordneten verfassungsrechtlichen Gesichtspunkten ergeben. Auf Grundrechtsebene stehen sich hier zwei geschützte Rechtspositionen gegenüber: Auf seiten der Partner des Exklusivvertrages ist die allgemeine Vertragsfreiheit (in Gestalt der Abschluß- und Gestaltungsfreiheit) heranzuziehen, und zwar insofern, als sie es in den allgemeinen Grenzen gestattet, sich die medienmäßige Verwertung der in Betracht kommenden Informationen und Nachrichten vertraglich zu sichern und in diesem Rahmen auch Exklusivvereinbarungen abzuschließen.[512] Den Gegenpol hierzu bildet die Medienfreiheit der ausgeschlossenen Konkurrenten.[513] Denn durch die Exklusivklausel vermögen sich diese von dem Erlebnisträger keine Informationen mehr zu verschaffen (bzw. sich nicht mehr seiner Einwilligung zur Veröffentlichung ihnen bereits bekannter, aufgrund entgegenstehender persönlichkeitsrechtlicher Abwehrbefugnisse aber autorisationsbedürftiger Nachrichten zu versichern) und werden auf diese Weise in der Ausübung ihrer sowohl die Informationsbeschaffung als auch die Informationsverbreitung erfassenden,[514] in Art. 5 I 2 GG verbrieften Freiheit behindert.[515] Der Sache nach gilt es in dieser Fallkonstellation deshalb ebenso wie oben im Rahmen der §§ 22 f. KUG[516] gegenläufige, grundrechtliche ausgeformte Wertentscheidungen unterschiedlicher Rechtsträger miteinander in Ausgleich zu bringen. Im Ergebnis mündet daher auch die vorliegende Problematik in die Frage nach übergreifenden Leitkriterien, mittels derer die Güterabwägung im Spannungsfeld von Vertrags- und Medienfreiheit vollzogen werden kann.

Ein derartiger Leitgesichtspunkt könnte im Hinblick auf die objektivrechtliche Funktion der Medienfreiheit möglicherweise der Aspekt der *Gewichtigkeit* des an einer Information bestehenden öffentlichen Interesses darstellen. Auch der BGH scheint sich in der "Lengede"-Entscheidung an diesem Kriterium zu orientieren, wenn er Zweifel an der Rechtsgültigkeit eines Exklusivvertrages anmeldet, welcher Informationen zum Gegenstand hat, über die "unterrichtet zu werden die Öffentlichkeit ein erhebliches und berechtigtes Interesse hat." Entsprechend der Ar-

---

512 Vgl. *Lerche/Ulmer* Rechtsgutachten, S. 28 f.; 57.

513 Nicht abzustellen im Rahmen der Güterabwägung ist dagegen auf die Informationsfreiheit (Art. 5 I 1 Alt. 2 GG): Denn dem Interesse der Öffentlichkeit, bestimmte Ereignisse über die Medien verfolgen zu können, wird nicht über das Grundrecht der Informationsfreiheit, sondern einzig durch die Medienfreiheit Rechnung getragen, siehe *Lerche/Ulmer*, Rechtsgutachten, S. 56 f.; hierzu auch bereits oben, § 7 A II 2.

514 BVerfGE 10, 118 (121); 20, 162 (176); 50, 234 (240).

515 Zu Art. 5 I 2 GG siehe bereits oben, § 7 A II 1.

516 Siehe oben, § 7 B II.

gumentation bei §§ 22 f. KUG wird danach auch hier die *Quantität* ("erheblich") und *Qualität* ("berechtigt") des bestehenden Öffentlichkeitsinteresses als entscheidender Gesichtspunkt herangezogen.

Bereits oben[517] wurde jedoch dargelegt, daß die Orientierung an der *"Qualität"* des allgemeinen Interesses neben teleologischen und systematischen auch aus praktischen Erwägungen abzulehnen ist. Daran ist auch für die Abwägung zwischen Vertrags- und Medienfreiheit festzuhalten. Schließlich unterstreicht gerade die Berichterstattung über das Lengeder Grubenunglück, wie fragwürdig und willkürlich die Grenzziehung zwischen (vermeintlich) "seriöser" und "unseriöser" Information oftmals gerät: Denn darüber, ob ein von einem Boulevardblatt mit den verschütteten Bergleuten abgeschlossener Exklusivvertrag der ernsthaften und sachbezogenen Erörterung öffentlicher Angelegenheiten oder aber der Befriedigung der Neugier und Sensationslust des Leserpublikums zu dienen bestimmt ist, läßt sich trefflich streiten.

Bei der Abwägung der Berichterstattungsfreiheit der Medien mit dem Persönlichkeitsrecht des Betroffenen bei §§ 22 f. KUG wurde daneben auch das Kriterium der *"Höhe"* oder *"Quantität"* des Öffentlichkeitsinteresses als relevanter Abwägungsgesichtpunkt abgelehnt, da das Publikumsinteresse dort nicht nur zugunsten der Medien, sondern auch zugunsten der jeweils dargestellten Person in die Waagschale einzubringen war. Denn je greller das Rampenlicht und je größer der mit einer Medienveröffentlichung verbundene Prangereffekt ist, desto schutzwürdiger ist auch das Interesse des einzelnen, von seinem Recht, in Ruhe gelassen zu werden, Gebrauch machen zu können. Man ist nun geneigt, diese Argumentation auch auf die vorliegende Abwägungsproblematik zu übertragen, zumal hier der gleiche Automatismus einschlägig ist: Denn je mehr Aufmerksamkeit einem Ereignis zuteil wird, desto bedeutsamer und lukrativer ist es für den Erlebnisträger und seinen Geschäftspartner, eine rechtswirksame Exklusivbeziehung begründen zu können.

Anders als bei der Abwägung mit persönlichkeitsrechtlichen Belangen des Betroffenen stehen den Allgemeininteressen hier jedoch weniger ideelle als vielmehr materielle Interessen der beteiligten Vertragsparteien gegenüber. Die Beschränkung vermögensrechtlicher Interessen zugunsten überwiegender Gemeinwohlbelange ist unserer Grundrechtsordnung aber nicht fremd, wie insbesondere durch Art. 14 I 2, II GG verdeutlicht wird. Die Zulässigkeit sozialbindender Maßnahmen setzt insoweit nach der maßgebenden Rechtsprechung vor allem voraus, daß die eigentumsbegrenzenden Regelungen "durch Gründe des öffentlichen Interesses

---

517 § 7 B II 2.

unter Berücksichtigung des Grundsatzes der Verhältnismäßigkeit gerechtfertigt sind".[518] Letztlich identische Anforderungen werden aber auch für den grundrechtlichen Regelungsbereich der Vertragsfreiheit formuliert,[519] so daß hier der gleiche Maßstab angelegt werden kann: So wie der Eigentümer seine materiellen Interessen nach Art. 14 II GG (nur) im Rahmen des ihm Zumutbaren den gegenläufigen Interessen der Allgemeinheit unterzuordnen braucht, kann auch die Vertragsfreiheit der Betroffenen (nur) insofern zugunsten konfligierender Öffentlichkeitsinteressen eingeschränkt werden, als dies unter Berücksichtigung der verfassungsrechtlichen Wertentscheidung für die Privatautonomie angemessen erscheint. Als entscheidender Leitgedanke ist somit der Grundsatz der Verhältnismäßigkeit heranzuziehen. Das grundsätzlich garantierte Recht der Vertragsparteien zur Vereinbarung von Exklusivrechten kann danach unter Berufung auf § 138 BGB i.V.m. Art. 5 I GG (nur) dann beschnitten werden, wenn dies zur Befriedigung des öffentlichen Informationsinteresses durch die Medien geeignet, erforderlich und verhältnismäßig i.e.S. ist.

Es erscheint jedoch bereits fraglich, ob die Anwendung des § 138 BGB auf entsprechende Veröffentlichungsexklusivvereinbarungen überhaupt *geeignet* ist, zu einer umfassenderen Information der Bevölkerung beizutragen. Man darf hier nicht die Augen davor verschließen, daß allein mit der Annahme der Sittenwidrigkeit des Vertrages noch nicht viel gewonnen ist.[520] Denn die unmittelbare Konsequenz eines Nichtigkeitsausspruchs ist zunächst einmal, daß der Erlebnisträger überhaupt niemandem mehr zur Auskunftserteilung verpflichtet ist. Ob er sich unter diesen Umständen bereit erklären wird, sich seinem anvisierten Vertragspartner und/oder anderen Publikationsorganen für einen Bericht zur Verfügung zu stellen, kann durchaus zweifelhaft sein, zumal die Medien eine hohe Vergütung in der Regel nur dann zu zahlen bereit sind, wenn sie dafür auch das Recht erwerben können, ihren Kunden die entsprechenden Informationen exklusiv zu präsentieren. Gerade bei öffentlichkeitsscheuen Informanten gibt aber häufig erst der finanzielle Anreiz den entscheidenden Ausschlag, um sich einem Medium anzuvertrauen.

Anders wäre die Situation freilich zu beurteilen, wenn die anderen Publikationsorgane bei einer Lösung über § 138 BGB gleichzeitig imstande wären, einen Auskunftsanspruch gegen den Erlebnisträger geltend zu machen. Konstruierbar wäre ein derartiger Anspruch, wenn man in dem gemäß § 138 BGB sittenwidrigen

---

518 BVerfGE 76, 220 (238); siehe auch BVerfGE 72, 9 (23); 72, 66 (77 f.); 75, 78 (97 f.).

519 Vgl. nur etwa BVerfGE 75, 108 (155 ff.); 80, 137 (153); 90, 145 (172).

520 Vgl. hierzu und zum folgenden für die TV-Sportberichterstattung *Diesbach*, Pay-TV oder Free-TV, S. 148.

Rechtsgeschäft zugleich eine sittenwidrige Schädigung der anderen Medienunternehmen im Sinne des § 826 BGB erblicken würde. Die nicht berücksichtigten Konkurrenten würden auf diese Weise in die Lage versetzt, über die deliktsrechtliche Generalklausel einen klagbaren Auskunftsanspruch gegen den betroffenen Erlebnisträger geltend zu machen.[521] Die Information der ausgeschlossenen Publikationsorgane würde mithin als eine Form des Schadensersatzes (vgl. § 249 S. 1 BGB) über die Figur des Kontrahierungszwanges gelöst.[522] § 138 BGB und § 826 BGB haben jedoch unterschiedliche Regelungsbereiche: Bei § 826 BGB geht es um die Sittenwidrigkeit einer Handlung, während § 138 BGB die Sittenwidrigkeit und Nichtigkeit eines Rechtsgeschäfts zum Gegenstand hat. Ein Verstoß gegen § 138 BGB hat deshalb nicht ohne weiteres auch einen Schadensersatzanspruch aus § 826 BGB zur Folge.[523] Bewertet man die sich aus dem Vertrag ergebende *Verpflichtung* des Informanten, keinen anderen Medienunternehmen Auskunft zu erteilen, als sittenwidrig, bedeutet dies mithin noch nicht gleichzeitig, daß auch seine aus autonomen Motiven erfolgende *Weigerung*, sich anderen Medienunternehmen zur Verfügung zu stellen, als sittenwidrige Schädigung einzuordnen ist. Vielmehr ist angesichts der durch Art. 5 I GG garantierten negativen Meinungsfreiheit, die dem einzelnen das Recht gewährleistet, zu einem bestimmten Ereignis keine Stellung nehmen zu müssen,[524] davon auszugehen, daß eine derartige Verweigerung generell nicht als sittenwidrig zu beurteilen ist.[525] Dem Erlebnisträger obliegt im Falle einer Nichtigkeit der exklusiven Vereinbarung damit keine Kontrahierungspflicht des Inhaltes, daß er die in Frage stehenden Informationen allen daran interessierten Massenmedien zur Veröffentlichung und Verbreitung zugänglich machen muß. Ob die ihm bekannten Informationen in den Prozeß der öffentlichen Meinungsbildung eingebracht werden oder nicht, unterliegt deshalb wieder seiner freien Entscheidung.[526]

Weiterhin erscheint ein mit der Anwendung des § 138 BGB verbundener Eingriff in die Privatautonomie der Vertragspartner auch gar nicht *erforderlich*, um eine umfassende nachrichtenmäßige Information der Bevölkerung sicherzustellen. Denn zum einen ist ein Veröffentlichungsexklusivvertrag gerade nicht darauf angelegt, der Öffentlichkeit bedeutende Informationen vorzuenthalten; im Gegenteil

---

[521] Vgl. *Soehring* RN 7.55 und 4.80 f.; *Wente*, Journalistische Recherche, S. 194 f.

[522] Vgl. *Diesbach*, Pay-TV oder Free-TV, S. 148; *Larenz/Wolf*, BGB AT, § 34 RN 30 ff.

[523] Vgl. Palandt-*Heinrichs* § 138 BGB RN 17; MüKo-*Mayer-Maly* § 138 RN 19; Staudinger-*Sack* § 138 RN 16.

[524] Vgl. *Pieroth/Schlink* RN 599; Dreier/*Schulze-Fielitz* Art. 5 I GG RN 54.

[525] So auch *Wente*, Journalistische Recherche, S. 194; vgl. auch *Larenz/Wolf*, BGB AT, § 34 RN 36.

[526] *Krone* AfP 82, 196 (203 f.).

zielt das vertragsschließende Medium vielmehr darauf ab, die für das Publikum interessanten Neuigkeiten in erschöpfender Weise und mit größter Breitenwirkung zu publizieren.[527] Nicht zuletzt auch um die mit dem Erwerb der Exklusivrechte verbundenen Kosten zu amortisieren, muß es das berechtigte Medium geradezu darauf anlegen, die Kundschaft über alle wesentlichen Umstände umfassend zu unterrichten.[528] Zum anderen ist es den ausgeschlossenen Konkurrenten aber auch nicht verwehrt, die einem Exklusivbericht zugrunde liegenden Fakten und Informationen ihrerseits zu verbreiten und öffentlich wiederzugeben. Derartige Nachrichten und Tagesneuigkeiten stellen unabhängig davon, ob ihnen aufgrund einer besonderen individuellen und schöpferischen Formgebung Werkcharakter beigemessen werden kann, urheberrechtliches Gemeingut dar (vgl. § 49 II UrhG),[529] das auch ohne Zustimmung des Exklusivberechtigten übernommen werden darf.[530] Trotz bestehender Exklusivbindung ist damit auch die Information derjenigen Rezipienten, welche nicht zum Klientel des berechtigten Mediums zu zählen sind, in hinreichendem Maße gewährleistet.

Aufgrund der vorgenannten Erwägungen erscheint die Anwendung des § 138 BGB auf Veröffentlichungsexklusivvereinbarungen schließlich selbst dann als *unverhältnismäßig*, wenn Informationen betroffen sind, an denen ein besonders hohes Öffentlichkeitsinteresse besteht. Der Verhältnismäßigkeitsgrundsatz bleibt nur gewahrt, soweit ein zugelassener Grundrechtseingriff nach seiner Tragweite und Schwere nicht außer Verhältnis zum intendierten Zweck und erreichten Nutzen

527 Ebenso OLG München AfP 81, 347 (348) - "Vera Brühne"; *Paschke*, Medienrecht, RN 314.

528 Entsprechend waren in den Fällen "Lengede" (GRUR 68, 209 ff.), "Vera Brühne" (AfP 81, 347 ff.) und "STERN/Böttcher" (ZUM-RD 98, 277 ff.) die berechtigten Printmedien auch darauf aus, den jeweiligen Sachverhalt im Rahmen einer ganzen Artikelserie in all seinen Facetten zu beleuchten.

529 *Rehbinder*, Urheberrecht, RN 281 a.E.; OLG Hamburg GRUR 78, 307 (308) - "Artikelübernahme"; siehe auch bereits oben, § 5.

530 Das Recht zur Verwendung und Verbreitung anderweitig bereits publizierter Meldungen bezieht sich allerdings nur auf den *Inhalt* der Information, nicht aber die *Form*, in der sie zunächst verbreitet wurde. Von § 49 II UrhG nicht erfaßt werden zudem Bildberichte. Sofern sich deshalb ein konkurrierendes Medium nicht auf die sprachliche Inhaltsübernahme beschränken will, sondern auch den Originalwortlaut oder einzelne Bilder bzw. Bildsequenzen eines Exklusivberichtes zu verwenden beabsichtigt, ist dies nur unter den Voraussetzungen des sog. Kleinzitats nach § 51 Nr. 2 UrhG oder gegen entsprechende Honorarzahlung zulässig, siehe BGHZ 37, 1 (10 f.) - "AKI"; *Soehring* RN 3.2 ff.; Schricker-*Melchiar*, UrhG, § 49 UrhG RN 24 ff. Auch durch § 50 UrhG wird eine derartige Übernahme nicht gerechtfertigt. Denn soweit ein anderes Publikationsorgan auf nach § 72 UrhG geschützte Lichtbilder, nach § 87 UrhG geschützte Sendungen oder nach §§ 94, 95 geschützte Bildfolgen zurückgreift, werden die übernommenen Bilder oder Bildfolgen nicht *im Verlauf* der Berichterstattung über ein Tagesereignis wahrnehmbar, wie § 50 UrhG es erfordert, sondern bilden umgekehrt gerade das Mittel, um den Berichtsgegenstand für das Publikum wahrnehmbar zu machen, siehe *Lerche/Ulmer*, Rechtsgutachten, S. 110.

steht. Bei der danach gebotenen Beurteilung der Mittel-Zweck-Relation fällt hier die mit einer Anwendung des § 138 BGB einhergehende Eingriffswirkung in einer Weise ins Gewicht, die durch die Bedeutung und das Gewicht des Eingriffszwecks nicht ausgeglichen werden kann: Die Eingriffswirkung richtet sich gegen das exklusivberechtigte Medium und den Exklusivinformanten, wobei auf seiten des berechtigten Mediums als einschlägige Grundrechtsposition die Medienfreiheit heranzuziehen ist. Denn da sich Art. 5 I 2 GG auf das gesamte Tätigkeitsfeld von der Beschaffung bis zur Weitergabe der Informationen erstreckt, wird auch die medienspezifische Privatautonomie von der Medienfreiheit mitgewährleistet.[531] Aus Sicht des betroffenen Mediums stellt sich die Sachlage damit so dar, daß sowohl zu seinen Gunsten als auch zu seinen Lasten dieselbe grundrechtliche Wertentscheidung (Art. 5 I 2 GG) in den Abwägungsprozeß eingebracht wird, wobei im Rahmen der konkreten Gewichtung der Position der konkurrierenden Publikationsorgane der Vorrang eingeräumt wird, um auf diese Weise die Information der Bevölkerung zu sichern. Wie bereits oben dargelegt, ist es aber – je nach Fallkonstellation – nicht ausgeschlossen, daß die Vereitelung des Exklusiverwerbs einer bestimmten Information auch bewirken kann, daß sich der Informant gar keinem Medium anvertraut und damit genau das Gegenteil des erstrebten Zwecks, nämlich der faktische Verschluß der Informationsquelle, erreicht wird. Da auch bei bestehenden Exklusivverträgen der abstrakte Inhalt einer Geschichte gemeinfrei ist, d.h. auch nach seiner Veröffentlichung ohne Quellennachweis von den anderen Medien verwertet werden darf,[532] ist es vor allem aber so, daß der intendierte Zweck, die nachrichtenmäßige Unterrichtung der Bevölkerung sicherzustellen, auch ohne den Eingriff in die Rechtsposition der Vertragspartner gewährleistet ist.

Dies zeigt, daß es bei der Heranziehung des § 138 BGB auf Veröffentlichungsexklusivvereinbarungen in Wahrheit nicht darum geht, sicherzustellen, daß sich die Öffentlichkeit über alle für sie relevanten Ereignisse informieren kann; im Mittelpunkt steht vielmehr das Bestreben, zu verhindern, daß ein Medienorgan sich die Möglichkeit sichern kann, bestimmte Informationen vor der Konkurrenz und in "attraktiverer" Weise (etwa als bunt bebildertes Exklusivinterview) zu veröffentlichen. Denn nicht der *Ausschluß* der Allgemeinheit von Informationen, sondern die *Priorität* der Publikation mitsamt der damit einhergehenden Wettbewerbsvorteile

[531] *Papier*, FS Lerche, S. 675 (691); *ders.* AfP 89, 510 (512); *Ricker/Becker* ZUM 88, 311 (316 f.).

[532] Siehe bereits oben, § 5; vgl. auch den weiterreichenden Vorschlag von *Gerhardt/Steffen*, Kleiner Knigge des Presserechts, S. 31: Urheberrechtliche Gemeinfreiheit einer veröffentlichten Geschichte nicht nur des Inhalts, sondern auch der Form nach.

ist Sinn und Aufgabe des Exklusivvertrages. Der Eingriff in die Privatautonomie der Vertragsparteien dient damit weniger zwingenden Gemeinwohlbelangen als vielmehr den wirtschaftlichen Interessen der konkurrierenden Medienunternehmen. Ein derartiger Konkurrentenschutz stellt aber keinen verfassungsrechtlich legitimierten Eingriffszweck dar. Denn das Geschäft und der Handel mit der "Ware Information" ist, wie unser dualistisches Rundfunksystem und die Existenz der zahlreichen Nachrichtenagenturen belegen, in unserer Rechts- und Sozialordnung durchaus sozialadäquat.

Sofern der Nachrichtenfluß durch einen Exklusivvertrag nur kanalisiert, nicht aber blockiert wird und die Information der Bevölkerung gewährleistet ist, muß die Heranziehung des § 138 BGB damit als unangemessen und von den betroffenen Vertragspartnern her als unzumutbar bzw. disproportional bezeichnet werden.[533] Nach hier vertretener Ansicht sind Veröffentlichungsexklusivvereinbarungen deshalb stets mit dem in Art. 5 I GG zum Ausdruck kommenden Wertprinzip vereinbar und damit nicht als sittenwidrig zu bewerten.[534]

B. Informationsunterdrückungsverträge

Anders stellt sich dagegen die Interessenlage bei Verträgen dar, mit denen das Schweigen eines Informanten erkauft werden soll.[535] Der Abschluß derartiger Informationsunterdrückungsverträge ist für die Medien ohne Interesse. Ihr Bestreben geht vielmehr dahin, sich Inhalte und Stoffrechte gerade im Hinblick auf eine

533 Freilich ist der Exklusiverwerb einer Nachricht aus medien*ethischer* Sicht nicht unbedenklich, siehe hierzu ausführlich *Eberle*, Information als Ware ?, S. 1 ff. (insb. S. 4 und S. 6 f.) m. w. Nachw. Diese ethischen Bedenken vermögen jedoch nach hiesiger Ansicht aus den dargelegten Gründen nicht auf die medien*rechtliche* Bewertung durchzuschlagen.

534 Im medienrechtlichen Schrifttum wird die Anwendung des § 138 BGB auf Veröffentlichungsexklusivverträge dagegen in engen Ausnahmefällen, d.h. bei einem besonders gewichtigen Öffentlichkeitsinteresse, befürwortet, so etwa *Wenzel* RN 2.59; *Soehring* RN 7.55; *Löffler/Ricker* 7. Kap. RN 5. Zur Illustration einer derartigen Ausnahmekonstellation wird dabei regelmäßig auf das von *Wenzel* a.a.O. gebildete Beispiel eines auf Kosten des Steuerzahlers in den Weltraum beförderten Astronauten, der seine dort gesammelten Erfahrungen und Erlebnisse nach seiner Rückkehr exklusiv einem einzigen Medium verkauft, zurückgegriffen. Nach hier vertretener Auffassung ließe sich ein Sittenwidrigkeitsurteil indes allenfalls bei entsprechenden empirischen Erkenntnissen auf gegenläufige sozialethische Gesichtspunkte stützen. Den insoweit einschlägigen Verfassungsprinzipien – Vertragsfreiheit, Medienfreiheit und Verhältnismäßigkeitsgrundsatz – läßt sich dagegen kein Verstoß gegen die "guten Sitten" entnehmen. Wie dieser recht konstruiert wirkende Beispielsfall jedoch verdeutlicht, werden die nach hiesigem Ansatz gefundenen Ergebnisse in der Praxis freilich kaum von denjenigen der h.M. abweichen.

535 Vgl. hierzu auch *Urek*, Exklusivvereinbarungen, S. 61 f.

spätere Publikation zu sichern. Praktisch bedeutsam werden diese Vereinbarungen deshalb nur, soweit Dritte einen Informationsträger davon abhalten wollen, sein Wissen an die Medien weiterzugeben oder es selbst zu publizieren.[536] Auf verfassungsrechtlicher Ebene ist damit die Medienfreiheit (Art. 5 I 2 GG) der behinderten Publikationsorgane mit der hier allein durch Art. 2 I GG gewährleisteten Privatautonomie der vertragsschließenden Parteien abzuwägen.

Dabei ist zwar zu berücksichtigen, daß es einem Informanten immer auch offen steht, sein Wissen für sich zu behalten und sich den Medien gegenüber in Schweigen zu hüllen. Einem Vertrag, der ihn hierzu verpflichtet, kann man schwerlich entgegenhalten, er würde eine Informationsquelle verstopfen. Denn – um im Bilde des BGH zu bleiben – "eine Quelle, die gar nicht sprudelt, kann auch nicht verstopft werden."[537] Durch die vertragliche Bindung wird jedoch die Chance zunichte gemacht, daß es sich der betroffene Informant vielleicht noch einmal anders überlegt und sich doch noch einem Medium anvertraut. Zumindest in dieser Fallkonstellation ist die Anwendung des § 138 BGB deshalb erwägenswert. Sofern hier ein hohes Öffentlichkeitsinteresse daran besteht, über einen bestimmten Sachverhalt unterrichtet zu werden und der Informationsträger zudem die einzige Informationsquelle darstellt, d.h. die entsprechenden Informationen nicht anderweitig beschaffbar sind, erscheint auch im Hinblick auf das Gebot der Verhältnismäßigkeit ein Eingriff in die Privatautonomie der Vertragspartner gerechtfertigt.[538]

Hiervon wird man allerdings wiederum eine Ausnahme machen müssen, wenn die in Frage stehenden Informationen nach der Wertentscheidung der Artt. 1 I, 2 I GG nur mit Zustimmung des Erlebnisträgers publiziert werden dürfen (etwa, weil Vorgänge aus seinem Intimbereich betroffen sind). Denn da bei derartigen Informationen auch ein hohes Allgemeininteresse den Medien kein Publikationsrecht zu verschaffen vermag, wäre es widersprüchlich, wenn man im Rahmen der vertragsrechtlichen Betrachtung unter Berufung auf die Wertaussage des Art. 5 I GG bei einem großen Publikumsinteresse von der Nichtigkeit einer Vereinbarung ausgehen würde, mit der eine Medienveröffentlichung gerade verhindert werden soll.

---

536 Siehe hierzu bereits oben, § 4.

537 *Prantl*, Journalistische Information, S. 170.

538 So auch *Krone* AfP 82, 196 (202). Dabei erscheint es sachgerecht, die oben zitierten Ausführungen des Lengede-Urteils aufzugreifen und für den Fall, daß durch den Vertrag die öffentliche Aufdeckung von Rechtsbrüchen verhindert werden soll, keine allzu hohen Anforderungen an das Öffentlichkeitsinteresse zu stellen.

§ 15 Kommerzialisierung von Nachrichten über Verbrechen und Schutz von Opferinteressen

Spektakuläre und brutale Verbrechen wie Totschlagsdelikte, Sexual- und Gattenmorde oder Geiselnahmen, aber auch bestimmte Staatsschutzdelikte und Kriminalfälle mit atypischen Tatverläufen stoßen auf ein unbestreitbares Interesse einer breiten Öffentlichkeit. Die Abläufe, Motive und Hintergründe derartiger Straftaten sowie die Identität, die Lebensgeschichte und die Charakterzüge der jeweiligen Täter üben eine besondere Faszination auf das Medienpublikum aus. Die Medien sind deshalb sehr daran interessiert, sich die Informationen über die näheren Umstände der Tat gleichsam "aus erster Hand", d.h. direkt aus dem Mund bzw. der Feder der involvierten Akteure zu sichern. Es ist daher nicht verwunderlich, daß den Tätern immer wieder erkleckliche Summen für die Exklusivrechte an der Darstellung ihrer Geschichte in Zeitschriften, Büchern, TV-Sendungen oder Kinofilmen offeriert werden.[539] Viele prominente Kriminalfälle der Nachkriegsgeschichte – *Vera Brühne* (Doppelmord), *Marianne Bachmeier* (Selbstjustiz im Gerichtssaal), *Fritz Honka* (vierfacher Frauenmörder), *Monika Weimar/Böttcher* (Kinderdoppelmord), *Jürgen Schneider* (Millionenbetrug), *Konrad Kujau* ("Hitlers Tagebücher"), *Werner Pinzner* ("Der Killer von St. Pauli") oder *Hans-Jürgen Rösner/Dieter Degowski* (Gladbecker Geiseldrama) – unterstreichen dies.[540] In allen diesen Verfahren wurden gegen Bezahlung zumeist beachtlicher Beträge Exklusivinterviews mit den Straftätern geführt, wobei der erwirtschaftete Gewinn nicht selten zur Finanzierung hochdotierter Verteidiger verwendet wurde. Die außergewöhnliche Attraktion, welche Kriminalität auf die Menschen und damit auch die Medien ausübt, ist dabei kein neues Phänomen. Begünstigt durch den sich verschärfenden Wettbewerb im Rundfunk- und Printbereich haben es Gewaltverbrecher in den letzten Jahren jedoch in zunehmendem Maße verstanden, ihre Delinquentenstories zu Geld zu machen, indem sie diese – allein oder durch Mittelsmänner – meistbietend und exklusiv an ein Publikationsorgan verkauften.

---

[539] Als "Trendsetter" in finanzieller Hinsicht erweisen sich hier einmal mehr die USA: So soll dem verurteilten Mafia-Mitglied *Salvatore* ("Sammy the Bull") *Gravano*, der Anfang der 90er Jahre neunzehn Morde gestanden hatte, der Vertrag über seine 1997 erschienene Biographie mit dem Titel "Underboss: Sammy the Bull Gravano's Story of Life in the Mafia" (Autor *Peter Mass*) $ 250.000 eingebracht haben. An den Filmrechten soll *Gravano* sogar $ 1 Million verdient haben. Ähnlich die Situation des Mafia-Mitglieds *Henry Hill*, dessen Lebensgeschichte ebenfalls zunächst als Biographie ("Wiseguy, Life in a Mafia Family") erschien, sich sehr gut verkaufte und später unter dem Titel "Goodfellas" (mit *Robert de Niro* in der Hauptrolle) verfilmt wurde, siehe *Silverman* JZ 98, 552 (553 f., dort FN 11 und 24).

[540] Vgl. *Tillmanns*, FS Schweizer, S. 227 (253).

Für Erwerber wie Verkäufer gilt dabei oftmals das Prinzip: Je dreister, brutaler, ungewöhnlicher oder dramatischer die Tat, desto lohnender das Geschäft.[541]

Die Verbrechensopfer und ihre Angehörigen werden durch solche Geschäfte in eine äußerst belastende und demütigende Lage gedrängt. Ohne eigenes Zutun werden sie nochmals mit ihrem erlittenen Schicksal und dem ihnen zugefügten Schmerz konfrontiert und müssen recht- und tatenlos zusehen, wie ihre Leidensgeschichte von den Medien in meist sensationeller Aufmachung schonungslos in das grelle Rampenlicht der Öffentlichkeit gezerrt wird. Sofern die Darstellung des Opfers in identifizierbarer Weise erfolgt,[542] steht für dieses zudem – je nach Deliktsart, Tatverlauf und eigenem tatbezogenem Verhalten – eine nachteilige Resonanz in seinem sozialen Umfeld (Bekannte, Kollegen, Nachbarschaft) und damit eine erneute Viktimisierung zu befürchten.[543] Durch die mediale Vermarktung des verursachten Leids und die damit einhergehenden negativen sozialen und psychologischen Folgen zu Lasten des Opfers wird das vom Täter begangene Unrecht somit nur noch weiter verstärkt und vertieft.[544]

Darüberhinaus entsteht zugunsten des Täters die unerträgliche Situation, daß sich die Straftat für ihn nachträglich zu einer ertragreichen Einnahmequelle entwickelt, er also gleichsam für sein Verbrechen noch belohnt wird. Während die Opfer von Gewaltverbrechen und ihre Hinterbliebenen durch die Tat oftmals erhebliche materielle Nachteile erleiden, vermag er das an dem Opfer begangene Verbrechen zu dessen Leidwesen auszubeuten und das öffentliche Interesse an seiner Person und seiner Story für seine finanziellen Interessen fruchtbar zu machen. Für viele Täter stellen ausführliche Exklusivberichte zudem die ersehnte Plattform dar, auf der sie ihre Geltungssucht befriedigen und die an ihrer Person bestehende öffentliche Aufmerksamkeit genießen können.

---

541 *Eppenstein*, Die Rolle des Verbrechensopfers in den Medien, S. 13 (17).

542 Die identifizierbare Darstellung von Verbrechensopfern ist nach der herrschenden Rechtsauffassung zwar nur ausnahmsweise zulässig. In der Medienpraxis läuft der persönlichkeitsrechtliche Opferschutz jedoch oftmals leer. Dies zum einen, weil die identifizierende Berichterstattung über Tat und Täter häufig bereits faktisch nicht möglich ist, ohne auch das Opfer in identifizierbarer Weise wiederzugeben. Zum anderen bleiben die Rechte des Opfers von den Medien nicht selten auch deshalb unbeachtet, weil die ihnen schlimmstenfalls (d.h. falls die betroffene Person überhaupt die wirtschaftlichen und nervlichen Belastungen, welche ein langwieriges Gerichtsverfahren mit sich bringt, auf sich zu nehmen bereit ist) drohenden Entschädigungszahlungen im Verhältnis zu dem durch die publizistische Verwertung der Tat erzielbaren Gewinn in der Regel relativ gering sind.

543 Siehe hierzu bereits oben, § 7 B II 3 b) bb).

544 *Heinze*, FS Stree und Wessels, S. 951 (954); *ders.* JR 99, 133.

Die ethische wie moralische Anstößigkeit einer derartigen Verbrechensverwertung zu Lasten des Opfers wird auch von den Standesvertretungen der Medien erkannt. Der Deutsche Presserat hält die Veröffentlichung von Verbrechergeschichten, die mit Honorarzahlungen ermöglicht werden, für unvereinbar mit der publizistischen Verantwortung der (Print-)Medien und empfiehlt den Redaktionen, tatbezogene Publikationen mit Detailschilderungen von Verbrechen zu unterlassen. In Richtlinie 11.5 des Pressekodex[545] wird insoweit festgehalten:

> *"Die Veröffentlichung sogenannter Verbrecher-Memoiren verstößt gegen die publizistischen Grundsätze, wenn Straftaten nachträglich gerechtfertigt oder relativiert werden, die Opfer unangemessen belastet und durch eine detaillierte Schilderung eines Verbrechens lediglich Sensationsbedürfnisse befriedigt werden."*

Es ist allerdings die Frage, ob sich diese standesrechtlichen Bedenken auch auf die zivilrechtliche Wirksamkeit entsprechender Verträge auszuwirken vermögen. *Prantl*[546] und *Wente*[547] bejahen dies: Nach ihrem Dafürhalten sind Exklusivvereinbarungen, mittels derer ein durch eine Straftat in den Blickpunkt des öffentlichen Interesses gerückter Verbrecher versucht, seine Lebensgeschichte oder einen Ausschnitt daraus zu vermarkten, unter § 138 BGB zu subsumieren. Das Sittenwidrigkeitsverdikt über derartige Verträge rechtfertige sich aus der Überlegung, daß durch die Kommerzialisierung der von der Rechtsordnung mißbilligten Tat die Verletzung der Vitalrechte des Opfers durch den Verletzer in den gesellschaftlichen Bereich hinein publizistisch fortgeführt werde.[548]

Vorteilhaft an einer Lösung über § 138 BGB wäre sicherlich, daß sie zumindest in gewissem Umfang eine präventive Wirkung entfalten könnte. Denn da im Falle der Nichtigkeit entsprechender Vereinbarungen das berechtigte Medium bei einem Verstoß des Informanten gegen die Exklusivklausel oder sonstige Hauptleistungspflichten keinen Schadensersatz bzw. keine Vertragsstrafe geltend zu machen imstande wäre und auch bereits geleistete (vgl. § 817 S. 2 BGB) respektive noch ausstehende Zahlungen von den Vertragspartnern nicht zurück- bzw. eingefordert werden könnten, müßten es sich zumindest die interessierten Publikationsorgane zuvor genau überlegen, ob sie sich auf ein Geschäft mit dem Straftäter

---

545 In der Fassung vom 17. September 1997, veröffentlicht im Jahrbuch 1998, S. 274.

546 Journalistische Information, S. 134.

547 Journalistische Recherche, S. 191.

548 Ähnlich *Heinze*, FS Stree und Wessels, S. 951 und 954, der freilich hinsichtlich § 138 BGB keine Position bezieht.

einlassen wollen. Darüberhinaus ginge von einer Gerichtsentscheidung, in der die Sittenwidrigkeit der Kommerzialisierung von Verbrecherstories explizit zum Ausdruck käme, zumindest eine symbolische Signalwirkung aus.[549] Gleichwohl würde das Problem dadurch ebensowenig wie bei vielen anderen von § 138 BGB erfassten Fällen – man denke nur an die Prostitution – völlig gelöst werden. Bei entsprechendem Publikumsinteresse würde sich wohl weiterhin stets ein Medium finden, daß bereit wäre, dem Täter für ein Interview, für Filmaufnahmen oder dergleichen geldwerte Vorteile zukommen zu lassen. Damit bliebe aber auch der unbefriedigende pekuniäre Umstand bestehen, daß sich der Täter die Tat nachträglich und zu Lasten des Opfers entlohnen lassen kann, während dieses häufig auf seinem Schaden sitzen bleibt.

Zumindest diesen wirtschaftlichen Opferinteressen wird nunmehr mit dem am 20.7.1998 in Kraft getretenen Gesetz zur Sicherung der zivilrechtlichen Ansprüche der Opfer von Straftaten (OASG)[550] Rechnung getragen. Hintergrund dieser an die amerikanischen Erfahrungen mit den sogenannten "Son-of-Sam"-Gesetzen[551] anknüpfenden Regelung war die Erkenntnis, daß die Opfer von Verbrechen von den meist beträchtlichen Honoraren, welche den Straftätern von den Medien für die Veräußerung ihrer Story bezahlt werden, in der Regel nichts erhalten. Denn obwohl Kriminalitätsopfer zumeist zivilrechtliche Ansprüche aus unerlaubter Handlung gegen den Täter haben und bei Vorliegen der Voraussetzungen auch Schmerzensgeld beanspruchen können, erweisen sich diese Rechte vielfach als nicht realisierbar: So werden Vermarktungserlöse häufig bereits vorab von den Tätern anderweitig – etwa an ihre Strafverteidiger – abgetreten. Aber auch wenn ihnen das Geld persönlich ausbezahlt wird, kommt ein Vollstreckungstitel nach einem Zivilverfahren regelmäßig zu spät, da etwaige Entgelte bei Vorliegen der Vollstreckbarkeit von Urteilen erfahrungsgemäß nicht mehr vorhanden und die Täter bereits wieder "vermögenslos" sind.[552] Zur Sicherung seiner Schadenser-

---

[549] Ein Aspekt, dem auch nach *Otto*, in: *Eppenstein*, Die Rolle des Verbrechensopfers in den Medien, S. 116, eine nicht zu unterschätzende Bedeutung beizumessen ist.

[550] BGBl. I S. 905; allgemein zum OASG *Nowotsch* NJW 98, 1831 ff.; *Kainz* NJ 98, 577 ff.; *Heinze* JR 99, 133 ff.; *Dörstelmann* ZRP 99, 421 ff.; rechtsvergleichend aus US-amerikanischer Sicht *Silverman* JZ 98, 552 ff.

[551] Der Name stammt von einem Massenmörder, welcher New York City in den 70er Jahren terrorisierte und sich einen besonderen Bekanntheitsgrad verschaffte, indem er bei seinen Opfern Zettel hinterließ, die er mit "Son of Sam" unterzeichnete. Er wurde mit Angeboten diverser Filmagenturen und Verlage überhäuft, welche bereit waren, für seine Story hohe Summen zu bezahlen. Der Fall rief so große Empörung hervor, daß der Staat New York 1977 sein sogenanntes "Son-of-Sam"-Gesetz erließ, das als Muster für die gesamten USA diente, siehe *Silverman* JZ 98, 552.

[552] *Kainz* NJ 98, 577; *Heinze* JR 99, 133; *ders.*, FS Stree und Wessels, S. 951; *Nowotsch* NJW 98, 1831 (1832); *Dörstelmann* ZRP 99, 421.

satzansprüche räumt das OASG dem Kriminalitätsopfer deshalb nunmehr ein Pfandrecht an bestimmten Forderungen eines Straftäters gegen Dritte ein. Die Forderungen, an denen ein derartiges gesetzliches Pfandrecht besteht, sind zum einen solche, die im Hinblick auf eine öffentliche Darstellung der Tat entstehen, und zum anderen solche, die sich im Hinblick auf eine öffentliche Darstellung bilden, sofern die Darstellung die Person des Täters, insbesondere seine Lebensgeschichte, seine persönlichen Verhältnisse oder sein sonstiges Verhalten zum Gegenstand hat und die Tat für die öffentliche Darstellung bestimmend ist (§ 1 OASG). Die Formulierung "eine öffentliche Darstellung der Tat" ist dabei so weit gefaßt, daß sowohl die Gewährung von Interviews als auch das Überlassen von fotografischen Abbildungen und Filmen respektive die Publikation eigener urheberrechtlich geschützter Werke, welche die Straftat zum Gegenstand haben, von ihr erfaßt werden.[553] Flankiert wird das Forderungspfandrecht zudem von einer Auskunftspflicht (§ 4 OASG) sowie einer Bestimmung über Umgehungsgeschäfte (§ 7 OASG).

Wegen seiner streng zivilistischen Ausrichtung verfolgt das Gesetz jedoch keine prohibitiven Ziele.[554] Nicht die identifizierende Darstellung der in ein Verbrechen involvierten Personen und ihrer jeweiligen Lebensumstände soll verhindert werden, sondern allein die hieraus entstehende Bereicherung des Täters unter Ausschluß des Opfers. Sofern die detaillierte Beschreibung spektakulärer Kriminalgeschichten aufgrund der Regelungen des OASG eingedämmt werden sollte,[555] wäre dies eine lediglich mittelbare Folge des Gesetzes. Die immateriellen Belange der Opfer werden durch das OASG mithin (zumindest) nicht (unmittelbar) geschützt, so daß das Problem der fortgesetzten Belastung und zusätzlichen Viktimisierung von Kriminalitätsopfern weiterhin bestehen bleibt. Den Opferschutzinteressen kann insoweit allenfalls durch eine andere und engere Fassung des zulässigen Berichterstattungsrahmens über Tat, Täter und Tatopfer Rechnung getragen werden, wie sie etwa über die im ersten Teil dieser Arbeit[556] propagierte, streng am Selbst-

---

[553] BT-Drucks. 13/6831, S. 8; vgl. auch *Kainz* NJ 98, 577 (578); *Tillmanns*, FS Schweizer, S. 227 (267).

[554] Dies wird auch in der Gesetzesbegründung ausdrücklich hervorgehoben, BT-Drucks. 13/6831, S. 7.

[555] Dies erscheint jedoch schon deshalb unwahrscheinlich, weil bei vielen Tätern (oftmals aber auch bei ihren Rechtsvertretern) ein so außerordentliches Interesse an der Selbstdarstellung vorhanden ist, daß ihnen eine Fernseh- oder Presseberichterstattung auch unabhängig von materiellen Aspekten begrüßenswert erscheint. Daneben vermindert eine Vorteilsausgleichung auch etwaige Schadensersatzansprüche, die der Täter gegenüber dem Opfer zu leisten hat, so daß auch aus finanzieller Sicht die Abschreckungswirkung nicht allzu hoch zu veranschlagen sein wird.

[556] § 7 B II 3.

bestimmungsgedanken orientierte Bestimmung des Begriffes der "Person der Zeitgeschichte" erreicht würde.[557]

Von Bedeutung ist an dieser Stelle jedoch vor allem, daß durch die gesetzliche Regelung inzident die rechtliche Wirksamkeit der Vermarktung von Verbrecherstories akzeptiert wird. Denn wenn das OASG ein gesetzliches Pfandrecht an Honoraransprüchen von Tatbeteiligten, die diese durch die Kommerzialisierung ihrer Tat über die Medien erlangt haben, statuiert, dann wird damit automatisch anerkannt, daß diesbezügliche vertragliche Vereinbarungen auch wirksam getroffen werden können, also nicht den Tatbestand des § 138 BGB erfüllen.[558] Verträge über die Publikation von Verbrecherstories können damit – entgegen *Prantl*[559] und *Wente*[560] – jedenfalls seit Inkrafttreten des OASG nicht (mehr) als sittenwidrig qualifiziert werden.

§ 16 "Scheckbuch-Journalismus" und Recht auf ein faires Verfahren

Angesichts des hohen Stellenwertes, welcher der Kriminalitäts- und Gerichtsberichterstattung im Rahmen der zunehmend auf Sensationen und Infotainment ausgerichteten Redaktionsprogramme zukommt, erstaunt es nicht, daß Exklusivverträge heute längst nicht mehr nur mit den Angeklagten abgeschlossen werden. In spektakulären Strafverfahren ist es mittlerweile vielmehr durchaus üblich geworden, auch die übrigen Prozeßbeteiligten, insbesondere Zeugen, Opfer, Angehörige von Opfern oder Rechtsanwälte zu interviewen und ihre Äußerungen – in der Regel noch vor Abschluß des laufenden Verfahrens – zu veröffentlichen. Dabei ist auffallend, daß vielfach die im Prozeß miteinander in Konflikt stehenden Parteien von jeweils konkurrienden Publikationsorganen unter Vertrag genommen werden.[561] Diese häufig mit dem Begriff des "Scheckbuch-Journalismus" gekennzeichneten Finanzierungspraktiken diverser Medien traten in den letzten Jahren vor allem anläßlich des Wiederaufnahmeverfahrens im Mordfall *Monika Weimar/ Böttcher* verstärkt in den Blickpunkt der bundesdeutschen Öffentlichkeit:[562]

---

[557] In diese Richtung auch *Heinze*, FS Stree und Wessels, S. 951 (954).

[558] Vgl. *Otto*, in: *Eppenstein*, Die Rolle des Verbrechensopfers in den Medien, S. 99 (101; 116).

[559] Journalistische Information, S. 134.

[560] Journalistische Recherche, S. 191.

[561] *Tillmanns*, FS Schweizer, S. 227 (247).

[562] Zu den Hintergründen des Falles siehe auch *Hamm*, Große Strafprozesse, S. 53 ff.; 108 ff.; aus der Presse etwa *Roggenkamp*, in: DIE ZEIT v. 7. 6. 1996, S. 59 ("Große Story, großes Geld");

Der Fall zählt zu den bekanntesten Strafverfahren der letzten Jahrzehnte. Am 7. August 1986 wurden die beiden 7 und 5 Jahre alten Schwestern Melanie und Carola Weimar in der Nähe ihres Elternhauses erdrosselt aufgefunden. Die polizeilichen Ermittlungen ergaben sehr bald, daß nur die Mutter oder der Vater als Täter in Betracht kamen, wobei aufgrund der zerrütteten ehelichen Verhältnisse eine gemeinsame Tatbegehung unwahrscheinlich erschien. Ende August 1986 wurde zunächst Monika Weimar, anschließend auch ihr Ehemann unter Mordverdacht festgenommen. Daraufhin kamen beide zunächst wieder frei, bevor Monika Weimar schließlich Ende Oktober erneut festgenommen, angeklagt und Anfang Januar 1988 vom LG Fulda zu einer lebenslangen Freiheitsstrafe verurteilt wurde. Die gegen das Urteil beim BGH eingelegte Revision blieb ebenso wie eine darauffolgende Verfassungsbeschwerde ohne Erfolg.

"Der Fall Weimar" wurde von Anbeginn von einem großen Medienaufgebot verfolgt, bot er doch hinreichend Stoff für eine spannende "Realty"-Kriminalgeschichte in mehreren Akten: Der vor Gericht ausgetragene Kampf zweier Eheleute, die sich gegenseitig des kaltblütigen Mordes an den beiden gemeinsamen Töchtern bezichtigen; eine Mutter, die mit ihrem Liebhaber, einem amerikanischen Soldaten, ein neues Leben beginnen wollte und ihre eigenen Kinder umgebracht haben könnte, weil diese in der neuen Beziehung keinen Platz gehabt hätten und dem verhaßten Gatten mißgönnt wurden; ein Vater schließlich, der seine Frau für ihre Abwendung von der Familie mit der Tötung der gemeinsamen Kinder bestraft und sie nun durch das eigene Bestreiten in einen falschen Mordverdacht gebracht haben könnte.

Als Frau Weimar (die inzwischen wieder ihren Mädchennamen Böttcher angenommen hatte) nach einer Geldquelle suchte, um das kostspielige Wiederaufnahmeverfahren, das sie seit 1992 betrieb, finanzieren zu können, bot sich denn auch rasch eine entsprechende Möglichkeit. Auf Vorschlag ihres Verteidigers schloß sie mit der Zeitschrift STERN Anfang 1994 einen Exklusivvertrag, in welchem sie gemeinsam mit diesem die Verpflichtung einging, "die STERN-Redaktion exklusiv und bestmöglich über das Wiederaufnahmeverfahren laufend [zu] unterrichten und dabei den Wünschen der Redaktion [zu] entsprechen, soweit im Einzelfall nicht Gründe des Wiederaufnahmeverfahrens entgegenstehen." Zu den ver-

---

Kahlweit, in: SZ v. 5./6. 10. 1996, S. 24 ("Schuldspruch mit dem Scheckheft"); vgl. auch *Holzhaider*, in: SZ v. 27. 11. 1997, S. 4 ("Strafprozeß im Griff der Medien") zur Exklusivberichterstattung im Mordfall *Kim Kerkow*.

traglichen Pflichten gehörte dabei unter anderem "ein Exklusivinterview, in dem Frau Böttcher über ihren Fall, ihr Leben und ihre Zukunftspläne berichtet" sowie "Fotos und Videoaufnahmen, für die sich Frau Böttcher nach erhoffter Haftentlassung zur Verfügung stellen wird." Im Gegenzug verpflichtete sich der STERN, an die Beklagte zu Händen ihres Verteidigers ein Informationshonorar in Höhe von insgesamt 80.000 DM zuzüglich Mehrwertsteuer zu zahlen.[563] Der Vertrag wurde daraufhin solange ordnungsgemäß erfüllt, bis das OLG Frankfurt mit Beschluß vom 4. Dezember 1995 – wider aller Erwartungen – die Wiederaufnahme des Strafverfahrens anordnete und Frau Böttcher aus der Haft entlassen wurde. Als der Anwalt daraufhin mit lukrativen Offerten für Interviews mit seiner Mandantin geradezu überschüttet wurde,[564] war diese für den STERN plötzlich nicht mehr zu erreichen. Frau Böttcher wurde schließlich – nachdem die BILD AM SONNTAG ein Interview mit ihr veröffentlicht hatte – auf entsprechende Klage des STERN in zweiter Instanz vom OLG Frankfurt a.M. zur Zahlung von 200.000 DM Schadensersatz wegen Nichterfüllung der Verpflichtungen aus dem Exklusivvertrag verurteilt.[565]

Frau Böttcher war jedoch keineswegs die einzige, die aus dem Wettstreit der Redaktionen ihren finanziellen Nutzen zu ziehen suchte: So erkaufte sich DER SPIEGEL für einen fünfstelligen Betrag, den er an den Rechtsvertreter des Nebenklägers *Reinhard Weimar* überwies, das Recht, fortan Akteneinsicht nehmen und die daraus gewonnenen Erkenntnisse für seine Beiträge verwenden zu können. Schließlich bezahlte SPIEGEL-TV für eine vierstündige Befragung des ehemaligen Geliebten von Monika Weimar, *Kevin Pratt*, 10.000 Dollar. Knapp vier Minuten Originalton des Interviews wurden im September 1996 gesendet – sechs Monate vor Pratts Auftritt als Zeuge im Gerichtsverfahren.[566]

Derartige Geschäfte sind für die beteiligten Medienorgane äußerst reizvoll. Die prozessuale Aufarbeitung von Verbrechen zieht seit jeher das Publikum geradezu magisch an. Wegen der Regelung des § 169 S. 2 GVG ist es den Medien jedoch nicht möglich, den Sensationshunger der Öffentlichkeit durch eine direkte, unmit-

---

563 Einzelheiten des Vertrages können dem Tatbestand des Urteils OLG Hamburg ZUM-RD 98, 116 ff. - "STERN/BILD" entnommen werden.

564 Unter anderem wurden vom Springer-Verlag und vom TV-Sender RTL für ein Zeitungsinterview bzw. eine Fernsehreportage insgesamt 350.000 DM geboten, siehe OLG Frankfurt a.M. ZUM-RD 98, 277 (284) -"STERN/Böttcher".

565 OLG Frankfurt a.M. ZUM-RD 98, 277 ff. - "STERN/Böttcher".

566 *Tillmanns*, FS Schweizer, S. 227 (234); *Quoirin* DRiZ 97, 185 f.

telbar aus dem Gerichtssaal heraus erfolgende Berichterstattung zu stillen.[567] Der Abschluß entsprechender Verträge erlaubt es ihnen hier, den Zusehern oder Lesern die Ansichten und Einlassungen der einzelnen Prozeßbeteiligten bereits vorab und in ansprechender Aufmachung zu präsentieren. Die Gerichtsverhandlung wird so zumindest teilweise aus dem Verhandlungssaal heraus- und zeitlich vorverlagert.[568] Das Verhältnis des auf diese Weise geschaffenen öffentlichen Nebenforums zum staatlichen Gerichtsverfahren ist freilich nicht unproblematisch. Es liegt auf der Hand, daß die betroffenen Informanten versucht sein können, über ihren Vertragspartner oder gar gemeinsam mit diesem Einfluß auf den bevorstehenden Prozeß zu nehmen. Aber auch wo es an einer intendierten Einflußnahme fehlt, ist zumindest die Möglichkeit nicht auszuschließen, daß durch die vertragliche Bindung des Informanten bzw. die noch vor Abschluß des laufenden Verfahrens erfolgende Veröffentlichung eines Exklusivinterviews die gerichtliche Wahrheitsfindung und damit ein zentrales Ziel des Strafverfahrens beeinträchtigt wird. Die von der vorprozessualen Einbindung der Verfahrensbeteiligten in die Berichterstattung der Medien ausgehenden Gefahren werden auch von den davon berührten Standesvertretungen erkannt. So findet man in den Richtlinien des Deutschen Presserates zur Gerichtsberichterstattung etwa folgende Aussage:

> *" Aufgabe der Gerichtsberichterstattung ist es, der Öffentlichkeit durch eine sorgfältige und unparteiische Darstellung eine vorurteilsfreie Unterrichtung zu ermöglichen. Die Presse soll deshalb vor Beginn oder während der Dauer eines Gerichtsverfahrens (...) nichts veröffentlichen, was die Unbefangenheit der am Verfahren beteiligten Personen oder die freie Entscheidung des Gerichts zu beeinträchtigen imstande ist. (...) Der Deutsche Presserat appelliert an die Presse, die Veröffentlichung von Äußerungen Prozeßbeteiligter vor einer Vernehmung vor dem erkennenden Gericht zu unterlassen."*[569]

Standesethische Bedenken bestehen aber auch aus Sicht der Verteidiger, unter deren Vermittlung entsprechende Vereinbarungen mit den Beschuldigten regelmäßig

---

567 Auf welches immense Interesse eine unmittelbare Gerichtsberichterstattung auch in Deutschland zu stoßen vermag, zeigte sich erst unlängst wieder anläßlich der von den Sendern RTL und SAT 1 (unter der Überschrift: "Der Rosenkrieg") vorgenommenen Live-Übertragung des in Florida eingeleiteten Scheidungsverfahrens des ehemaligen Tennisstars *Boris Becker*.

568 *Nothelle* AfP 85, 18: "Tatsächlich drängt sich gelegentlich der Eindruck auf, vor und während der Hauptverhandlung werde der eigentliche Prozeß in den Medien durchgeführt"; vgl. auch *Schaefer* NJW 96, 496 f. zur vorprozessualen Erörterung des Steuerstrafverfahrens gegen *Peter Graf* mit den Verfahrensbeteiligten im Rahmen einer Talkshow.

569 Richtlinie Nr. 27 in der Fassung vom 31. Dezember 1977, veröffentlicht im Jahrbuch 1978, S. 83 f. Die Richtlinie findet man in dieser Form allerdings nicht mehr in der gegenwärtigen Fassung der Presserichtlinien.

zustande kommen und zu deren Finanzierung die ausgehandelten Informationshonorare zumeist auch verwendet werden. Die "Thesen zur Strafverteidigung"[570] des Strafrechtsausschusses der Bundesrechtsanwaltskammer aus dem Jahre 1992 beschäftigen sich unter dem Abschnitt VIII "Zum Umgang mit den Medien" insbesondere in These 60 mit diesem Problem. Darin heißt es:

> *(1) Die "Vermarktung" der Straftat (durch den Beschuldigten) ist nicht Aufgabe der Verteidigung. Sie kann zu den Interessen der Verteidigung im Widerspruch stehen. Der Verteidiger soll im Regelfall nicht an einer solchen "Vermarktung" mitwirken.*
> *(2) Ist die Unterrichtung der Medien den Zwecken der Verteidigung dienlich und bieten die Medien für Informationen des Beschuldigten eine Geldzahlung (oder einen sonstigen Vermögenswert) an, darf der Verteidiger mit Einwilligung des Mandanten über ein solches Angebot verhandeln oder ein Angebot annehmen, wenn er zuvor den Mandanten über die möglichen Auswirkungen einer Medienveröffentlichung unterrichtet hat und wenn er alles unterläßt, was geeignet ist, ihn in den Vordergrund zu stellen.*

Noch weit kritischer als von der Bundesrechtsanwaltskammer werden solche Vereinbarungen von *Dahs*[571] bewertet, der als einer der wenigen Autoren zu diesem Themenbereich eine berufsethische Position bezieht: "Die Übernahme des Honorars durch die Presse gegen die Veröffentlichung der 'Story' des Mandanten ist ein besonderes Problem. Die Entgegennahme der Zahlung einer Zeitung ist zwar nicht unzulässig, wenn die Verhandlungen und die Informationen durch den Klienten oder Dritte erfolgen. Der Verteidiger sollte jedoch an einer solchen Publikation nicht mitwirken. Das gilt auch dann, wenn ihm für den Abschluß des Vertrages mit der Zeitung oder Zeitschrift ein gesonderter zivilrechtlicher Auftrag erteilt wird. Das Interesse der Presse geht ausnahmslos dahin, das Schicksal des Beschuldigten unter Sensationsgesichtspunkten 'auszuschlachten'. Je 'reißerischer' die Story, desto höher der Preis! Dies ist für eine sachgerechte, an den Interessen des Mandanten orientierte Verteidigung in der Regel kontraproduktiv. Es ist vorgekommen, daß ein Verteidiger, der dem Gericht in der Hauptverhandlung sein Verteidigungskonzept darlegte, die Antwort erhielt: 'Die Einlassung ihres Mandanten und ihre Verteidigungsargumentation haben wir schon der illustrierten Presse entnommen.'"

---

570 Thesen zur Strafverteidigung, S. 90.
571 Handbuch des Strafverteidigers, RN 1192.

Auch in dieser Fallgruppe stellt sich somit die Frage, inwieweit sich die standesethischen Bedenken, welche hinsichtlich der Vereinbarung von Exklusivverträgen im Zusammenhang mit noch nicht abgeschlossenen Strafprozessen bestehen, auf die zivilrechtliche Wirksamkeit derartiger Vereinbarungen auswirken. Besondere Schwierigkeiten ergeben sich dabei aus dem Umstand, daß man sich hier im Schnittpunkt von Strafprozeßrecht, Verfassungsrecht und Zivilrecht befindet. Um entsprechende Abreden zwischen den Medien und den einzelnen Informanten auf ihre Vereinbarkeit mit § 138 BGB hin beurteilen zu können, bedarf es deshalb zunächst einer näheren Analyse der aus den jeweiligen Vereinbarungen für die Durchführung eines fairen Strafverfahren erwachsenden Gefahren.

A. Das Recht auf ein faires Verfahren

Bei dem Gedanken des fairen Verfahrens oder "fair trials" handelt es sich um einen dem anglo-amerikanischen Rechtskreis entspringenden Strafverfahrensgrundsatz, der in der StPO zwar keinen ausdrücklichen Niederschlag gefunden hat, nach der Rechtsprechung[572] und der herrschenden Literaturmeinung[573] aber gleichwohl auch im deutschen Strafprozeßrecht als ungeschriebener Verfahrensgrundsatz seine Wirkung entfaltet. Obgleich in Art. 6 I 1 MRK[574] positivrechtlich verbrieft, wird für seine Herleitung und Verankerung in erster Linie auf die Verfassung und hier insbesondere auf das Rechtsstaatsprinzip und die Freiheitsrechte rekurriert.[575] Eine einheitliche und präzise Beschreibung von Inhalt, Umfang und Stoßrichtung des Fairneßgedankens hat sich bislang als äußerst schwierig erwiesen. Er wird funktional zum Teil als Auslegungsmaxime für die Anwendung einfachen Prozeßrechts,[576] zum Teil auch als Anspruch des Beschuldigten auf ein am rechtsstaatlichen Standard orientierten Verfahrens interpretiert.[577] Inhaltlich wird der Begriff zumeist als strafprozessuale Ausprägung des Treu und Glauben-Gedankens ver-

---

572 Etwa BGHSt 24, 125 (131); 38, 214 (220); BVerfGE 26, 66 (71); 57, 250 (275); 62, 338 (246).

573 Statt vieler *Steiner*, Das Fairneßprinzip im Strafprozeß, S. 93 ff. m. w. Nachw.

574 Nach der deutschen Fassung des Art. 6 I 1 MRK hat jedermann zwar nur den Anspruch, daß seine Sache "in billiger Weise" gehört wird; es besteht in der Literatur jedoch keinen Zweifel daran, daß Art. 6 I 1 entsprechend der englischen Textversion ("right to a fair hearing") der Sache nach als Recht auf einen "fair trial" zu verstehen ist, siehe *Heubel*, Der "fair trial"- ein Grundsatz des Strafverfahrens ?, S. 34.

575 Statt vieler BVerfGE 46, 325 (334); BGHSt 24, 125 (131); *Roxin*, Strafverfahrensrecht, § 11 RN 9, der darüberhinaus auch das Sozialstaatsprinzip fruchtbar macht.

576 *Steiner*, Das Fairneßprinzip im Strafprozeß, S. 140 ff.; *Roxin*, Strafverfahrensrecht, § 11 Rn 11 m. w. Nachw.

577 BGHSt 24, 125 (131); vgl. auch *Geppert* Jura 92, 597 (599).

standen und insoweit versucht, ihm durch die Herausbildung von Fallgruppen zu schärferen Konturen zu verhelfen.[578] Allgemein läßt sich formulieren, daß der im Begriff des fairen Verfahrens zum Ausdruck kommende Sinngehalt die Durchführung eines in größtmöglicher Weise an den Gedanken der Gerechtigkeit und Rechtsstaatlichkeit orientierten Verfahrens gebietet, das namentlich dem Beschuldigten die Chance einräumen soll, sich bestmöglichst zu verteidigen. Der Angeklagte soll sich gerade auch im Hinblick auf prozeßbegleitende Publizistik darauf verlassen dürfen, die Entscheidung eines Gerichts zu erhalten, das frei von sachfremden äußeren Einflüssen sowie von Voreingenommenheit gegen seine Person ist und dessen Urteil nur auf solchen Tatsachen beruht, die in der Beweisaufnahme unter Beachtung der Verfahrensordnung beigebracht wurden.[579]

B. Exklusivverträge mit Zeugen

I. Auswirkungen auf die Glaubwürdigkeit des Informanten

Erheblichen Schwierigkeiten kann die Durchführung eines fairen Verfahrens insbesondere in den Fällen ausgesetzt sein, wo Zeugen noch während eines schwebenden Verfahrens für eine Veröffentlichung unter Vertrag genommen werden. Besonders naheliegend sind die von dieser Praxis ausgehenden Gefahren, wenn – wie im Falle *Kevin Pratts* – die von dem Zeugen in einem Presse- oder Fernsehinterview getätigten Äußerungen zum Tatgeschehen noch *vor seiner gerichtlichen Vernehmung* publiziert werden. Denn derartige "erste Vernehmungen" durch die Medien finden zumeist unter Umständen statt, die dem von der StPO zur Ermittlung der materiellen Wahrheit vorgezeichneten Weg nicht entsprechen und demgemäß einer präzisen Aussage auch nicht unbedingt förderlich sind: Ohne Wahrheitspflicht und Eideszwang unterhält sich der Zeuge in zwangloser Atmosphäre mit den in Vernehmungen ungeschulten Reportern, denen oftmals mehr an einer gut verkäuflichen Geschichte als an einer genauen Darstellung der Ereignisse liegt. Dabei kann es leicht passieren, daß sich der Zeuge – sei es aus bloßer Großmannssucht, sei es, weil er durch ungeschickte Suggestivfragen beeinflußt wurde – dazu hinreißen läßt, ihnen mehr und anderes zu erzählen, als er eigentlich vor Gericht verantworten kann, und sich dann in der Hauptverhandlung davor scheut, von seiner ersten Version der Ereignisse abzurücken, weil er anderenfalls einen

---

578 *Geppert* Jura 92, 597 (599 ff.).

579 Vgl. *Stürner* JZ 80,1 (4); *ders.*, Einflußnahme auf schwebende Verfahren, S. 179 f. u. 188 ff.; *Braun*, Medienberichterstattung über Strafverfahren, S. 15.

Ansehensverlust in der Öffentlichkeit zu befürchten hat. Bekundungen derartiger Zeugen vor Gericht müssen deshalb fast zwangsläufig erheblich an Glaubhaftigkeit einbüßen, unabhängig davon, ob die geschilderten Befürchtungen im konkreten Fall auch tatsächlich begründet waren oder nicht.[580]

Die prozessuale Wahrheitsfindung kann aber auch bereits dann in Mitleidenschaft gezogen werden, wenn der Zeuge während des schwebenden Verfahrens nur unter Vertrag genommen wird und das vereinbarte Interview *erst nach Prozeßbeendigung* geführt und publiziert werden soll. Eine ausführliche Veröffentlichung und damit ein finanzielles Engagement macht für das betroffene Medium in diesen Fällen nämlich zumeist nur dann einen Sinn, wenn das Verfahren auch mit einer Verurteilung des Beschuldigten endet und man dem Publikum einen Täter zur verhandelten Straftat präsentieren kann. Für den schwebenden Prozeß bedeutet dies aber, daß der Zeuge ein handfestes wirtschaftliches Interesse an der Verurteilung des Beschuldigten hat, seine Unbefangenheit und Glaubwürdigkeit somit zumindest in Frage gestellt werden muß.[581] Welche geradezu grotesken Züge der "Zeugenkauf" durch die Medien dabei annehmen kann, zeigen in eindringlicher Weise die von den britischen Medien anläßlich des Prozesses gegen *Rosemary West* getätigten Geschäfte:[582]

"Der Fall *West*" ging als eines der spektakulärsten Strafverfahren in die Annalen der britischen Kriminalgeschichte ein. Rosemary West war 1995 wegen der Ermordung von zehn Mädchen und jungen Frauen in Gloucester angeklagt. Obwohl ihr mitverdächtigter Ehemann *Frederick*, der sich vor Beginn der Hauptverhand-

---

580 LG Hamburg, Juristische Praxis 67, 21; *Bornkamm*, Pressefreiheit und Fairneß des Verfahrens, S. 215 f.; *Wagner*, Strafprozeßführung über Medien, S. 68 f.; *Geerds*, FS Oehler, S. 423 (431).

581 Zum Problem des "scheckbuchbeflügelten Bekenntnisdrangs" mancher Zeugen siehe *Quoirin* DRiZ 97, 185.

582 Der sog. Scheckbuch-Journalismus ist freilich kein neuartiges Phänomen, wie ein von *Bornkamm*, Pressefreiheit und Fairneß des Strafverfahrens, S. 51 ff. geschilderter, ebenfalls aus England stammender Fall aus dem Jahre 1966 belegt: Im sogenannten "Moors Murder Trial" wurde den beiden Angeklagten zur Last gelegt, drei grauenvolle Morde begangen und zwei ihrer Opfer im Moor vergraben zu haben. Der mit einer der Angeklagten verschwägerte Hauptbelastungszeuge behauptete, bei einem der Morde dabei gewesen zu sein. In der Hauptverhandlung stellte sich allerdings heraus, daß dieser Zeuge mit der Boulevardzeitung *News of the World* einen Exklusivvertrag abgeschlossen hatte und bereits wöchentliche Zahlungen erhielt. Nach dem Prozeß sollte – gegen Zahlung einer weiteren erheblichen Geldsumme – sein Name für eine Artikelserie über den Fall verwendet werden. Da die geplante Veröffentlichung rechtlich jedoch nur nach einer Verurteilung möglich gewesen wäre und die Honorarzahlung an den Zeugen – wie dieser im Prozeß zugeben mußte – auch hiervon abhängig gemacht worden war, war seine Glaubwürdigkeit freilich massiv in Frage gestellt.

lung in seiner Zelle das Leben nahm, alle Taten allein auf sich genommen hatte, wurde sie von den Geschworenen des Mordes für schuldig befunden. Während des Verfahrens wurde sie von zahlreichen Zeugen belastet, die allerdings, wie sich herausstellte, im Hinblick auf spätere[583] Veröffentlichungen bereits von diversen Presseunternehmen unter Vertrag genommen worden waren. In einem Artikel vom 23.11.1995 listet die TIMES die Personen auf, die ihre Geschichte an die Medien vermarktet hatten:[584]

- *Liz Brewer*, eine ehemalige Mieterin im Hause der Wests, hatte einen Exklusivvertrag im Umfang von insgesamt £ 10.000 mit einer Sonntagszeitung abgeschlossen. Sie sollte über das Leben im Hause berichten.
- Die Stieftochter *Anne Marie Davis*, eine der Hauptbelastungszeugen, die im Prozeß ausgesagt hatte, daß sie von ihren Eltern seit ihrem achten Lebensjahr mißbraucht wurde, erhielt £ 3.000 vom *Daily Star*; für eine spätere Buchveröffentlichung waren ihr zudem £ 70.000 zugesagt worden.
- *Kathryn Halliday*, die eine sexuelle Affäre mit Frau West hatte, wurden £ 8.000 vom *Sunday Mirror* bezahlt.
- Eine nur unter dem Namen "Miss A" bekannte Zeugin sollte £ 30.000 dafür erhalten, daß sie der Zeitung berichtete, wie sie von den Wests mißbraucht wurde.
- *Caroline Owens*, die vor über zwanzig Jahren von den Wests sexuell genötigt wurde, schloß im Umfang von insgesamt £ 20.000 einen Vertrag mit *The Sun* und mußte deshalb ein späteres Angebot vom *Sunday Mirror* in Höhe von £ 50.000 ablehnen.
- *Elizabeth Agius*, eine ehemalige Nachbarin der Wests, die ausgesagt hatte, die Wests hätten ihr gegenüber damit geprahlt, im Auto nach jungen Mädchen Ausschau zu halten, gab zu, £ 750 von ITV News und denselben Betrag von der BBC für ein Interview erhalten zu haben.
- *Janet Leach*, die ausgesagt hatte, Frederick West hätte ihr vor seinem Selbstmord unter vier Augen gestanden, daß er mit seiner Aussage nur seine Frau zu decken gedenke, hatte die Exklusivrechte an ihrer Story für £ 100.000 an die *Mir-*

---

[583] Aufgrund des im englischen Rechtskreis bestehenden Rechtsinstituts des *contempt of court* ist es den Medien bei Strafe untersagt, während eines anhängigen Verfahrens Interviews mit Zeugen zu veröffentlichen, welche ein "erhebliches Risiko für eine ernsthafte Beeinträchtigung des Prozesses" schaffen würden. Interviews, die sich nicht auf einfache, im Verfahren unstreitige Tatsachen beschränken, dürfen daher erst nach Beendigung des Verfahrens publiziert werden, siehe *Braun*, Medienberichterstattung über Strafverfahren, S. 12 f.; 22 f.; 36 f.

[584] THE TIMES vom 23.11.1995, S. 4 ("Questions raised over witnesses who sold their tales"); zu dem Fall auch *Braun*, Medienberichterstattung über Strafverfahren, S.135 ff.

ror-Gruppe verkauft. Sie mußte später zugeben, daß sie während der Beweisaufnahme gelogen hatte.[585]

Wie nicht anders zu erwarten, legte die Verteidigung bei ihrem Plädoyer großen Wert auf die Feststellung, daß angesichts des finanziellen Interesses, welches das Gros der Zeugen am Ausgang des Verfahrens hegte, kein faires Verfahren möglich gewesen sei, womit sie allerdings angesichts der erdrückenden Beweislage nicht durchzudringen vermochte. Gleichwohl läßt der Fall West erahnen, welche erheblichen Schwierigkeiten dem Strafverfahren durch derartige Geschäfte zwischen Zeugen und Medienorganen bereitet werden können.

II. Sonstige Auswirkungen auf den Strafprozeß

Die mit der Veröffentlichung präprozessualer Interviews einhergehenden Probleme erschöpfen sich jedoch nicht nur in der Beeinträchtigung der inneren Unabhängigkeit und Überzeugungskraft der jeweils zu Wort kommenden Zeugen. Derlei in den Medien getätigte Aussagen eines Zeugen drohen sich vielmehr noch in zweierlei Hinsicht auf die Durchführung eines rechtsstaatlichen Strafverfahrens auszuwirken: Zum einen kann die Schilderung des Ablaufs einer Straftat durch einen Augenzeugen die Erinnerung anderer Augenzeugen an das Geschehen, mithin also die Zuverlässigkeit ihrer Aussagen, beeinflussen (hierzu 1.). Zum anderen beinhalten Vorab-Interviews die Gefahr, die richterliche Neutralität und Unvoreingenommenheit zu trüben, indem sie etwa den Eindruck der erwiesenen (Un-) Schuld des Angeklagten erwecken (hierzu 2.). Das Grundproblem, das sich in diesem Zusammenhang jedoch stellt, ist das weitgehende Fehlen empirischer Erkenntnisse über die Auswirkungen von Medienberichten auf das Prozeßverhalten der Beteiligten des Strafverfahrens.[586] Die hierzu im juristischen Schrifttum und in der Rechtsprechung vorgebrachten Stellungnahmen kommen deshalb gezwunge-

---

585 Die Liste der Verfahrensbeteiligten, die Absprachen mit den Medien zur Vermarktung ihrer Informationen gemacht hatten, ist damit jedoch noch keineswegs erschöpft. Unter anderem bot auch der ehemalige Anwalt von Frederick West den Medien seine Story für £ 1.000.000 an. Als Gegenleistung offerierte er Bänder mit Aufnahmen von Interviews mit seinem Mandanten in einer Länge von insgesamt 20 Stunden sowie Fotos und Videoaufnahmen, die Rosemary West beim Geschlechtsverkehr mit diversen Partnern zeigten. Gegen ihn wurden später standesrechtliche Schritte eingeleitet.

586 Vgl. *Jahn*, Der Einfluß der Medien auf das Strafverfahren aus gesetzgeberischer Sicht, S. 5 (6 f.).

nermaßen über allgemeine Erfahrungssätze, Vermutungen und unbelegte "Alltagstheorien"[587] nicht hinaus.

1. Auswirkungen auf die Glaubwürdigkeit der anderen Zeugen

Die Gefahr, daß eine vor der Hauptverhandlung in den Medien getätigte Aussage eines Zeugen die Zuverlässigkeit der Aussagen der anderen Zeugen beeinträchtigen könnte, erscheint allerdings recht naheliegend, zumal es in der Literatur nicht an Exempeln mangelt, welche auf eine Beeinflußbarkeit von Zeugenaussagen durch prozeßbegleitende Medienberichte schließen lassen. So berichtet etwa *Wagner*[588] von entsprechenden Erfahrungen, die ein am Prozeß um die aufsehenerregende Entführung des Industriellen *Richard Oetker* beteiligter Verteidiger mit einem der Hauptbelastungszeugen machen mußte: In einer Wechselstube des Bahnhofs Kufstein (Österreich) hatte ein Kunde registrierte Geldscheine aus der Oetker-Entführung eingetauscht. Bei einer ersten polizeilichen Gegenüberstellung hatte der Wechselstubenangestellte den Beschuldigten nicht erkannt. Darauf hatte er mehrere Bilder des mutmaßlichen Oetker-Entführers in der Zeitung gesehen. Die Reproduktion eines von einem österreichischen Fotografen geschossenen Bildes war so schlecht, daß der Eindruck entstand, der Beschuldigte hätte eine Warze. Bei einer zweiten Vernehmung meinte der amtliche Geldwechsler den Beschuldigten dann erkannt zu haben. Bei dieser Version blieb er in der Hauptverhandlung. Dort behauptete er, daß der Mann mit den registrierten Geldscheinen "irgendwas im Gesicht, so einen Punkt, so eine Warze gehabt" hätte. Als der Beschuldigte ihn darauf bat, sein Gesicht näher anzuschauen, mußte der Zeuge zugeben, daß weder ein Punkt noch eine Warze sein Gesicht verunzierte. Ganz offenbar war der Zeuge von dem Zeitungsfoto verwirrt worden. Gleichwohl wurde seiner Aussage im Indizienprozeß ein hoher Stellenwert beigemessen.[589]

Wie dieses Beispiel verdeutlicht, steht eine Beeinflussung des Strafverfahrens nicht nur bei der Veröffentlichung von *Interviews* mit Prozeßbeteiligten zu be-

---

[587] *Stürner* JZ 78, 161 (164).

[588] Strafprozeßführung über Medien, S. 67 f.

[589] Leicht zu durchschauen war die Beeinflussung von Zeugenaussagen auch in einem von *Peters*, Fehlerquellen, S. 291, 394, geschilderten Fall: Zwei Tatzeugen eines Bankraubes hatten den Beschuldigten auf Bildvorlagen nicht wiedererkannt. Nachdem in der Lokalzeitung ein Bild des Beschuldigten mit dem Begleittext erschienen war, es handele sich um den gesuchten Bankräuber, meinten die beiden Zeugen bei einer Gegenüberstellung den Beschuldigten doch wiederzuerkennen. In der Hauptverhandlung blieben sie bei ihrer Aussage. Der Beschuldigte wurde daraufhin verurteilt und erst im wiederaufgenommenen Verfahren freigesprochen, nachdem man den wahren Täter, der dem Beschuldigten kaum ähnlich sah, gefaßt hatte.

fürchten. Die Gefahr besteht vielmehr ganz allgemein bei prozeßbegleitender, insbesondere bei tendenziöser Berichterstattung. Allerdings geht von dem Bericht einer unmittelbar am Tatgeschehen beteiligten Person in besonderem Maße die Gefahr aus, daß andere Zeugen ihre eigenen Erinnerungen an die tatsächlichen Vorgänge unbewußt und unkontrolliert mit dieser Aussage verwechseln oder verquicken. Der strafverfahrensrechtliche Versuch, eben dieser spezifischen Manipulationsgefahr zu begegnen, indem gemäß § 58 StPO die Zeugen "einzeln und in Abwesenheit der später zu hörenden Zeugen zu vernehmen" sind, wird durch derartige Medienpublikationen weitgehend seiner Wirkung beraubt.[590] Ob und inwieweit mit der Veröffentlichung eines Zeugeninterviews in concreto auch wirklich ein manipulierender Effekt einhergeht, wird man dabei in der Regel freilich nur vermuten und nicht beweisen können. Allerdings reicht diese Vermutung bereits aus, um den Wahrheitserforschungsprozeß nachhaltig zu beeinträchtigen. Denn bereits der bloße Verdacht, ein Zeuge sei durch die publizierte Aussage eines anderen Zeugen suggestiv beeinflußt worden, schränkt die Glaubhaftigkeit seiner eigenen Aussage erheblich ein.[591]

2. Auswirkungen auf die richterliche Wahrheits- und Entscheidungsfindung

Unterschiedliche Auffassungen werden vor allem hinsichtlich der Frage vertreten, ob bzw. inwieweit sich Interviews und Berichte in den Medien auf die richterliche Wahrheits- und Entscheidungsfindung auszuwirken vermögen. Während im juristischen Schrifttum die Gefahr richterlicher Beeinflußbarkeit fast einhellig anerkannt wird,[592] steht die Rechtsprechung auf dem Standpunkt, daß Berufsrichter aufgrund ihrer Ausbildung und Erfahrung über die Fähigkeit verfügen, die Wirkung von Medienberichten zu neutralisieren und sich nur von dem Ergebnis der Hauptverhandlung leiten zu lassen. Aber auch bei Schöffen sei kein Grund gegeben, eine Beeinträchtigung ihrer Unvoreingenommenheit aufgrund entsprechender Veröffentlichungen zu besorgen. "Die Tatsache, daß ein Laienrichter das Ergebnis vorwegnehmende Presseveröffentlichungen über den Verfahrensgegenstand gelesen hat, kann für sich allein kein Mißtrauen gegen seine Unparteilichkeit rechtfer-

590 *Gössel*, in: *Dölling u.a.*, Kriminalberichterstattung in der Tagespresse, S. 1 (11).

591 *Bornkamm*, Pressefreiheit und Fairneß des Strafverfahrens, S. 215.

592 *Hamm*, Große Strafprozesse, S. 64 ff.; *Gössel* in: *Dölling u.a.*, Kriminalberichterstattung in der Tagespresse, S. 1 (10 f.); *Weiler* ZRP 95, 130 (132); *Geerds*, FS Oehler, S. 423 (432); *Braun*, Medienberichterstattung über Strafverfahren, S. 56; *Bornkamm*, Pressefreiheit und Fairneß des Strafverfahrens, S. 217; *Stürner* JZ 78, 161 (164); *ders.* JZ 80, 1 (4).

tigen.".[593] Es sei vielmehr davon auszugehen, "daß auch der Laienrichter seine Pflicht, solchen Einwirkungen keinen Einfluß zu gewähren und seine Überzeugungen ausschließlich aufgrund der Hauptverhandlung zu gewinnen, kennt und beachtet."[594]

Dieses erklärte Vertrauen in die intellektuellen Möglichkeiten eines Laienrichters steht freilich im Widerspruch zu Entscheidungen, in denen die Grundsätze der Unmittelbarkeit und Mündlichkeit des Verfahrens als verletzt angesehen werden, wenn ein Laienrichter während der Hauptverhandlung Einsicht in die Anklageschrift nehmen konnte. In diesen Fällen wird nämlich argumentiert, daß beim Schöffen anders als beim Berufsrichter die Gefahr bestehe, daß er die aus der Anklageschrift erlangten Informationen bei der Entscheidungsfindung bewußt oder unbewußt mit einfließen und sich somit nicht allein vom Ergebnis der Hauptverhandlung leiten lasse.[595] Der BGH gelangt somit zu dem fragwürdigen Ergebnis, daß der Schöffe, der die Anklageschrift gelesen hat, als voreingenommen gilt, während bei dem Schöffen, der den gleichen Inhalt oder noch viel mehr aus den Printmedien erfahren hat, davon ausgegangen wird, daß er seine Überzeugung ganz unbefangen allein aus der Hauptverhandlung zu gewinnen versteht.[596]

Zwar fehlt es auch hinsichtlich der Frage, ob und inwiefern sich präprozessuale Interviews von Zeugen auf die richterliche Neutralität und Unvoreingenommenheit auszuwirken vermögen, an hinreichend[597] gesicherten empirischen Erkenntnissen. Wenn aber in spektakulären Strafverfahren wie etwa dem Indizienprozeß um den Solinger Brandanschlag vom 29. Mai 1993, bei dem fünf türkische Mädchen und Frauen zu Tode kamen, die Mutter eines Beschuldigten sich erst mit

---

593 BGHSt 22, 289; vgl. auch OLG Frankfurt ZUM-RD 98, 277 (282) - "STERN/Böttcher: "Bei nüchterner Betrachtung [ist] kein plausibler Grund ersichtlich, inwieweit die Möglichkeit, daß auch der "Stern" sich von der Unschuld der Beklagten überzeugt habe, in irgendeiner Weise Einfluß auf die Entscheidungsfindung eines (...) unabhängigen Gerichts und damit negative Auswirkungen auf das Wiederaufnahmeverfahren haben könnte."

594 BGHSt 22, 289 (294).

595 RGSt 69, 120 (124); BGHSt 13, 73 (75); vgl. auch BGH MDR 73, 19; NJW 87, 1209.

596 Ausführlich zu dieser widersprüchlichen Rechtsprechung *Bornkamm*, Pressefreiheit und Fairneß des Strafverfahrens, S. 210 ff.; *Braun*, Medienberichterstattung über Strafverfahren, S. 50 ff.

597 Bei einer Umfrage von *Ionescu*, Kriminalberichterstattung in der Tagespresse, S. 149 ff., gab die Hälfte der befragten Richter an, daß sie eine Richterbeeinflussung durch die Presseberichterstattung in Einzelfällen für möglich halten. Allerdings wurden insgesamt nur zehn Richter befragt. Zudem setzen derartige Befragungen voraus, daß sich die Befragten richtig einzuschätzen vermögen, was freilich hinsichtlich unbewußter Beeinflussungen kaum möglich sein wird. Siehe auch *dies.*, in: *Dölling u.a.*, Kriminalberichterstattung in der Tagespresse, S. 45 (72).

15.000 DM für ein Exklusivinterview entlohnen läßt, um sich dann im Prozeß auf ihr Aussageverweigerungsrecht zu berufen, der Vater eines weiteren Angeklagten gegenüber einem Pressevertreter bekennt, daß sein Sohn ihm das schreckliche Verbrechen gestanden habe und sich später vor Gericht ebenfalls in Schweigen hüllt,[598] dann wird man – auch in Bezug auf Berufsrichter[599] – nur schwerlich die Möglichkeit einer Beeinträchtigung völlig von Hand weisen können, zumal auch die eigenen Erfahrungswerte von Richtern in diese Richtung deuten.[600] Es erscheint deshalb berechtigt, davon auszugehen, daß derartige Äußerungen die gerichtliche Wahrheits- und Entscheidungsfindung zu beeinträchtigen zumindest in der Lage sind.[601]

C. Exklusivverträge mit Angeklagten

Wichtigstes "Objekt der Begierde" der Boulevardblätter und -sendungen bleiben freilich die Aussagen und Biographien der Täter aufsehenerregender Straftaten. Zu welchen Anstrengungen die Medien bereit sind, um in Sensationsprozessen noch vor Beginn der Hauptverhandlung exklusiv über und in Kooperation mit dem Beschuldigten berichten zu können, und zu welchen Mitteln bisweilen gegriffen wird, um den Wettlauf um die Information und den Informaten für sich zu entscheiden, haben *Wagner*[602] und *Hamm*[603] eindrucksvoll nachgezeichnet. Der Anstoß zur Vermarktung geht dabei keineswegs immer nur von den Journalisten aus. In vielen Fällen werden die ersten Schritte auch von den Strafverteidigern un-

598 Vgl. *Quoirin* DRiZ 1995, 115.

599 Insoweit zu Recht kritisch *Stürner* JZ 78, 161 (164): "Auch Berufsjuristen und Berufsrichter sind Menschen, und es muß doch die ganz nüchterne Frage gestellt werden, ob sich die übliche starke Differenzierung zwischen Berufsrichtern und Laien halten läßt."

600 *Ionescu*, Kriminalberichterstattung in der Tagespresse, S. 149 f.; *Gössel*, in: *Dölling u.a.*, Kriminalberichterstattung in der Tagespresse, S. 1 (10 f.); *Stürner* JZ 78, 161 (164); *ders.* JZ 80, 1 (4); vgl. auch *Wagner*, Strafprozeßführung über Medien, S. 87 ff.; *Quoirin*, DRiZ 95, 364; *Schreiber*, FS Jescheck, S. 757 (771).

601 Der Vorsitzende im ersten Prozeß gegen *Vera Brühne* hat sich sogar zu der Aussage hinreißen lassen, daß in spektakulären Verfahren der Verlust der richterlichen Unabhängigkeit derart weitgehend sei, daß "Sensationsprozesse heute nicht mehr von unabhängigen Gerichten, sondern von der Sensationspresse entschieden" würden, *Christ und Welt* vom 4.3.1966, S. 25.

602 Strafprozeßführung über Medien, S. 19 f. zur Strategie diverser Publikumszeitschriften beim Wettlauf um Sensationsstories; siehe auch S. 11 f. zum Interview mit dem in U-Haft sitzenden Fälscher der Hitler-Tagebücher *Konrad Kujau*.

603 *Hamm*, Große Strafprozesse, S. 24 ff. und S. 115 f. zum Erwerb des Exklusivinterviews mit dem Immobilienkaufmann und Großpleitier *Jürgen Schneider* durch die Zeitschrift FOCUS.

ternommen, wobei nicht selten ihre eigenen materiellen Interessen eine gewichtige Rolle spielen.[604]

Die Veräußerung und Vorabveröffentlichung der Lebensgeschichte und der Äußerungen des Beschuldigten ist aber oftmals auch Bestandteil einer ausgeklügelten Verteidigungsstrategie: Über einen handverlesenen, möglichst wohlgesonnenen Exklusivpartner erhofft man sich, den Informationsfluß über den Mandanten besser steuern und die öffentliche Meinung zu seinen Gunsten manipulieren zu können. Ziel der Verteidigung ist es dabei, ein für den Beschuldigten günstiges Klima zu schaffen, seine Person und seinen Charakter in einem vorteilhaften Licht erscheinen zu lassen sowie in der Öffentlichkeit Verständnis, Vertrauen und Sympathie für ihn zu wecken. Je nach Verfahrenssituation sollen daneben auch die prozessualen Widersacher in Diskredit gebracht bzw. ihrerseits belastet und unter Druck gesetzt werden. Anhand der über den Exklusivpartner veröffentlichten Meinung erhofft man sich mithin, auf die anderen Verfahrensbeteiligten, insbesondere die Richter, einwirken und auf diese Weise den Fort- und Ausgang des Strafverfahrens im Sinne des Angeklagten beeinflussen zu können.

Die Exklusivvermarktung von Biographien und anderen Prozeßmaterialien birgt aber auch erhebliche Gefahren für den Mandanten in sich. Derartige Geschäfte können mitunter geradezu das Gegenteil des ursprünglich intendierten Effekts bewirken. Bestes Anschauungsmaterial hierfür bietet die Vermarktung des Kriminalfalles *Marianne Bachmeier*, welche den triebkranken Mörder ihrer siebenjährigen Tochter Anna in einem Lübecker Gerichtssaal erschossen hatte. Um die Verteidigungskosten zu finanzieren, vor allem aber auch um die öffentliche Meinung mit Hilfe der Medien beeinflussen zu können, verkaufte sie gegen ein Honorar von 100.000 DM dem STERN ihre Lebensgeschichte bis zur Tat einschließlich aller Verwertungsrechte im In- und Ausland. Die Verteidigung behielt sich dabei lediglich das Recht vor, das Manuskript gegenzulesen und die ihrer Mandantin in den Mund gelegten Zitate gegenzuzeichnen.[605] Geplant war die Publikation einer STERN-Serie, die zwei Wochen vor dem ersten Verhandlungstag beginnen sollte, sowie ein STERN-Buch mit dem Titel "Annas Mutter", das am Tag der Urteils-

---

[604] Zur "PR-Sucht" und zum "Pfauenstolz" mancher Strafverteidiger siehe *Wagner*, Strafprozeßführung über Medien, S. 20 ff., wonach beim Abschluß von Informationsverträgen mitunter mündlich in Nebenabreden mit den Medienvertretern auch die Vereinbarung getroffen wird, daß der Verteidiger in dem Bericht mit Bild und Namen zu erscheinen hat und/oder als "Staranwalt" etc. zu bezeichnen ist.

[605] *Wagner*, Strafprozeßführung über Medien, S. 111.

verkündung auf dem Markt erscheinen sollte.[606] Da sich der Prozeßbeginn aber unerwartet um einige Wochen verzögerte, waren bis zum ersten Verhandlungstag bereits dreizehn Folgen der *Bachmeier*-Biographie erschienen;[607] "Annas Mutter" kam mitten während der Hauptverhandlung auf den Markt. Besonders ärgerlich für das dreiköpfige Anwaltsteam war dabei, daß der STERN eigentlich nur als Hintergrundinformation vorgesehene Briefe, deren anmaßender und selbstgerechter Inhalt mit dem sympathischen Bild, das die Verteidiger von Frau *Bachmeier* zu zeichnen beabsichtigt hatten, völlig unvereinbar war.[608] *Wagner*[609] zitiert darüberhinaus einen der Verteidiger *Bachmeiers*, nach dessen Ansicht durch den Ausschluß aller anderen Zeitungen von direkten Informationen bei den Konkurrenzmedien die Mißgunst gegenüber seiner Mandantin gewachsen sei, die Exklusivvermarktung mithin unfreiwillig auch die Tendenz anderer Blätter gefördert habe, anders zu berichten. BILD, BUNTE und QUICK hätten eine regelrechte Gegenkampagne inszeniert, etwa indem sie vorwiegend Interviews mit Frau *Bachmeier* offensichtlich nicht wohlgesonnenen Menschen publizierten.

Ob und inwieweit sich die Veräußerung der Lebensgeschichte der Beschuldigten auf den Prozeß, insbesondere auf das Urteil und Strafmaß auszuwirken vermochte, läßt sich im *Bachmeier*-Verfahren ebenso wie in anderen, gleichgelagerten Fällen wiederum nur vermuten und nicht beweisen. Der Versuch, über die Einräumung von Exklusivrechten an der Story des Beschuldigten mittelbar Einfluß auf die Verfahrensbeteiligten, vor allem auf die Schöffen und Berufsrichter, zu nehmen, ist jedoch ebensowenig von der Hand zu weisen wie die Gefahr, die hieraus für die Durchführung eines ordnungsgemäßen Straf-verfahrens erwächst, dessen Entscheidungsgrundlage nach dem Willen des Gesetzgebers allein die freie und

---

606 Das Buch wurde später zudem auch zu einem Kinofilm verarbeitet ("Annas Mutter", *Burkhard Driest*, BRD 1983).

607 STERN Heft Nr. 33-45 vom 12.8.82 bis 4.11.82.

608 So heißt es in einem der im STERN-Buch (*Gebhardt*, Annas Mutter, S. 234 f.) zitierten, von Frau *Bachmeier* an ihren Lebensgefährten adressierten Briefe unter anderem: "Was heißt hier 'Mörder'. Was habe ich denn schon Schlimmes gemacht ?! Sie sind nur sauer, weil ich ihnen ihr Opfer von der 'Schlachtbank' geschossen habe. Mich freut's. (...) Aber ich würde es immer wieder tun, und wenn ich letztendlich dabei draufgehen würde. (...) Was mir dabei zu schaffen macht, ist diese Scheiß-Justiz, die mich als Feind betrachtet, weil ich ihr Revier betrat. Aber die haben mich jetzt auch zum Feind, und als solcher bin ich durchaus gefährlich, das weißt Du ja auch schon. Und wo ich eh nichts zu verlieren habe, werde ich denen einen Kampf liefern, der in die Geschichte eingehen wird... Auf den Prozeß freue ich mich riesig, das wird 'ne Gaudi. Ich habe längst geschnallt, was in deren Rüben läuft. Aber die nicht, was in meiner. (...) Mein Gott, das wird kein fairer Kampf. Wir sind denen so haushoch überlegen, daß es schon fast keinen Spaß mehr macht, mit denen zu streiten."

609 Strafprozeßführung über Medien, S. 115.

aus dem Inbegriff der Verhandlung geschöpfte Überzeugung (vgl. § 261 StPO) des Gerichts sein sollte.

D. Bewertung

Als Quintessenz der bisherigen Erörterung läßt sich somit festhalten, daß die Vermarktung von Zitaten, persönlichen Unterlagen und der Lebensgeschichte von Zeugen und Beschuldigten ein nicht zu verleugnendes Gefahrenpotential für die gerichtliche Wahrheits- und Entscheidungsfindung und damit für die geordnete Strafrechtspflege in sich birgt. Aus dem Konflikt zwischen der rechtsgeschäftlichen Privatautonomie der Vertragspartner und dem Verfassungsprinzip des fairen Strafverfahrens kann freilich nicht ohne weiteres auf die Sittenwidrigkeit entsprechender Abreden geschlossen werden. Vielmehr gilt es auch hier, die kollidierenden Wertentscheidungen in einer Weise in Ausgleich zu bringen, die beide zu möglichst optimaler Wirksamkeit gelangen läßt. Dabei ist zunächst einmal zu beachten, daß es insoweit allein um die Frage geht, inwieweit eine *Vorab*-Vermarktung mit den "guten Sitten" zu vereinbaren ist. Eine *nach Verfahrensbeendigung* erfolgende Veräußerung von Informationen bleibt demgegenüber unangetastet: Sie vermag das schwebende Verfahren nicht zu beeinflussen und muß deshalb im Hinblick auf den Fairneßgrundsatz als uneingeschränkt zulässig angesehen werden. Im übrigen erscheint es sachgerecht, zu berücksichtigen, inwieweit die einzelnen Prozeßbeteiligten über ihre pekuniären Belange hinaus noch weitere, anerkennenswerte Interessen für sich geltend machen können. Dabei wird man zwischen der Exklusivvermarktung von Zeugen und Beschuldigten zu unterscheiden haben:

Bei *Zeugen* erscheint kein Grund ersichtlich, warum ihnen nicht zugemutet werden können sollte, entsprechende Vereinbarungen mit den Medien erst nach Prozeßende rechtswirksam zu begründen. Anders als beim öffentlich angeprangerten und von Strafe bedrohten Angeklagten besteht bei ihnen kein nachvollziehbares Interesse daran, sich noch während des laufenden Verfahrens über ein ihnen möglichst wohlgesonnenes Publikationsorgan an die Öffentlichkeit zu wenden und den öffentlichen Diskurs in eine gewünschte Richtung zu lenken.[610] Hinzu tritt, daß ihnen im Strafverfahren eine gänzlich unterschiedliche Funktion und Verpflichtung als dem Angeklagten zukommt. Denn im Gegensatz zu diesem sind sie verpflichtet, wahrheitsgemäß auszusagen und die Wahrheit ihrer Aussage auf Ver-

610 *Braun*, Medienberichterstattung über Strafverfahren, S. 195 f.

langen sogar zu beeiden (vgl. § 59 StPO).[611] Die ordnungsgemäße Erfüllung eben dieser Verpflichtung, der Wahrheitsfindung dienlich zu sein, wird aber – wie gesehen – gefährdet, wenn sie sich noch vor Abschluß des Hauptverfahrens qua exklusivvertraglicher Vereinbarung an ein Medium binden: Interviews oder Berichte, die noch während des schwebenden Verfahren in Kooperation mit einem Zeugen erstellt und durch Presse, Funk oder Fernsehen veröffentlicht werden, drohen die im Prozeß erfolgenden Aussagen festzulegen bzw. zu verfälschen und damit weitgehend zu entwerten. Wird ein Zeuge hingegen im Hinblick auf eine spätere Publikation nur unter Vertrag genommen, vermag sich dies auf seine Neutralität und Wahrheitstreue auszuwirken, so daß seine Glaubwürdigkeit zumindest in Zweifel gezogen werden muß. Bei Abwägung der widerstreitenden Interessen spricht hier deshalb viel dafür, vor Abschluß der Hauptverhandlung geschlossene Verträge zwischen Medien und Zeugen als sittenwidrig zu qualifizieren.

Anders liegt der Fall indes bei der Exklusivvermarktung der Äußerungen und der Geschichte des *Beschuldigten*. Zwar kann auch hier durch die veröffentlichte Meinung ein erheblicher Druck auf die übrigen Verfahrensbeteiligten – Richter, Zeugen, Sachverständige oder Staatsanwaltschaft – ausgeübt werden, der die Betroffenen dazu verleiten mag, sich in ihrem Prozeßverhalten mehr an den möglichen Reaktionen in der Öffentlichkeit als am Erfordernis der Wahrheitsfindung zu orientieren.[612] Im Gegensatz zum Zeugen ist der Angeklagte aber nicht der Wahrheitsfindung verpflichtet,[613] so daß seinen medialen Beteuerungen und Unterstellungen von vornherein weniger Gewicht beizumessen ist und von den Rezipienten im allgemeinen auch beigemessen wird. Zudem kann – wie im Falle *Bachmeier* – die Exklusivbelieferung eines Mediums mitunter auch ein entsprechendes Gegenecho bei den konkurrierenden Publikationsorganen erzeugen, so daß sich die einzelnen Stellungnahmen letztlich sogar gegenseitig zu neutralisieren vermögen.[614] Vor allem aber wird man dem Beschuldigten ein berechtigtes Interesse daran zubilligen müssen, dem negativen Bild, das aufgrund der Anklage und der damit einhergehenden Berichterstattung von ihm in der Öffentlichkeit entstanden sein mag, auch öffentlich entgegenzutreten. Nicht zuletzt auch weil die bei reißerischen Boulevardkampagnen theoretisch bestehende Verteidigungsalternative, zivilrechtlich gegen die Beeinträchtigung der eigenen Rechte und Interessen vor-

611 Vgl. *Roxin*, Strafverfahrensrecht, § 26 RN 12 ff.

612 *Gössel*, in: *Dölling u.a.*, Kriminalberichterstattung in der Tagespresse, S. 1 (10 f.).

613 *Roxin*, Strafverfahrensrecht, § 25 RN 9.

614 *Braun*, Medienberichterstattung über Strafverfahren, S. 194 f.

zugehen, sich oftmals als stumpfes Schwert erweist,[615] ist es nachgerade verständlich und im Sinne des Gedankens der Waffengleichheit, wenn der Beschuldigte sich noch während des laufenden Verfahrens gegen den unvorteilhaften Eindruck von seiner Person und den damit verbundenen sozialen und prozessualen Konsequenzen mit gleichen Mitteln, d.h. über ein ihm geneigtes Medium, zur Wehr zu setzen sucht. Dabei kann es im Einzelfall freilich auch passieren, daß die bewirkte Veröffentlichung seine Prozeßchancen verschlechtert, sei es, weil – wie im Falle *Bachmeier* – die Tendenz eines Berichtes mit den Erwartungen des Angeklagten überraschenderweise nicht übereinstimmt, sei es, weil er (oder der Verteidiger[616]) seine Verteidigungsinteressen allein deshalb vernachlässigt, um sich wenigstens einmal im öffentlichen Rampenlicht sonnen zu können.

Anders als bei der Exklusivvermarktung von Zeugengeschichten steht den – hier zudem weniger stark ausgeprägten – Gefahren für den Prozeß damit ein korrespondierendes und anerkennenswertes Interesse des Betroffenen gegenüber. Letztlich wird man deshalb auch während des laufenden Verfahrens abgeschlossene Informationsverträge zwischen dem Beschuldigten und den Medien als rechtswirksam zu betrachten haben, zumal auch bei einer späteren Verurteilung der mit der Vermarktung erzielte Betrag nur in den wenigsten Fällen im Vermögen des Straftäters verbleiben wird.[617]

---

[615] Vgl. *Weiler* ZRP 95, 130 (133) m. w. Nachw., der insoweit auf die oftmals faktisch kontraproduktive Wirkung von Gegendarstellungen und andere Nachteile für Ehrgeschädigte hinweist.

[616] Zum Problem der Eigenwerbung von Verteidigern in Sensationsprozessen siehe auch *Geerds*, FS Oehler, S. 423 (430).

[617] Siehe hierzu obige (§ 15) Ausführungen zum OASG.

4. Kapitel Rechtliche Durchsetzbarkeit des Exklusivvertrages

Aufgabe des Exklusivvertrages ist es, dem exklusivberechtigten Medium einen publizistischen Vorsprung vor der Konkurrenz zu verschaffen. Da es sich bei den Printmedien, TV-Anstalten und Filmproduktionsfirmen um Wirtschaftsunternehmen mit Gewinnerzielungsabsicht handelt, hat der Exklusivvertrag darüberhinaus aber auch (und vor allem) eine wirtschaftliche Dimension. Der Rechtserwerber erwartet, daß sich die mit der Erlangung der Ausschließlichkeitsposition verbundenen, zumeist nicht unerheblichen Investitionskosten über den mit einer Exklusivdarstellung regelmäßig einhergehenden Kunden- und Imagezuwachs wieder amortisieren. Dafür ist es freilich erforderlich, daß die Konkurrenz die teuer erkaufte Exklusivstellung nicht durch eine eigene Parallelveröffentlichung wieder zunichte macht. Für den Rechtserwerber ist es deshalb wichtig zu wissen, inwiefern die anderen Wettbewerber die zwischen ihm und dem Informanten geschlossene Exklusivvereinbarung zu respektieren haben bzw. welcher rechtlicher Instrumentarien er sich zur Verteidigung der erworbenen Rechtsposition bedienen kann. Neben den allgemeinen zivilrechtlichen Rechtsgrundlagen kommen insoweit insbesondere die Vorschriften des Wettbewerbsrechts in Betracht, wobei es für die Rechtsansprüche des exklusivberechtigten Mediums von weichenstellender Bedeutung ist, ob die angestrebte eigene Publikation noch bevorsteht (§ 17) oder bereits erfolgt ist (§ 18).

§ 17 Rechtswirkungen des Exklusivvertrages vor der Erstveröffentlichung der exklusivgesicherten Informationen durch das vertraglich berechtigte Medium

A. Nach Wettbewerbsrecht

Sofern eine konkurrierende Darstellung eines anderen Publikationsorgans als unlautere Wettbewerbshandlung zu beurteilen ist, steht dem exklusivberechtigten Medium gemäß § 1 UWG die Möglichkeit offen, einen vorbeugenden Unterlassungs- bzw. einen Schadensersatzanspruch geltend zu machen. Dies setzt allerdings zunächst voraus, daß die in Rede stehende Veröffentlichung überhaupt eine Wettbewerbshandlung im Rechtssinne, also ein "zu Zwecken des Wettbewerbs" erfolgendes "Handeln im geschäftlichen Verkehr" darstellt.

I. Handeln im geschäftlichen Verkehr

Zum "Handeln im geschäftlichen Verkehr" zählt jede wirtschaftliche Betätigung im weitesten Sinne. Aufgabe dieses Tatbestandsmerkmals ist es, rein private oder rein hoheitliche Tätigkeiten vom Anwendungsbereich des UWG auszuklammern.[618] Medienveröffentlichungen sind deshalb selbst dann zu den Betätigungen "im geschäftlichen Verkehr" zu zählen, wenn das publizierende Medium eine öffentlich-rechtliche Rundfunkanstalt ist. Denn obwohl die öffentlich-rechtlichen Anstalten nach der Rechtsprechung des BVerfG mit ihrer Sendetätigkeit eine öffentliche Aufgabe wahrnehmen,[619] macht dies ihr Handeln noch nicht zu einer dem Wettbewerbsrecht entzogenen, rein hoheitlichen Tätigkeit. Mit ihrem Sendeangebot partizipieren sie vielmehr genauso wie die privatrechtlich organisierte Konkurrenz am allgemeinen geschäftlichen Wettstreit der Sendeunternehmen um Zuschauer und werbetreibende Unternehmen. Dementsprechend hatten sie bislang auch keine Vorbehalte, sich selbst gegenüber den privaten Anbietern auf die wettbewerbsrechtlichen Vorschriften zu berufen.[620] Auf die öffentlich-rechtliche oder privatrechtliche Organisationsform eines Publikationsorgans kommt es somit nicht an.[621]

II. Handeln zu Zwecken des Wettbewerbs

Bei dem Tatbestandsmerkmal "Handeln zu Zwecken des Wettbewerbs" ist nach ständiger Rechtsprechung[622] zwischen objektiven und subjektiven Voraussetzungen zu unterscheiden. Eine Publikationstätigkeit ist danach nur dann als wettbewerbsrechtlich relevantes Verhalten zu beurteilen, wenn sie nicht nur objektiv geeignet ist, die Marktchancen des publizierenden Mediums zu Ungunsten eines Mitkonkurrenten zu verbessern, sondern darüberhinaus auch von einer entsprechenden Absicht getragen wird.[623]

Die erste Bedingung wird man bei der von einem Mitbewerber durchgeführten Veröffentlichung einer Geschichte, die bereits Gegenstand eines Exklusivvertra-

---

618 *Baumbach/Hefermehl*, Wettbewerbsrecht, Einl. UWG RN 208.

619 Vgl. BVerfGE 7, 99 (104); 14, 121 (130); 31, 314 (329).

620 So etwa in BGHZ 37, 1 (14 ff.) - "AKI"; 68, 132 (136 ff.) - "Der 7. Sinn".

621 *Lerche/Ulmer*, Kurzberichterstattung, S. 78 f.; *Roth* AfP 89, 515 (517) m. w. Nachw.

622 BGHZ 3, 270 (277) - "Constanze I"; BGH GRUR 86, 898 (899) - "Frank der Tat"; 89, 430 - "Krankentransportbestellung" m. w. Nachw.

623 Statt aller siehe *Baumbach/Hefermehl*, Wettbewerbsrecht, Einl. UWG RN 214 f., 232 m. w. Nachw.

ges ist, unproblematisch bejahen können: Denn mit der Erstpublikation der in Rede stehenden Informationen nimmt das Konkurrenzorgan gerade die prestige- und finanzträchtige Position des "publizistischen Siegers" im Wettstreit um die Nachricht für sich in Anspruch, welche der Exklusivvereinbarung zufolge eigentlich dem exklusivberechtigten Medium zuge-dacht war. Ein derartiges Vorgehen ist ohne weiteres geeignet, den journalistischen und damit auch ökonomischen Erfolg des veröffentlichenden Organs auf Kosten des Mitbewerbers zu fördern.

Zweifel hegen könnte man allerdings hinsichtlich des Vorliegens der subjektiven Voraussetzungen: Zwar greift beim Bestehen eines objektiv wettbewerbsfördernden Verhaltens prinzipiell eine tatsächliche Vermutung für eine auch dahingehende Wettbewerbsabsicht ein.[624] Angesichts der meinungsbildenden Aufgabe der Massenmedien wendet der Bundesgerichtshof jedoch in verfassungskonformer Interpretation des § 1 UWG diese Vermutung auf Medienäußerungen nicht an.[625] Da Medienbeiträge nämlich in zahlreichen Fällen geeignet sind, sich auf die bestehenden Wettbewerbsverhältnisse auszuwirken, würde eine uneingeschränkte Anwendung der strengen Wettbewerbsregeln auf die Berichterstattungstätigkeit der Medien nur zu einer übermäßigen Behinderung bei der Erfüllung ihrer im Grundgesetz verankerten Aufgabe führen. Soweit ein Medium im Rahmen seines durch Art. 5 I GG geschützten Funktionsbereichs, d.h. im Rahmen seiner redaktionellen Berichterstattung handelt, muß die erforderliche Wettbewerbsförderungsabsicht deshalb vielmehr anhand der jeweils gegebenen Umstände konkret festgestellt werden. Die Wettbewerbsabsicht braucht dabei jedoch nicht das alleinige Motiv für die fragliche Handlung zu sein. Es reicht im Gegenteil sogar bereits aus, wenn sie hinter sonstigen Beweggründen nicht völlig zurücktritt.[626] Angesichts dessen spricht viel dafür, hinsichtlich der für Exklusivabreden in Betracht kommenden Publikationen eine Wettbewerbsförderungsabsicht in aller Regel zu bejahen. Denn derartige personenbezogenen Hintergrundberichte und -interviews bezwecken fraglos nicht allein die nachrichtenmäßige Information der Bevölkerung; vielmehr dienen sie auch – wenn nicht sogar in erster Linie – als besonderer (Kauf-)Anreiz und "Lockvogel" für die Rezipienten und somit als Mittel des jeweils publizierenden Mediums zur Erhöhung des eigenen Marktanteils.[627]

---

[624] *Baumbach/Hefermehl*, Wettbewerbsrecht, Einl. UWG RN 235 m. w. Nachw.

[625] BGH GRUR 68, 314 (316) - "fix und clever"; 86, 812 (813) - "Gastrokritiker".

[626] Std. Rspr.: BGHZ 3, 270 (277) - Constanze I"; 14, 163 (170 f.) - "Constanze II"; BGH WRP 96, 1099 (1100) - "Testfotos II".

[627] Mitunter wird auch vorgeschlagen, nur solche Medienbeiträge am Wettbewerbsrecht zu messen, bei denen die Unterhaltung und nicht die Information im Mittelpunkt steht, siehe *Urek*, Exklusivvereinbarungen, S. 128 f. m. w. Nachw. Abgesehen davon, daß eine derartige Trennung bei vielen Themenbereichen kaum eindeutig durchführbar erscheint, ist sie aber auch mit Art. 5 I

III. Wettbewerbswidriges Handeln

Für die Beurteilung, ob eine in den sachlichen und zeitlichen Geltungsbereich eines Exklusivvertrages fallende Veröffentlichung eines Konkurrenzorgans einen Unterlassungs- oder Schadensersatzanspruch nach § 1 UWG auslöst, ist entscheidend, ob ein Verstoß gegen die "guten Sitten" festgestellt werden kann. Es ist deshalb von Bedeutung, wie der Begriff der "guten Sitten" in § 1 UWG zu verstehen ist. Dabei darf nicht außer acht gelassen werden, daß sich § 1 UWG sowohl hinsichtlich seines Regelungs*gegenstandes* als auch hinsichtlich seines Regelungs*zwecks* von § 138 BGB unterscheidet: Während bei § 138 BGB die Vereinbarkeit eines Rechtsgeschäfts mit den grundlegenden Wertungen der herrschenden Rechts- und Sozialordnung auf dem Prüfstand steht, geht es bei § 1 UWG darum, ob eine Wettbewerbshandlung mit dem Schutzzweck des Wettbewerbsrechts kompatibel ist. Die "guten Sitten" sind deshalb funktionsbezogen zu interpretieren: Geschützt werden die guten Sitten des Wettbewerbs.[628] Die wettbewerbsrechtliche Anstößigkeit eines Verhaltens muß sich damit nach Kriterien bestimmen, die auf den Wettbewerb bezogen sind. Eine Orientierung an allgemeinen ethischen Moralvorstellungen scheidet deshalb von vornherein aus, weshalb ein Verhalten, das im außerwettbewerblichen Bereich nicht als sittenwidrig betrachtet würde, als Wettbewerbshandlung sehr wohl mit den guten Sitten des Leistungswettbewerb unverträglich sein kann. [629]

Um den Begriff der "guten Sitten" besser handhabbar zu machen, haben Rechtsprechung und Literatur Fallgruppen gebildet, die der Erfassung des fraglichen Wettbewerbsverhaltens dienen.[630] Für die hier vorliegende Konstellation einer konkurrierenden Medienveröffentlichung ist dabei insbesondere die sog. "Rechtsbruch" - Fallgruppe von Bedeutung. Diese Gruppe zeichnet sich dadurch aus, daß sich ein Wettbewerber über die durch Gesetz, Vertrag oder sonstige Bindungen festgelegten Wettbewerbsbedingungen hinwegsetzt, an die sich seine Mitbewerber

---

GG, der informative und unterhaltende Medienbeiträge gleichermaßen erfaßt, nicht in Einklang zu bringen (siehe hierzu bereits oben, § 7 B II 2). Vom Wettbewerbsrecht auszuklammern haben wird man deshalb lediglich solche Beiträge, bei denen Wettbewerbsförderungsgedanken – wenn überhaupt – nur eine völlig untergeordnete Rolle spielen. Für die insoweit erforderliche Gesamtbetrachtung wird es dabei vor allem auf die jeweilige Präsentationsform und -länge, aber auch auf den persönlichkeitsrechtlichen Bezug der veröffentlichten Informationen ankommen.

628 *Speckmann*, Wettbewerbsrecht, RN 357 f.

629 *Baumbach/Hefermehl*, Wettbewerbsrecht, Einl. UWG RN 69, § 1 UWG RN 610.

630 Vgl. *Baumbach/Hefermehl*, Wettbewerbsrecht, Einl. UWG RN 158 ff.; *Speckmann*, Wettbewerbsrecht, RN 361.

halten.[631] Da das UWG den Wettbewerb und die lauteren Sitten im Wettbewerb schützen will, bedeutet aber nicht jeder Rechtsverstoß auch automatisch einen Wettbewerbsverstoß. Nur wenn die Verletzung einer Verhaltenspflicht einen spezifischen Bezug zum Wettbewerb hat, weil sie dem Werbenden einen Vorsprung vor den rechtstreuen Mitbewerbern gibt oder von ihm bewußt zur Förderung des eigenen Wettbewerbs begangen und genutzt wird, ist sie sittenwidrig im Sinne von § 1 UWG.[632]

Bei der Beurteilung einer Konkurrenzveröffentlichung müssen im wesentlichen zwei Fallgestaltungen unterschieden werden: Zum einen kann es sein, daß die Publikation unter Beteiligung des – damit vertragsbrüchig gewordenen – Informanten zustande gekommen ist (hierzu 1.). Möglich ist zum anderen aber auch, daß sich das Konkurrenzorgan die erforderlichen Unterlagen und Informationen durch eigene Recherche oder durch Ankauf von Dritten beschafft hat, die Veröffentlichung mithin ohne Zutun des – sich in diesem Fall vertragsgetreu verhaltenden – Informanten erstellt wurde. Eine Wettbewerbswidrigkeit kann sich hier unter dem Gesichtspunkt der wettbewerbsrechtlich relevanten Verletzung einer außervertraglichen Bindung ergeben (hierzu 2.).

1. Beurteilung bei vertragswidrigem Verhalten des Informanten

Wenn ein Informant gegen die vereinbarte Exklusivitätsklausel verstößt, indem er die Darstellung eines Mitbewerbers autorisiert oder sich sogar aktiv durch die Mitwirkung an Interviews, Film- und Fotoaufnahmen an ihr beteiligt, ist er seinem Vertragspartner nach allgemeinem Vertragsrecht zum Ersatz des entstandenen Schadens verpflichtet. Die Rechtsfolgen eines derartigen Vertragsbruchs müssen aber keineswegs auf die Parteien des Exklusivvertrages beschränkt bleiben: Aufgrund der relativen Natur schuldrechtlicher Verträge können Dritte von den Rechtswirkungen eines Vertrages, an dem sie nicht als Vertragspartei beteiligt sind, zwar nicht nachteilig getroffen werden. Das bedeutet aber nicht, daß ein Vertragsbruch eines Vertragspartners keine deliktsrechtlichen Ansprüche gegen den Außenstehenden nach sich ziehen kann, wenn sich dieser in anstößiger Weise an dem Vertragsbruch beteiligt hat. Ein derartiger Einbruch in eine Vertragsbeziehung zu Zwecken des Wettbewerbs kann vielmehr mit den "guten Sitten" des Lei-

---

631 *Baumbach/Hefermehl*, Wettbewerbsrecht, § 1 UWG RN 608; *Speckmann*, Wettbewerbsrecht, RN 782 ff.

632 Gloy-*Jacobs/Hasselblatt*, Wettbewerbsrecht, § 47 RN 1.

stungswettbewerbs unvereinbar sein und den Einbrechenden damit den Rechtsfolgen des § 1 UWG unterwerfen.[633]

Bei der insoweit erforderlichen Einzelfallbetrachtung kommt es allerdings auf den jeweiligen Beteiligungsgrad des Mitbewerbers an: Dabei ist grundsätzlich danach zu differenzieren, ob der Mitbewerber (bzw. ein von ihm beauftragter Dritter) den Informanten zu dem vertragswidrigem Verhalten *veranlaßt* hat, die Initiative zum Vertragsbruch also von seiner Seite ausging (hierzu a)), oder ob er ein nicht auf seinen Anstoß zurückgehendes, vertragswidriges Angebot des Informanten lediglich *ausgenutzt* hat (hierzu b)). Notwendige Voraussetzung ist in beiden Konstellationen freilich das Bestehen einer rechtsgültigen vertraglichen Bindung des Informanten. Sofern deshalb eine Exklusivvereinbarung nach den oben (§§ 13-16) erörterten Grundsätzen wegen Verstoßes gegen § 138 BGB keine Rechtswirksamkeit entfaltet, ist für die Tatbestände der Verleitung zum Vertragsbruch oder der Ausnutzung eines fremden Vertragsbruchs von vornherein kein Raum.

Erwägenswert ist abschließend auch noch die Frage, ob sich die Sittenwidrigkeit einer Konkurrenzveröffentlichung auch unter dem Gesichtspunkt der Verletzung einer verbindlichen Standesauffassung, d.h. unabhängig von der dem Mitbewerber konkret vorzuwerfenden Einwirkungshandlung, ergeben kann (hierzu c)).

a) Verleitung zum Vertragsbruch

Tritt ein Mitbewerber oder ein von ihm beauftragter Dritter gezielt an den Informanten heran und verleitet diesen zu einem Vertragsbruch, indem er ihm beispielsweise die Zahlung einer deutlich höheren Summe als der im Exklusivvertrag vereinbarten und/oder die Übernahme einer bei einem vertragswidrigen Verhalten drohenden Vertragsstrafe verspricht, begründet dies bereits für sich den Vorwurf sittenwidrigen Verhaltens im Wettbewerb im Sinne des § 1 UWG.[634] Die Ausschließlichkeitsklausel des Exklusivvertrages stellt eine Hauptleistungs- und damit eine der wesentlichen Vertragspflichten dar, auf deren Verletzung der Mitbewerber nicht hinwirken darf.[635]

---

633 *Baumbach/Hefermehl*, Wettbewerbsrecht, § 1 UWG RN 696.

634 Vgl. *Speckmann*, Wettbewerbsrecht, RN 832; BGH WRP 97, 1176 (1177) - "Automatenaufsteller", jeweils m. w. Nachw.

635 *Urek*, Exklusivvereinbarungen, S. 13; *Baumbach/Hefermehl*, Wettbewerbsrecht, § 1 UWG RN 700.

Für das den Schadensersatz- bzw. Unterlassungsanspruch begründende Verhalten macht es dabei keinen Unterschied, ob der Mitbewerber unmittelbar an den Informanten herantritt oder aber mit diesem gar keinen direkten Kontakt aufnimmt, sondern sich die gewünschten Auskünfte und Materialien ausschließlich von dessen Rechtsbeistand besorgt. Denn da dieser aufgrund seiner anwaltlichen Schweigepflicht rechtlich außerstande ist, ohne vorherige Autorisation irgendwelche mandantenbezogene Informationen an die Medien weiterzuleiten, muß sich der Informant dessen Verhalten in aller Regel auch rechtlich zurechnen lassen. Ein sittenwidriges Verleiten zum Vertragsbruch kann deshalb auch dann gegeben sein, wenn der Mitbewerber den in dem Exklusivvertrag gar nicht namentlich einbezogenen Rechtsbeistand zur Preisgabe vertragsgegenständlicher Informationen veranlaßt.[636]

Für das exklusivberechtigte Medium wird es jedoch oftmals schwierig nachzuweisen sein, von wem die Initiative für den Vertragsbruch ausgegangen ist. Hier stellt sich dann die Frage, ob ein Verstoß gegen § 1 UWG auch zu bejahen ist, wenn der Mitbewerber lediglich eine vertragsbrüchige Offerte des Informanten zu seinen Gunsten ausgenutzt hat.

b) Ausnutzung eines fremden Vertragsbruchs

Das bloße Ausnutzen eines fremden Vertragsbruchs erfüllt, auch wenn es zu Zwecken des Wettbewerbs geschieht, für sich genommen noch nicht den Tatbestand des § 1 UWG.[637] Dieser Rechtsansicht liegt der Gedanke zugrunde, daß die schuldrechtliche Bindung zwischen den Partnern des Exklusivvertrages Dritten gegenüber prinzipiell keine rechtlichen Wirkungen zu entfalten vermag, und daß die Annahme eines Wettbewerbsverstoßes schon bei einem bloßen Ausnutzen eines fremden Vertragsbruchs zu einer unerwünschten Verdinglichung schuldrechtlicher Verpflichtungen führen würde.[638] Anders als bei der Fallgruppe "Verleitung zum Vertragsbruch" müssen deshalb nach feststehender Rechtsprechung[639] erst noch *besondere Umstände* hinzutreten, die das Vorgehen des Konkurrenten unlauter erscheinen lassen. Dabei zeigt sich bei genauer Betrachtung recht schnell, daß allein die Tatsache, daß der gebrochene Vertrag eine Exklusivitätsklausel enthält,

---

636 So auch OLG Hamburg ZUM-RD 98, 116 (120) - "STERN/BILD".

637 Allgemein zu dem Aspekt der Ausnutzung eines fremden Vertragsbruchs zu wettbewerblichen Zwecken siehe *Baumbach/Hefermehl*, Wettbewerbsrecht, § 1 UWG RN 703 ff.

638 BGH WRP 99, 1022 (1025) - "Außenseiteranspruch".

639 Etwa BGH GRUR 56, 273 (275) - "Drahtverschluß"; 69, 474 (475) - "Bierbezug I"; 76, 372 (374) - "Möbelentwürfe"; 91, 449 (453) - "Betriebssystem"; WRP 99, 1022 (1025)- "Außenseiteranspruch".

hierfür noch nicht ausreichend sein kann:[640] Denn der Tatbestand der Ausnutzung eines fremden Vertragsbruchs ist ohnedies allein bei Verträgen vorstellbar, die den Ausschluß Dritter bezwecken und somit eine Exklusivität zwischen den Vertragspartnern begründen.[641] Dementsprechend wird es beispielsweise auch nicht bereits als per se wettbewerbswidrig angesehen, wenn ein Konkurrent nur den Umstand ausnutzt, daß ein Arbeitnehmer unter Bruch seines Arbeitsvertrages – und damit unter Verletzung seiner Verpflichtung, ausschließlich seinem Arbeitgeber zur Verfügung zu stehen – den Arbeitgeber wechseln oder daß ein Gastwirt unter Verletzung der Exklusivitätsklausel seines Bierbezugsvertrages sich von einer anderen Brauerei beliefern lassen möchte.[642]

Das entscheidende Wertungsmoment ergibt sich hier vielmehr aus der spezifischen Funktion medienrechtlicher Exklusivverträge und den daraus resultierenden, besonderen Konsequenzen eines vertragsbrüchigen Verhaltens: Exklusivinterviews mit allseits bekannten Persönlichkeiten und Exklusivberichte über aufsehenerregende Ereignisse stellen für die betroffenen Medienorgane nämlich nicht nur ein Mittel zur einmaligen Steigerung ihrer Auflagenstärke oder Einschaltquote, sondern vor allem auch einen bedeutenden imagehebenden Faktor von bleibender Bedeutung dar. Es sind nicht zuletzt die über das normale Alltagsgeschäft hinausgehenden publizistischen Erfolge einer Zeitschrift oder Sendung, wie die exklusive Enthüllung einer spektakulären Neuigkeit oder die erstmalige Veröffentlichung bisher unbekannter Lebensaspekte und Äußerungen einer zeitgeschichtlichen Persönlichkeit, welche in der Erinnerung der Konsumenten haften bleiben und damit das Renommee und die längerfristigen Marktperspektiven dieses Mediums in wesentlichem Maße mitzubestimmen in der Lage sind. In vielen Fällen erhofft man sich auch, aufgrund der durch die Exklusivbeziehung zu einem geeigneten Prominenten angedeuteten Nähe- und Vertrauensbeziehung die diesem anhaftenden positiven Attribute (etwa: besonders glaubwürdig oder sympathisch), zu einem gewissen Teil auf das publizierende Organ übertragen zu können.[643] Ein auf diese Weise erzielter Imagegewinn läßt sich kaum mit einem bestimmten Geldbetrag beziffern. Im Gegensatz zu dem durch den Bierbezug bei einer frem-

---

640 So aber *Baumbach/Hefermehl*, Wettbewerbsrecht, § 1 UWG RN 705, wonach schon die Existenz einer Ausschließlichkeitsvereinbarung in der Regel als hinreichender "besonderer Umstand" zu beurteilen sein soll.

641 So richtig *Nordemann*, Anm. zu Schulze OLGZ 163 - "Vera Brühne I", S. 11 (12).

642 *Nordemann*, Anm. zu Schulze OLGZ 163 - "Vera Brühne I", S. 11 (12); *Speckmann*, Wettbewerbsrecht, RN 549; *Baumbach/Hefermehl*, Wettbewerbsrecht, RN 585 und 600; BGH GRUR 57, 219 (221) - "Bierbezugsvertrag".

643 Etwa bei regelmäßigen Kolumnen und Kommentaren bestimmter Prominenter in einem Medium.

den Brauerei oder dem durch den Ausfall eines vertragsbrüchig gewordenen Mitarbeiters entstehenden Vermögensschaden ist der über den Verlust einer vorübergehenden Marktquotensteigerung hinausgehende Nachteil, welcher einem Medium durch die Publikation einer journalistischen Exklusivinformation durch einen Mitbewerber entsteht, über die §§ 249 ff. BGB damit nicht liquidierbar. Der besondere, zu einem Sittenwidrigkeitsverdikt führende Umstand liegt bei dem Bruch einer medienrechtlichen Ausschließlichkeitsvereinbarung mit anderen Worten darin, daß dem exklusivberechtigten Medium eine besondere Marktchance zunichte gemacht wird, ohne ihm über den Schadensersatzanspruch gegen den Informanten einen angemessenen Ausgleich zu ermöglichen.[644] Wer zum eigenen Nutzen und zum Schaden eines Mitbewerbers Verträge mit einem Informanten abschließt, der bereits durch eine Ausschließlichkeitsklausel gebunden ist, macht sich deshalb zum Komplizen des fremden Vertragsbruchs und handelt somit wettbewerbswidrig, wenn ihm das vertragswidrige Verhalten des Informanten bewußt ist oder er aber zumindest damit rechnet und in Kauf nimmt, dessen Vertragsbruch für sich geschäftlich auszunutzen.[645]

c) Respektierung von Exklusivvereinbarungen als verbindlich Standesauffassung ?

Die Veröffentlichung eines unter Mitwirkung eines vertragsbrüchigen Exklusivinformanten zustande gekommenen Berichts oder Interviews könnte schließlich auch unter dem Gesichtspunkt der Verletzung einer Standesauffassung als sittenwidrig zu beurteilen sein.[646] Wie bei § 138 BGB ist allerdings auch im Rahmen des § 1 UWG nicht jede Verletzung einer Standes- oder Berufsauffassung automatisch auch als Sittenverstoß zu bewerten. Erforderlich ist insoweit vielmehr, daß es sich um eine anerkannte, d.h. einheit-lich befolgte und gefestigte Standes- oder Berufsüberzeugung handelt, der ein solches Gewicht zukommt, daß ihre Mißachtung auch vom Standpunkt der Allgemeinheit aus zu mißbilligen ist.[647]

---

644 *Nordemann*, Anm. zu Schulze OLGZ 163 - "Vera Brühne I", S. 11 (13).

645 So im Ergebnis auch OLG Hamburg ZUM-RD 98, 116 (118 f.) - "STERN/BILD"; ähnlich *Baumbach/Hefermehl*, Wettbewerbsrecht, § 1 UWG RN 703, 705 m. w. Nachw., die diese Aussage freilich zu Unrecht pauschal auf alle Ausschließlichkeitsvereinbarungen beziehen; a.A. *Paschke*, Medienrecht, RN 315 a.E. und *Soehring* RN 7.58 a.E., beide allerdings ohne nähere Begründung.

646 Allgemein zur wettbewerblichen Bedeutung der Verletzung von Standes- und Berufsüberzeugungen *Baumbach/Hefermehl*, Wettbewerbsrecht, § 1 UWG RN 673 ff.; Gloy-*Jacobs/Hasselblatt*, Wettbewerbsrecht, § 48 RN 1 ff., jeweils m. w. Nachw.

647 BGH GRUR 69, 474 (476) - "Bierbezug I".

Von einer derartigen allgemeinen Standesauffassung, derzufolge Exklusivvereinbarungen von der Konkurrenz zu respektieren sind, ist – zumindest für den Sektor der Printmedien – das LG Hamburg[648] in einer vielzitierten Entscheidung ausgegangen, in der die von einer Publikumszeitschrift vorgenommene Veröffentlichung eines Interviews mit einem bereits exklusivvertraglich gebundenen Informanten[649] unter dem Gesichtspunkt der Berufsvergessenheit als sittenwidrige Wettbewerbshandlung beurteilt wurde. Die Praxis der Respektierung von Exklusivbindungen führt nach dieser Entscheidung dazu, daß mit Abschluß des Vertrages der Wettbewerb um die betreffende Information zugunsten des exklusivberechtigten Verlages beendet ist. Diese Standesregel ist nach Ansicht des Gerichts dabei auch sittlich-kulturell hinreichend fundiert, um einen Verstoß gegen sie als sittenwidrige Wettbewerbshandlung i.S.d. § 1 UWG zu qualifizieren: Denn "neben dem Grundgedanken, dem Schnelleren die Früchte seiner Mühe zu erhalten, der bereits für sich genommen in der herrschenden sittlichen Grundanschauung verwurzelt ist," rechtfertige sich dieses Votum auch aus der Überlegung, "daß das Resultat einer solchen Praxis im Bereich des Pressewesens von erheblicher Bedeutung für die Allgemeinheit ist. Sie sichert den Redaktionen die Möglichkeit, Nachrichten sorgfältig zu prüfen, zu bearbeiten und evtl. notwendige Recherchen durchzuführen und so dem Rang gerecht zu werden, den auch die Verfassung einer sorgfältigen und wahrheitsgemäßen Information der Allgemeinheit durch die Presse beimißt."[650]

Es ist allerdings die Frage, ob von einer derartigen einheitlich befolgten und gefestigten Standesauffassung der Presse (bzw. der Medien insgesamt) auch wirklich ausgegangen werden kann: Angesichts der Tatsache, daß der Deutsche Presserat als Standesvertretung der Presseorgane in Ziffer 1 seiner Publizistischen Grundsätze[651] die Monopolisierung von Informationen durch Exklusivvereinbarungen unter bestimmten Umständen sogar als standeswidrig betrachtet,[652] erscheint dies zumindest zweifelhaft. Da sich die wettbewerbsrechtliche Bindungswirkung von Exklusivverträgen aber – wie gesehen – unter dem Gesichtspunkt des Verleitens zu bzw. Ausnutzens fremden Vertragsbruchs eindeutig beurteilen

---

648 ArchPR 75, 37 f. - "Schiffbrüchig".

649 In concreto ging es um einen Schiffbrüchigen, der gemeinsam mit zwei anderen Abenteurern auf dem Stillen Ozean in Seenot geraten und erst nach zweieinhalbmonatiger Irrfahrt fast ohne Nahrung und Wasser gerettet worden war.

650 LG Hamburg AchPR 75, 37 (38) - "Schiffbrüchig"; im Sinne des Landgerichts auch *Prantl*, Journalistische Information, S. 151.

651 Siehe hierzu bereits oben, § 14 A.

652 Ebenso *Soehring* RN 7.58; an der vom Landgericht angenommenen Standesregel zweifelnd auch *Wenzel* RN 2.61.

läßt, sollte von einem Rückgriff auf diese nicht gesicherte Standesauffassung deshalb besser abgesehen werden.[653]

d) Fazit

Durch den Abschluß des Exklusivvertrages erwirbt das exklusivberechtigte Medium somit eine Rechtsposition, die im Ergebnis mit dem durch § 17 UWG geschützten Betriebs- und Geschäftsgeheimnis eines Industrieunternehmens durchaus vergleichbar ist. Die Parallelwertung zum Unternehmensgeheimnis rechtfertigt sich aus der Überlegung, daß der Gegenstand einer Exklusivvereinbarung für ein Medienunternehmen einen ähnlichen Stellenwert einnimmt wie beispielsweise eine noch unpatentierte Erfindung für einen Industriebetrieb:[654] Durch den Vertrag mit dem Informanten erschließt sich das exklusivberechtigte Medium eine erst noch zu realisierende Wettbewerbschance, an deren Bewahrung ein erhebliches wirtschaftliches Interesse besteht. Die vertragsbrüchige Weitergabe der noch geheimzuhaltenden Information wirkt sich in gleicher Weise aus wie der arbeitsvertragswidrige Verrat eines Geschäftsgeheimnisses durch einen Betriebsangehörigen. Es entspricht daher auch dem in § 17 II UWG zum Ausdruck kommenden Rechtsgedanken,[655] wonach die Ausschlachtung einer durch Geheimnisverrat erlangten Kenntnis als unlautere Wettbewerbshandlung zu bewerten ist, wenn der medienrechtlichen Exklusivinformation über die Generalklausel des § 1 UWG ein ebenso weitreichender wettbewerbsrechtlicher Schutz zugestanden wird.[656]

2. Beurteilung bei vertragsgetreuem Verhalten des Informanten

Mitunter ist es für das exklusivberechtigte Medium jedoch schon nicht erkenn- oder nachweisbar, ob überhaupt ein Vertragsbruch des Informanten stattgefunden hat.[657] Es stellt sich dann die Frage, ob sich die Sittenwidrigkeit einer Konkur-

---

653 Dementsprechend wurde die Frage auch vom OLG Hamburg in den Entscheidungen ZUM-RD 98, 116 (120) - "STERN/BILD" und in Schulze OLGZ 163 - "Vera Brühne I" mangels Entscheidungserheblichkeit offen gelassen.

654 OLG Hamburg, in: Schulze OLGZ 163 - "Vera Brühne I", S. 10.

655 Von einer analogen Anwendung des § 17 II UWG wird man jedoch angesichts der Tatsache, daß sich die vorliegende Konstellation auch über § 1 UWG lösen läßt, mangels Regelungslücke abzusehen haben.

656 So auch *Prantl*, Journalistische Information, S. 150 im Anschluß an OLG Hamburg, in: Schulze OLGZ 163 - "Vera Brühne I", S. 10.

657 So etwa in der Entscheidung OLG Hamburg, in: Schulze OLGZ 163 - "Vera Brühne I", wo die exklusivberechtigte Zeitschrift "Neue Revue" nicht nachweisen konnte, daß die von einem konkurrierenden Boulevardblatt vorgenommene Veröffentlichung von Briefen, welche *Vera Brühne*

renzveröffentlichung auch unabhängig davon, d.h. auch bei vertragsgetreuem Verhalten des Informanten unter dem Gesichtspunkt der Verletzung einer außervertraglichen Verhaltenspflicht ergeben kann. Die wettbewerbsrechtliche Beurteilung der konkurrierenden Publikation unterscheidet sich dabei je nach der persönlichkeitsrechtlichen Qualität der veröffentlichten Informationen.

a) Wettbewerbsverstoß durch Verletzung fremder Persönlichkeitsrechte

Eine zu Zwecken des Wettbewerbs ohne Einwilligung der dargestellten Person vorgenommene Veröffentlichung *persönlichkeitsrechtlich geschützter* Materialien und Informationen durch ein Publikationsorgan stellt neben einem Verstoß gegen die §§ 22 f. KUG analog zugleich auch ein unlauteres Wettbewerbsverhalten im Sinne des § 1 UWG dar:[658] Bei den vom allgemeinen Persönlichkeitsrecht erfaßten Rechtsgütern handelt es sich um *wertbezogene* Rechtspositionen,[659] deren Verletzung bereits für sich einen Wettbewerbsverstoß begründet. Wer zur Durchsetzung eigener wirtschaftlicher Interessen ohne vorhergehende Autorisation des Betroffenen in dessen Lebensbildrecht eingreift, handelt somit entgegen der "guten Sitten" des Wettbewerbs, ohne daß weitere Unlauterkeitsmomente hinzutreten müßten.

Damit drängt sich aber unwillkürlich die Frage auf, ob bei jeder Persönlichkeitsrechtsverletzung eines Mediums alle anderen Publikationsorgane mit den Mitteln des Wettbewerbsrechts gegen den Gesetzesverstoß des Konkurrenten vorgehen dürfen. Für ein – nach §§ 1, 13 II Nr. 1 UWG formal gegebenes – Klagerecht der Mitbewerber spricht dabei die Überlegung, daß das vom allgemeinen Persönlichkeitsrecht erfaßte Lebensbildrecht für die Medien eine für alle Wettbewerber geltende und für ihren gegenseitigen Wettbewerb relevante Schranke darstellt.[660] Für die gesetzestreue Konkurrenz ist es nur schwer erträglich, rechtlos mitansehen zu müssen, wie ein Mitbewerber die durch §§ 22 f. KUG analog für alle Publikationsorgane vorgegebenen Bindungen mißachtet. Denn indem sich dieser über das fremde Persönlichkeitsrecht hinwegsetzt und Informationen an die Öffentlichkeit

---

aus dem Gefängnis an ihre Tochter geschieben hatte, mit der – vertragswidrigen – Einwilligung der Autorin erfolgt war.

658 *Baumbach/Hefermehl*, Wettbewerbsrecht, § 1 UWG RN 667; KG NJW 90, 2142 - "Postwurfsendung trotz Annahmeverweigerung"; a.A. Gloy-*Strothmann*, Wettbewerbsrecht, § 53 RN 4.

659 Allgemein zur Bedeutung und Abgrenzung von wertneutralen und wertbezogenen Vorschriften *Baumbach/Hefermehl*, Wettbewerbsrecht, § 1 UWG RN 611 f.

660 Sog. *par condicio concurrentium*, siehe *Baumbach/Hefermehl* § 1 UWG RN 608; *Dirschl*, Individualrechtsverletzungen, S. 206; vgl. auch Gloy-*Jacobs/Hasselblatt*, Wettbewerbsrecht, § 47 RN 16.

weitergibt, die bei rechtmäßigem Vorgehen gar nicht oder nur mit vorhergehender Einwilligung (und zumeist auch nur gegen Entgelt) veröffentlicht werden dürften, verschafft er sich einen publizistisch wie wirtschaftlich ungerechtfertigten Vorsprung im Wettbewerb mit den anderen Publikationsorganen.[661] Die gegen die dargestellte Person gerichtete Persönlichkeitsverletzung stellt damit gleichzeitig eine unlautere Wettbewerbshandlung gegen die konkurrierenden Medienunternehmen dar, denen deshalb auch konsequenterweise das Recht zur Gegenwehr zugestanden werden müßte.

Auf der anderen Seite handelt es sich bei den verletzten persönlichkeitsrechtlichen Positionen aber um *Individualrechte*, deren Geltendmachung prinzipiell der ausschließlichen Entscheidungsbefugnis des Betroffenen untersteht. So wie es nach der Wertung der §§ 22 f. KUG analog bzw. der Artt. 1 I, 2 I GG grundsätzlich der alleinigen Entscheidungsgewalt des einzelnen unterliegt, ob er in eine öffentliche Darstellung seines Lebensbildes einwilligt oder nicht, so steht es ihm auch allein zu, darüber zu befinden, ob er eine Verletzung seines Persönlichkeitsrechts dulden oder aber sich ihrer erwehren will.[662] Es ist deshalb die Frage, ob der Dargestellte es sich gefallen lassen muß, daß Außenstehende ohne seine Autorisation gegen die Verletzung seiner Persönlichkeit Klage erheben. Im Falle einer ihm peinlichen Enthüllung eines Details aus seiner Intimsphäre durch ein Boulevardmagazin mag er es unter Umständen vorziehen, gar keine Rechtsmittel zu ergreifen oder einen außergerichtlichen Vergleich anzustreben, anstatt die Sache in einem Prozeß "an die große Glocke zu hängen" und damit erst recht in das Bewußtsein der Öffentlichkeit einzuprägen.[663] Würde man es hier den gesetzestreuen Mitbewerbern zubilligen, einen Unterlassungsanspruch gegen das rechtsbrecherische Medium geltend zu machen, so wäre dies mit einem ebenso schwer erträglichen Eingriff in die Dispositionsbefugnis des Persönlichkeitsrechtsinhabers verbunden.[664]

---

661 Der Gesichtspunkt des sachlich ungerechtfertigten Vorsprungs ist es auch, welcher der Frage, ob es sich bei den Persönlichkeitsrechten des einzelnen um wertbezogene oder – wie es etwa von *Krüger* WRP 80, 251 f. vertreten wird – wertneutrale Vorschriften handelt, ihre praktische Bedeutsamkeit nimmt, denn auch im letzteren Fall käme man nicht umhin, von der Sittenwidrigkeit des betreffenden Wettbewerbsverhaltens auszugehen.

662 Ausführlich zum Problem der Wettbewerbsverstöße durch die Verletzung von Individualrechten *Dirschl*, Individualrechtsverletzungen, insb. S. 3 f.; 206 ff.; 213 f.; 215 f.; *Traub*, FS Quack, S. 119 (128 ff.) m. w. Nachw.

663 So auch *Krüger* WRP 80, S. 251; *Prantl*, Journalistische Information, S. 153.

664 Vgl. BGH WM 99, 400 (402) - "Elektronische Pressearchive"; OLG Köln GRUR 83, 133 - "Schallplatten"; *Krüger*, WRP 80, 251.

Es ist deshalb nach einem angemessenen Kompromiß im Spannungsverhältnis von individuellem Dispositionsinteresse des Verletzten und gegenläufigem Interesse der Wettbewerber zu suchen. Dabei bietet sich eine Parallele zu den ähnlich gelagerten Fällen der zu Zwecken des Wettbewerbs von einem Konkurrenten vorgenommenen Verletzung fremder Immaterialgüterrechte an. Denn auch bei diesen mit absoluter Wirkung ausgestatteten Individualrechten stellt sich – in der Praxis sogar weit häufiger – die Frage, ob die gesetzestreuen Wettbewerber einen Unterlassungsanspruch geltend machen können, wenn sich ein Mitbewerber durch die Verletzung fremden Schutzrechts einen ungerechtfertigten Vorsprung verschafft hat. Die Rechtsprechung[665] beschreitet in diesen Fällen einen Mittelweg: Angesichts der im Gesetz zum Ausdruck kommenden ausschließlichen Dispositionsbefugnis des Schutzrechtsinhabers steht es danach im Grundsatz auch nur diesem zu, gegen die Verletzung seiner Rechte vorzugehen. Die rechtstreuen Wettbewerber verfügen somit – entgegen dem Wortlaut der §§ 1, 13 II UWG – prinzipiell über kein eigenes Klagerecht gegen den "respektlosen" Konkurrenten. Von dieser Regel wird jedoch eine Ausnahme gemacht, wenn sich die Sittenwidrigkeit des beanstandeten Wettbewerbsverhaltens nicht allein aus der Verletzung des Individualrechts ergibt, sondern noch weitere, über die einzelne Rechtsverletzung hinausgehende und davon unabhängige Umstände hinzutreten.

Einen derartigen, ein eigenständiges Klagerecht begründenden Umstand stellt aber gerade die unautorisierte Veröffentlichung persönlichkeitsrechtlich geschützter Informationen und Materialien dar, an denen sich ein Mitbewerber bereits die Exklusivrechte gesichert hatte:[666] Das "sittenwidrige Plus" ist hier darin zu erblicken, daß aufgrund der illegalen Publikation die durch rechtmäßiges Verhalten erworbene Wettbewerbschance des exklusivberechtigten Mediums zunichte gemacht und zugunsten des rechtsbrecherischen Konkurrenten sogar umgekehrt wird. Durch die Rechtsverletzung des Konkurrenten verliert das berechtigte Organ seinen Exklusivitätsanspruch und muß sich mit der kaum prestige- und auflagen- bzw. quotenträchtigen Stellung des publizistischen "zweiten Siegers" begnügen.[667] Zu der Verletzung der Rechte des Informanten kommen damit noch weitere, das

---

665 BGH WM 99, 400 (402) - "Elektronische Pressearchive"; BGHZ 134, 250 (267) - "CB – Infobank I"; OLG Köln GRUR 83, 133 f. - "Schallplatten; jew. m. w. Nachw.; vgl. auch *Traub*, FS Quack, S. 119 (129 f.); OLG München NJW-RR 90, 1327 (1328) - "FJS-Gedenkmünze".

666 So im Ergebnis auch *Prantl*, Journalistische Information, S. 153.

667 Auch das OLG München (NJW-RR 90, 1327 f.) hat in einer die §§ 22 f. KUG betreffenden Entscheidung den die Wettbewerbswidrigkeit begründenden "besonderen Umstand" in der Tatsache erblickt, daß durch die von einem Konkurrenten vorgenommene, unberechtigte Herausgabe einer zweiten Gedenkmünze zu Ehren von *Franz-Josef Strauß* die von dem exklusivberechtigten Produzenten zeitgleich herausgegebene Gedenkmedaille ihre Exklusivität verlor.

beanstandete Wettbewerbsverhalten als anstößige qualifizierende Gesichtspunkte hinzu, die es rechtfertigen, dem exklusivberechtigten Medium ein eigenes Klagerecht einzuräumen.

b) Wettbewerbsverstoß durch Irreführung des Publikums

Dem deutschen Zivilrecht ist das Institut eines Vertrages zu Lasten Dritter wesensfremd. Schuldrechtliche Exklusivverträge zwischen einem Informanten und einem Massenmedium vermögen deshalb rechtlich nicht zu verhindern, daß sich die konkurrierenden Publikationsorgane den zum sachlichen Gegenstand einer Exklusivvereinbarung zählenden, aber *persönlichkeitsrechtlich ungeschützten* Tatsachenstoff *von dritter Seite* beschaffen und ohne vorhergehende Absprache mit den Vertragsparteien an die Öffentlichkeit tragen.[668] Die wettbewerbsrechtliche Bindungswirkung des Exklusivvertrages zum Nachteil der Mitbewerber ist mithin nicht absolut: Diesen steht es vielmehr weiterhin frei, sich aus anderen, allgemein zugänglichen Quellen zu unterrichten und die dabei erlangten, gemeinfreien Informationen publik zu machen.

Gleichwohl sind auch bei der Publikation derartiger Informationen im Hinblick auf den Stil und die Gestaltung der jeweiligen Beiträge wettbewerbsrechtliche Schranken zu beachten: Da das Renommee des exklusivberechtigten Mediums und der besondere (Kauf-)Anreiz für das Publikum gerade auf dem unmittelbaren und exklusiven Kontakt zu dem Informanten beruht, ist es den Mitbewerbern untersagt, diese – mit legitimen Mitteln geschaffene – Sonderstellung auf unlautere Weise zu beeinträchtigen, indem sie den falschen Eindruck erwecken, sie hätten ebenfalls direkten Kontakt mit dem Informanten gehabt und den eigenen Bericht in Kooperation mit diesem erstellt. Unzulässig ist es deshalb beispielsweise, Äußerungen des Exklusivinformanten, welche über andere Kanäle in Erfahrung gebracht wurden, in der Form eines eigenen Originalinterviews abzudrucken und dadurch die Leser in den unrichtigen Glauben zu versetzen, es habe ein persönliches Gespräch mit diesem stattgefunden. Ein derartiges Verhalten stellt eine irreführende Angabe und damit eine sittenwidrige Entwertung der Exklusivposition des berechtigten Mediums dar, §§ 1, 3 UWG.[669]

Ob von einem Bericht beim Publikum ein solcher falscher Eindruck erzeugt wird, ist dabei anhand der konkreten Umstände des Einzelfalls zu entscheiden. Proble-

---

[668] BGH GRUR 68, 209 (210) - "Lengede"; *Soehring* RN 7.57; *Paschke*, Medienrecht, RN 315.
[669] Vgl. BGH GRUR 68, 209 (211) - "Lengede"; österr. OGH Medien u. Recht 93, 114 f. - "Exklusivinterview I"; ähnlich OLG Hamburg AfP 96, 388 (390 f.) - "Deutsche Erstausstrahlung".

matisch gestaltet sich hier vor allem die Beurteilung der in der Boulevardpresse des öfteren zu beobachtenden Vorgehensweise, daß von einer Zeitschrift ein Bericht verfaßt wird, in dem zwar nicht explizit zum Ausdruck gebracht wird, es habe ein persönliches Gespräch mit dem Informanten stattgefunden, der Text aber mit Zitaten "aufgelockert" wird, die entweder aus anderer Quelle bezogen oder von der publizierenden Zeitung in persönlichkeitsrechtlich gerade noch zulässiger Weise dem Informanten in den Mund gelegt wurden.[670] In einer derartigen Aufmachung eines Berichts sah der Bundesgerichtshof in seinem Lengede-Urteil[671] noch keine unlautere Irreführung des Publikums: Es liege vielmehr im Wesen der journalistischen Berichterstattung und insbesondere eines für den flüchtigen Durchschnittsleser bestimmten Massenblattes, über die Rettung aus einem Bergwerksunglück und vergleichbare Ereignisse nicht in wohlabgewogener, auf Objektivität bedachter Sprache zu berichten, sondern die Aufmerksamkeit des Lesers durch kurze, leicht eingängige Sätze und den reichlichen Gebrauch der direkten Rede zu wecken. An solche publizistische Manier sei der Leser leichter Gebrauchsware namentlich durch die erfundenen Dialoge in den sogenannten Tatsachenberichten der illustrierten Zeitschriften gewöhnt. Diese Aufmachungsform werde so weitgehend gebraucht, daß nach der Lebenserfahrung selbst der flüchtige Durchschnittsleser derartiger Presseerzeugnisse sie in Rechnung stelle. Wörtlich fügte er hinzu: "Diese Möglichkeit, ein aktuelles Ereignis in ansprechender und fesselnder Weise in der Tagespresse zu schildern, kann dem Journalisten solange nicht verwehrt werden, als er den tatsächlichen Ablauf der Ereignisse wiedergibt und durch die Art der Darstellung nicht in die Persönlichkeitsrechte der beteiligten Personen eingreift."[672]

Dieser Ansatz vermag in seiner Generalität jedoch nicht recht zu überzeugen. Zwar wird man dem BGH noch beipflichten können, solange es darum geht, daß ein Medium einen Vorgang nach einem gewissen Zeitraum noch einmal aufgreift und seinem Publikum lebensnah zu schildern sucht. In diesem Fall ist die Anzahl der potentiellen Quellen, aus denen die in den Bericht eingeflochtenen Zitate des

---

670 Nach der Rechtsprechung stellt zwar das Unterschieben einer nicht getätigten Äußerung eine Verletzung des Persönlichkeitsrechts des einzelnen dar, sofern er dadurch in dem von ihm selbst definierten Geltungsanspruch beeinträchtigt wird. Die formell unrichtige Wiedergabe einer tatsächlich getätigten Äußerung ist dagegen nicht unzulässig, sofern das Zitat materiell richtig ist, also inhaltlich mit anderen Äußerungen des Zitierten übereinstimmt und deshalb ohne Veränderung seiner Position in der Öffentlichkeit so gefallen sein könnte, siehe BGH NJW 65, 685 (686) - "Soraya"; GRUR 68, 209 (210) - "Lengede"; NJW 80, 2070 (2071) - "Eppler"; BGHZ 128, 1 (7 f.) - "Caroline von Monaco I.

671 GRUR 68, 209 ff. - "Lengede".

672 GRUR 68, 209 (210) - "Lengede".

Informanten stammen könnten, nämlich regelmäßig schon so groß, daß der Leser aus dem vereinzelten Gebrauch der direkten Rede nicht unbedingt folgert, daß dem Beitrag auch tatsächlich ein unmittelbares und persönliches Gespräch zwischen dem jeweiligen Medium und dem Betroffenen zugrunde lag.[673] Anders stellt sich die Situation dagegen dar, wenn tagesaktuelle Informationen veröffentlicht werden: Da der Bericht hier in engem zeitlichen und zumeist auch örtlichen Bezug zu dem jeweiligen Ereignis erstellt wird, erweckt der Gebrauch der direkten Rede beim Leser in der Regel die starke Vermutung, daß die zitierten Worte auch in dieser Form gefallen sind und vom berichterstattenden Reporter nur dank seines persönlichen Kontaktes zu dem Informanten aufgenommen werden konnten.[674] Aufmachungen wie im Lengede-Fall, bei dem unter der Überschrift "Unsere Höhle war die Hölle / Die Männer von Lengede berichten" persönliche Zitate der Bergleute in den in direktem Anschluß an das Ereignis erfolgenden Bericht eingearbeitet waren, lassen auf eine unmittelbare Fühlungnahme zwischen Reporter und Beteiligten schließen. Eine derartige Darstellungsform wirkt sich damit aber zwangsläufig auf die Position des exklusivberechtigten Organs aus, weshalb eine vorgetäuschte Authentizität hier auch als unlautere Wettbewerbshandlung zu werten ist.[675]

B. Nach allgemeinem Zivilrecht

I. §§ 823 I, 1004 I 2 BGB analog (Recht am eingerichteten und ausgeübten Gewerbebetrieb) ?

Ein Abwehranspruch (nach § 1004 I 2 BGB analog) bzw. ein Schadensersatzanspruch (nach § 823 I BGB) könnte sich für das exklusivberechtigte Medium auch ergeben, sofern eine zeitgleiche oder vorangehende Veröffentlichung eines Konkurrenzmediums als Verletzung seines sog. Rechts am eingerichteten und ausgeübten Gewerbebetrieb zu werten wäre. Aufgabe dieses von der höchstrichterlichen Rechtsprechung[676] schon seit langem anerkannten Rechts ist es, den gewerblichen Tätigkeitskreis des Unternehmers gegen unmittelbare schädigende Eingriffe Dritter abzusichern.[677] Geschützt wird dabei nach mittlerweile allgemeiner Auffas-

---

[673] Vgl. *Bussmann* GRUR 68, 211.

[674] So auch *Bussmann* GRUR 68, 211 f.

[675] Ebenso *Prantl*, Journalistische Information, S. 171 f.; vgl. auch österr. OGH Medien und Recht 93, 114 f. - "Exklusivinterview I"; Medien und Recht 99, 300 - "Exklusivinterview II".

[676] Etwa RGZ 58, 24 (29) m. w. Nachw.; aus der neueren Rechtsprechung BGHZ 3, 270 (279) - "Constanze I"; 45, 296 (306 f.) - "Höllenfeuer"; 80, 25 (27) - "Wallraff I".

[677] MüKo-*Mertens* § 823 RN 481; Palandt-*Thomas* § 823 RN 19.

sung[678] alles, was in seiner Gesamtheit den wirtschaftlichen Wert des jeweiligen Betriebs ausmacht, also neben seinem Bestand auch das nichtgegenständliche Betriebsvermögen wie etwa Kundenstamm, Geschäftsbeziehungen oder Erwerbsaussichten.[679] Das Recht am Gewerbebetrieb erfaßt deshalb auch das Interesse des exklusivberechtigten Medienunternehmens an der materiellen Verwertung der von ihm unter Kapitalaufwand erworbenen Marktchance.[680]

Gleichwohl kann auf eine nähere Prüfung der Frage, ob die den sachlichen und zeitlichen Geltungsbereich eines bestehenden Exklusivvertrages berührende Veröffentlichung eines Konkurrenzunternehmens als unmittelbar betriebsbezogener und rechtswidriger Eingriff in die gewerbliche Tätigkeit des exklusivberechtigten Mediums zu beurteilen ist, verzichtet werden. Denn das Recht am Gewerbebetrieb bildet im Verhältnis zu den im Wettbewerbsrecht geregelten Formen des Unternehmensschutzes einen "Auffangtatbestand"[681], der nur in den vom Gesetz überhaupt nicht erfaßten Problembereichen und nicht zur Korrektur der im UWG zum Ausdruck kommenden legislatorischen Wertung herangezogen werden kann. Anders ausgedrückt: Der deliktische Unternehmensschutz steht zum UWG-Recht im Verhältnis der Subsidiarität. Sofern die Anwendbarkeit von § 1 UWG im Verhältnis von exklusivberechtigtem und konkurrierendem Medium bejaht wird, entfällt damit der Rückgriff auf § 823 I BGB. Eine Veröffentlichung, die nach § 1 UWG mangels Sittenwidrigkeit nicht zu beanstanden ist, kann deshalb auch nicht über § 823 I BGB zur unerlaubten Handlung gemacht werden.[682] Vielmehr ist umgekehrt der bei der wettbewerbsrechtlichen Beurteilung verbliebene Freiraum der konkurrierenden Publikationsorgane zur Veröffentlichung persönlichkeitsrechtlich ungeschützter und aus anderer Quelle als dem exklusivgebundenen Informanten bezogener Informationen auch im Rahmen des allgemeinen Deliktsrechts zu berücksichtigen.

---

678 Nach der Rechtsprechung des Reichsgerichts (etwa RGZ 135, 242 (247) m. w. Nachw.) schützte das Recht am Gewerbebetrieb nur vor unmittelbar gegen den Bestand des Betriebes gerichteten Handlungen.

679 BGHZ 29, 65 (70) - "Stomkabel"; MüKo-*Mertens* § 823 RN 485; Palandt-*Thomas* § 823 RN 20.

680 Vgl. BGHZ 15, 338 (349) - "GEMA".

681 BGHZ 45, 296 (307) - "Höllenfeuer".

682 Vgl. *Kübler*, Massenmedien, S. 60; *Ulmer/Lerche*, Kurzberichterstattung, S. 87; *Urek*, Exklusivvereinbarungen, S. 132; *Baumbach/Hefermehl*, Wettbewerbsrecht, § 1 UWG RN 1.

II. § 1004 I 2 BGB analog (Lebensbildrecht) ?

Eine zivilrechtliche Abwehrmöglichkeit gegen eine Konkurrenzveröffentlichung stünde dem exklusivberechtigten Medium aber zu, sofern es aufgrund des Vertrages mit dem Informanten den sich bei einer unautorisierten Lebensbilddarstellung aus §§ 1004 I 2 BGB, 22 f. KUG analog ergebenden Unterlassungsanspruch im eigenen Namen einzufordern imstande wäre. Damit das berechtigte Medium eine *eigene* Rechtsposition geltend machen kann, muß der Informant allerdings rechtlich in der Lage sein, ihm ein absolut wirkendes Nutzungsrecht an seinem Lebensbildrecht einzuräumen. Die Möglichkeit, dinglich wirkende Verwertungslizenzen am Lebensbildrecht einer Person zu vergeben, ist jedoch – wie oben[683] bereits erörtert wurde – abzulehnen: Das durch §§ 22 f. KUG bzw. Art. 2 I i.V.m. Art. 1 I GG gewährleistete Recht auf Anonymität und Diskretion besteht nicht im Interesse einer materiellen Verwertbarkeit des Individuums, sondern ausschließlich aus ideellen Schutzgesichtspunkten.[684] Es ist nicht Aufgabe der Rechtsordnung, persönlichkeitsgefährdende Vermarktungstendenzen durch die Bereitstellung eines die maximale Kommerzialisierung der Person noch erleichternden Ordnungsrahmens zu unterstützen und weiter voranzutreiben.[685]

Erwägenswert ist jedoch, ob der berechtigte Vertragspartner nicht befugt sein könnte, das fremde Persönlichkeitsrecht als treuhänderischer Wächter wahrzunehmen. Bewerkstelligen ließe sich dies über die prozeßrechtliche Konstruktion der gewillkürten Prozeßstandschaft. Das exklusivberechtigte Medium wäre auf diese Weise imstande, als Prozeßstandschafter des Informanten die Verletzung dessen Lebensbildrechts im eigenen Namen gerichtlich geltend zu machen, wobei die hierzu erforderliche Ermächtigung des Informanten auch als stillschweigend im Exklusivvertrag enthalten betrachtet werden könnte.[686]

Problematisch ist insoweit allerdings, daß die gewillkürte Prozeßstandschaft bei höchstpersönlichen, nicht übertragbaren Rechten prinzipiell nicht zulässig ist und für das Lebensbildrecht ebenso wie für andere Persönlichkeitsrechte daher an sich ausscheiden muß.[687] Gleichwohl spricht sich die überwiegende Anzahl der sich zu dieser Frage äußernden Autoren dafür aus, eine gewillkürte Prozeßstandschaft des

---

683 § 8.

684 BVerfG ZUM 2000, 149 (156) - "Caroline von Monaco"; *Peukert* ZUM 2000, 710 (720).

685 Vgl. *Schack*, Urheber- und Urhebervertragsrecht, RN 51; *ders.* AcP 195 (1995), S. 594 (594 f.; 600); *Peukert* ZUM 2000, 710 (713); *Peifer*, Individualität im Zivilrecht, S. 291 ff.; 316 f.

686 Vgl. Stein/Jonas-*Bork*, ZPO, vor § 50 RN 44.

687 Vgl. Stein/Jonas-*Bork*, ZPO, vor § 50 RN 43a; BGHZ 119, 237 (240) - "Universitätsemblem", jeweils mit weiteren Nachw.

zur Verwertung eines Persönlichkeitsdetails vertraglich Berechtigten zuzulassen.[688] Dabei wird argumentiert, daß das betroffene Persönlichkeitsrecht durch die Einwilligung des Rechtsinhabers in seine kommerzielle Nutzung partiell seines persönlichkeitsrechtlichen Charakters entkleidet werde und in ein Vermögensrecht umschlage, für das das Verbot der gewillkürten Prozeßstandschaft nicht gelten könne.[689] Wenn es rechtlich zulässig sei, einem anderen unter Ausschluß Dritter die Verwertung eines Persönlichkeitsrechts zu gestatten, dann sei kein Grund ersichtlich, warum dieser als weitere Gegenleistung für das gezahlte Entgelt nicht auch ermächtigt werden können sollte, im eigenen Namen gegen einen Rechtsverletzer gerichtlich vorzugehen.[690]

Dem ist jedoch entgegenzuhalten, daß aus der Möglichkeit des Informanten, einen Eingriff in sein Persönlichkeitsrecht zu gestatten und sich zu dieser Gestattung sogar rechtswirksam schuldrechtlich zu verpflichten, genausowenig auf die Befugnis des Vertragspartners zur gewillkürten Prozeßstandschaft geschlossen werden kann wie auf seine Möglichkeit, auch dingliche Verwertungslizenzen an diesem Recht eingeräumt zu bekommen. Der konstruktive Unterschied zwischen der prozessualen Ermächtigung zur Geltendmachung und der Übertragung bzw. Belastung des fremden Stammrechts darf hier nicht dazu verführen, im Wege der Prozeßstandschaft ein Resultat zu erzielen, das man mit der Versagung einer gebundenen Rechtsübertragung beim Lebensbildrecht gerade zu vermeiden suchte.[691] Das oben gefunden Ergebnis der Unveräußerlichkeit des Lebensbildrechts würde konterkariert werden, wenn man die fehlende Übertragbarkeit durch die prozessuale Ermächtigung ersetzen und auf diese Weise die gewünschte Verkehrsfähigkeit herstellen könnte. Anders ausgedrückt: Es wäre widersprüchlich, wenn zwar nicht das Recht, wohl aber seine gerichtliche Geltendmachung einem anderen überlassen werden könnte und damit auf prozessualem Wege das erreicht würde, was man materiellrechtlich gerade unterbinden möchte, nämlich einer persönlichkeitsgefährdenden Kommerzialisierungstendenz durch die Zurverfügungsstellung entsprechender rechtlicher Instrumentarien noch weiter Vorschub zu lei-

---

688 *Prantl*, Journalistische Information, S. 156; *Schack*, Urheber- und Urhebervertragsrecht, Rn 564, 752; *Krneta* GRUR Int. 96, 298 (306); *Schricker* EWiR § 22 KUG 1/87, S. 79 (80); a.A. *Helle*, Besondere Persönlichkeitsrechte, S. 116; MüKo-*Schwerdtner* § 12 RN 77; differenzierend *Krüger* WRP 80, 251 (252).

689 Vgl. *Helle*, Besondere Persönlichkeitsrechte, S. 116.

690 So OLG München ZUM 85, 448 (450) - "Sammelbilder"; ähnlich auch *Prantl*, Journalistische Information, S. 156.

691 *Freitag*, Die Kommerzialisierung von Darbietung und Persönlichkeit des ausübenden Künstlers, S. 181.

sten.[692] Anders als bei den Persönlichkeitsrechten, bei denen eine dingliche Verfügung erwägenswert erscheint, wie etwa beim Bildnis- oder Namensrecht, wird man deshalb für das Lebensbildrecht die Zulässigkeit einer gewillkürten Prozeßstandschaft abzulehnen haben.[693]

III. Ansprüche aus § 812 I 1 BGB (Eingriffskondiktion) ?

Als weiteres zivilrechtliches Instrumentarium zum Schutz gegen eine unautorisierte Veröffentlichung persönlichkeitsrechtlich geschützter Informationen durch einen Konkurrenten kommt für den exklusivberechtigten Vertragspartner schließlich auch das Bereicherungsrecht in Betracht. Dies setzt zum einen voraus, daß ein rechtswidriger Eingriff in das Lebensbildrecht des Informanten überhaupt bereicherungsrechtliche Ansprüche – hier aus Eingriffskondiktion nach § 812 I 1 Alt. 2 BGB – auszulösen vermag (hierzu 1.). Zum anderen müßten diese Ansprüche aufgrund des Exklusivvertrages von dem berechtigten Medium geltend gemacht werden können (hierzu 2.).

1. Vermögensrechtlicher Zuweisungsgehalt des Lebensbildrechts

Nach dem Wortlaut des § 812 I 1 Alt. 2 BGB entsteht ein Anspruch aus Eingriffskondiktion, wenn jemand etwas in sonstiger Weise auf Kosten eines anderen ohne rechtlichen Grund erlangt. Bei medialen Persönlichkeitsverletzungen stellt sich insoweit in erster Linie die Frage, ob die durch die eigenmächtige Veröffentlichung bewirkten Vorteile des publizierenden Organs "auf Kosten" der betroffenen Per-

---

692 Es überrascht deshalb, wenn sich unter den Befürwortern einer gewillkürten Prozeßstandschaft auch einige Autoren befinden, die sich ansonsten – z. T. mit einiger Verve – gegen eine gebundene Rechtsübertragung von Persönlichkeitsrechten aussprechen, so insb. *Schack*, Urheber- u. Urhebervertragsrecht, RN 51; 564; 725; *ders.* AcP 195 (1995), S. 594 (594 f.; 600); *Krneta* GRUR Int. 96, 298 (305 f.).

693 Im Ergebnis deckt sich der hier vertretene Ansatz damit weitgehend mit der – in ihrer Begründung freilich recht uneinheitlichen – Rechtsprechung, die in den einschlägigen Entscheidungen über die an sich fehlende Abtretbarkeit hinwegsieht und eine gewillkürte Prozeßstandschaft zuläßt, sofern eines derjenigen Persönlichkeitsrechte betroffen ist, bei denen auch nach hiesiger Ansicht eine gebundene Rechtsübertragung in Erwägung gezogen werden könnte (für das Namensrecht: BGHZ 119, 237 (240 ff.) - "Universitätsemblem"; für das Recht am eigenen Bild: OLG München ZUM 85, 448 (449 ff.) - "Sammelbilder"), bei den anderen Persönlichkeitsrechten dagegen eine Prozeßstandschaft ablehnt (für das Lebensbildrecht: BGH NJW 81, 1089 (1094) - Wallraff I; für die Ehre: BGH NJW 83, 1559 (1561) - "Geldmafiosi"); vgl. auch *Freitag*, Die Kommerzialisierung von Darbietung und Persönlichkeit des ausübenden Künstlers, S. 182 f. (dort FN 782); *Wenzel* RN 12.3.; 12.36.

son erlangt sind.[694] Entgegen früherer Rechtsprechung[695] wird dabei heute nicht mehr vertreten, daß dem Vermögenszuwachs des Bereicherungsschuldners ein Schaden des Bereicherungsgläubigers gegenüberstehen muß. Denn im Gegensatz zum Schadensersatzrecht geht es im Bereicherungsrecht nicht um den Ausgleich eines Vermögensschadens des Bereicherungsgläubigers, sondern um den Ausgleich eines rechtsgrundlosen Vermögenszuwachses auf seiten des Bereicherungsschuldners.[696] Ein durch einen Eingriff erlangter Vermögensvorteil des Eingreifenden, hier also des publizierenden Konkurrenten, geht nach der herrschenden Zuweisungslehre[697] vielmehr "auf Kosten" des Bereicherungsgläubigers, wenn er dem Zuweisungsgehalt der verletzten Rechtsposition widerspricht. Die berührte persönlichkeitsrechtliche Befugnis, hier also §§ 22 f. KUG analog, muß danach eine Güterzuordnung schaffen, derzufolge die durch ihre Nutzung gewonnenen Vorteile dem Rechtsinhaber gebühren.

Entscheidend ist mithin, ob dem Lebensbildrecht ein dem Betroffenen zugewiesener Vermögenswert innewohnt. Die Frage, ob und welche Persönlichkeitsrechte eine entsprechende Güterzuordnung schaffen, ist indes heftig umstritten.[698] Das Meinungsspektrum reicht dabei von dem Standpunkt, daß Persönlichkeitsrechte generell keinen vermögensrechtlichen Zuweisungsgehalt haben,[699] über die Auffassung, daß dies nur für das allgemeine Persönlichkeitsrecht, nicht aber für die besonderen Persönlichkeitsrechte gelte,[700] bis hin zu der Ansicht, daß alle vermarktungsfähigen Persönlichkeitsdetails dem Inhaber zur Nutzung zugewiesen sind.[701] Bereits oben[702] wurde ausgeführt, daß das Lebensbildrecht nicht im Sinne einer positiven Verwertbarkeit bzw. Kommerzialisierung der eigenen Person, son-

---

694 Zu den übrigen, sich bei einem Anspruch aus Eingriffskondiktion bei Persönlichkeitsrechten ergebenden Rechtsfragen ausführlich *Klein*, Sensationspresse, S. 129 ff.

695 Etwa noch BGHZ 36, 232 (233) - "Preisverstoß".

696 BGHZ 81, 75 (81 f.) - "Carrera" m. w. Nachw.

697 *Reuter/Martinek*, Ungerechtfertigte Bereicherung, S.234 ff.; MüKo-*Lieb* § 812 RN 204, jew. m. w. Nachw.

698 Ausführliche Überblicke über den gegenwärtigen Meinungsstand finden sich bei *Magold*, Personenmerchandising, S. 457 ff.; *Klein*, Sensationspresse, S. 158 ff.; *Beuter*, Die Kommerzialisierung des Persönlichkeitsrechts, S. 152 ff.; siehe aber auch schon *Schlechtriem*, FS Hefermehl, S. 445 (446 f.).

699 *Mestmäcker* JZ 58, 521 (525 f.); *Raiser* JZ 61, 465 (470 ff.).

700 *Hubmann*, Das Persönlichkeitsrecht, S. 133 ff. und 361 ff.; *Peukert* ZUM 2000, 710 (719 f.); vgl. auch MüKo-*Schwerdtner* § 12 RN 281.

701 So die inzwischen herrschende Meinung in Literatur und Rspr., siehe BGHZ 81, 75 (81 f.) - "Carrera"; ZUM 93, 140 f. - "Joachim Fuchsberger"; *Magold*, Personenmerchandising, S. 458 ff.; *Beuter*, Die Kommerzialisierung des Persönlichkeitsrechts, S. 156; vgl. auch MüKo-*Lieb* § 812 RN 219, jew. m. w. Nachw.

702 § 8.

dem allein aus ideellen Schutzgesichtspunkten gewährleistet wird.[703] Nicht zur Vermarktung der eigenen Person und Geschichte wird Anonymität und Diskretion geschützt, sondern zur Protektion einer von öffentlicher Neugier unbelasteten Individualität und zur Sicherung eines Bereichs, in dem der einzelne für sich sein und seine Persönlichkeit entwickeln und entfalten kann. Damit, so könnte man meinen, kann dem Lebensbildrecht auch kein vermögensrechtlicher Zuweisungsgehalt und dem Betroffenen keine geschützte Vermögensposition zukommen, welche er im Falle eines eigenmächtigen Eingriffs eines Dritten über § 812 I 1 Alt. 2 BGB geltend zu machen imstande wäre.[704]

Auf der anderen Seite kann man aber nicht die Augen davor verschließen, daß nicht nur die für die werbemäßige Nutzung geeigneten Persönlichkeitsrechte, wie das Recht am eigenen Bild oder das Namensrecht, sondern auch das Lebensbildrecht zur Verfolgung rein wirtschaftlicher Interessen eingesetzt wird. Indem die Rechtsordnung es dem einzelnen freistellt, Dritten einen Eingriff in sein Recht zu gestatten und sich zu dieser Gestattung – etwa im Rahmen eines Exklusivvertrages – sogar rechtswirksam zu verpflichten, gibt sie ihm auch die Mittel an die Hand, aus der regen Nachfrage der Medien nach persönlichkeitsrechtlich geschützten Geschichten und Informationen Kapital zu schlagen. Das Lebensbildrecht stellt damit als Reflex[705] auf seine aus ideellen Gründen gewährleistete Abwehrmöglichkeit de facto eine geldwerte Position dar. Wenn die Rechtsordnung dem einzelnen nun aber auf der einen Seite die Möglichkeit einräumt, über die Veröffentlichung seiner Lebensgeschichte selbst zu bestimmen, dieses damit auch selbst zu verwerten und gegen seine eigenmächtige Verwertung einzuschreiten, dann erscheint es widersprüchlich, wenn auf der anderen Seite ein unrechtmäßig in das Recht des einzelnen Eingreifender den Wert der so gezogenen Nutzung behalten können soll.[706] "Wo die Rechtsordnung eine kommerzielle Verwertungsbefugnis anerkennt, darf das Bereicherungsrecht sie nicht ignorieren."[707]

Die Tatsache, daß dem Lebensbildrecht keine vermögensrechtliche Finalität zukommt, es also nicht dem Schutze der kommerziellen, sondern der ideellen Interessen seines Rechtsträgers zu dienen bestimmt ist, und bei ihm aus diesem Grund auch keine gebundene Rechtsübertragung anzuerkennen ist, spricht deshalb nicht

[703] So auch ausdrücklich BVerfG ZUM 2000, 149 (156) - Caroline von Monaco.
[704] In diese Richtung etwa *Peukert* ZUM 2000, 710 (720).
[705] BGH ZUM 2000, 582 (586) - "Marlene Dietrich".
[706] *Magold*, Personenmerchandising, S. 461.
[707] *Reuter/Martinek*, Ungerechtfertigte Bereicherung, S. 267.

gegen einen vermögensrechtlichen Zuweisungsgehalt dieses Rechts.[708] Im Gegenteil erleichtert der Gesichtspunkt der Unübertragbarkeit sogar die Güterzuordnung zugunsten des Betroffenen: Denn da er über das Lebensbildrecht aufgrund seines engen Persönlichkeitsbezuges weder als Ganzes noch über einzelne Befugnisse daraus verfügen kann, muß die durch die unbefugte Verwertung mißachtete, ausschließliche Nutzungsbefugnis gerade ihm zustehen.[709] Will man nicht den eigenmächtig und zu seinen Gunsten in ein ideelles Recht Eingreifenden in rechtspolitisch kaum zu rechtfertigender Weise privilegieren, indem man ihm unter Berufung auf die hohe ethische Bedeutung des verletzten Rechts die Herausgabe des Erlangten erspart, dann wird man auch denjenigen persönlichkeitsrechtlichen Positionen einen vermögensrechtlichen Zuweisungsgehalt zusprechen müssen, die – wie das Lebensbildrecht – zwar nicht immaterialgüterrechts-, dafür aber immerhin marktfähig sind, d.h. in rechtlich legitimer, insbesondere mit § 138 BGB kompatibler Weise wirtschaftlich verwertet werden können.[710]

2. Rechtszuständigkeit des exklusivberechtigten Vertragspartners

Eine andere Frage ist freilich, ob der zur Verwertung des Lebensbildes des Informanten Berechtigte aufgrund der Exklusivvereinbarung *originäre eigene* Bereicherungsansprüche gegen einen eigenmächtig handelnden Konkurrenten geltend machen kann. Anlaß für diese Erwägung gibt die 1986 ergangene NENA-Entscheidung des BGH.[711] Das Urteil betraf die Klage einer Verwertungsagentur, die mit der Sängerin NENA einen "Merchandising-Sponsor-Promotion-Vertrag" abgeschlossen hatte, in welchem der Agentur die Exklusivrechte an den kommerziell verwertbaren Persönlichkeitsdetails der Sängerin, insbesondere dem Namensrecht und dem Recht am eigenen Bild, eingeräumt wurden. Der BGH sprach darin der Klägerin einen unmittelbaren eigenen Anspruch aus Eingriffskondiktion nach § 812 I 1 Alt. 2 BGB gegen die Beklagte zu, welche ohne entsprechende Einwilligung das Bildnis von NENA wirtschaftlich für T-Shirts, Briefpapier, Fotoschlüsselanhänger etc. genutzt hatte. Zur Begründung führte das Gericht dabei aus, daß die Zuerkennung des Bereicherungsanspruchs (entgegen der Auffassung des Berufungsgerichts) nicht voraussetze, daß NENA ihr Recht am eigenen Bilde auf die Klägerin übertragen habe, es mithin auch keiner Entscheidung der umstritte-

---

708 *Koppensteiner/Kramer*, Ungerechtfertigte Bereicherung, S. 82; vgl. MüKo-*Lieb* § 12 RN 281.

709 *Klein*, Sensationspresse, S. 167.

710 *Reuter/Martinek*, Ungerechtfertigte Bereicherung, S. 266 f.; *Klein*, Sensationspresse, S. 165; vgl. *Koppensteiner/Kramer*, Ungerechtfertigte Bereicherung, S. 82; *Schlechtriem*, FS Hefermehl, S. 445 (454 f.).

711 BGH GRUR 87, 128 f. - "NENA".

nen Frage bedürfe, ob eine derartige Übertragung überhaupt möglich sei. Denn da nach der Vertragsgestaltung die kommerzielle Verwertung des Bildnisses NENAs jedenfalls der Klägerin zustehen sollte, habe die Beklagte durch ihr eigenmächtiges Vorgehen die für die Gestattung der wirtschaftlichen Nutzung übliche Vergütung auf Kosten der Klägerin erspart. Dieser stehe deshalb ein eigener Anspruch aus § 812 BGB zu, der den grundlosen Vermögenszuwachs im Vermögen der Beklagten ausgleichen solle.

Die Entscheidung des BGH ist im Schrifttum jedoch mit Recht auf einhellige Ablehnung gestoßen.[712] Folgte man ihr, könnte nämlich bereits eine schuldrechtliche Vereinbarung einen hinreichenden Anknüpfungspunkt für eine Eingriffskondiktion darstellen. Rein obligatorischen Beziehungen fehlt es jedoch aufgrund ihrer nur auf die Vertragsparteien beschränkten Wirkung am Drittschutz und damit nach allgemeiner Auffassung auch am für § 812 I 1 Alt. 2 BGB notwendigen Zuweisungsgehalt.[713] Die Lösung des BGH läuft demgegenüber auf eine Verdinglichung schuldrechtlicher Verträge hinaus und verwischt auf diese Weise die Grenzen zwischen relativen und absoluten Rechten.[714] Ein *originärer eigener* Kondiktionsanspruch gegen den das Lebensbild des Informanten eigenmächtig verwertenden Konkurrenten steht dem exklusivberechtigten Vertragspartner aufgrund seines obligatorischen Anspruchs deshalb nicht zu. Gleichwohl wird man ihm die Rechtszuständigkeit zur Geltendmachung des Bereicherungsanspruchs nicht absprechen können: Denn da die eigenmächtige Verwertung im Widerspruch zu dem Exklusivvertrag steht, wird man den Vertrag nach §§ 133, 157 BGB dahingehend auszulegen haben, daß der Informant dem Begünstigten mit dem Vertragsschluß seine zukünftig entstehenden Bereicherungsansprüche abtritt. Im Ergebnis kann der exklusivberechtigte Vertragspartner somit gegen eine unautorisierte Konkurrenzveröffentlichung einen eigenen Bereicherungsanspruch *aus abgetretenem Recht* wegen eigenmächtiger Verletzung des Lebensbildes seines Informanten geltend machen.[715]

---

712 *Schricker* EWiR § 22 KUG 1/87, 79 (80); *Schack* AcP 195 (1995), S. 594 (596); *Larenz/Canaris*, SchuldR II, S. 175; *Helle*, Besondere Persönlichkeitsrechte; S. 116; *Magold*, Personenmerchandising, S. 506 (dort FN 439); vgl. dazu auch MüKo-*Lieb* § 812 RN 219.

713 *Schack*, AcP 195 (1995), S. 594 (596); *Schricker* EWiR § 22 KUG 1/87, S. 79 (80), jew. m. w. Nachw.

714 Vgl. *Helle*, Besondere Persönlichkeitsrechte, S. 116 (dort FN 148).

715 So auch *Magold*, Personenmerchandising, S. 506.

§ 18 Rechtswirkungen des Exklusivvertrages nach der Erstveröffentlichung der exklusivgesicherten Informationen durch das vertraglich berechtigte Medium

Mit der Publikation seiner Materialien und Informationen hat das exklusivberechtigte Medium die mit der Exklusivvereinbarung intendierte Marktchance realisiert: Es geht als publizistischer Sieger im Wettstreit der Medien um die Erstveröffentlichung durch das Ziel und hat dem Publikum so seine besondere Professionalität und journalistische Durchschlagskraft vor Augen geführt. Damit der auf diese Weise herbeigeführte Imagegewinn bei den Rezipienten möglichst umfassend und nachhaltig ausfällt, ist es für das berechtigte Medium nunmehr aber von Interesse, daß die Konkurrenz nicht sofort nachzieht und unmittelbar nach dem Exklusivbericht mit einem eigenen Beitrag zum gleichen Thema aufwartet.

Diesem Interesse kann durch eine entsprechende Ausgestaltung der Exklusivklausel jedoch nur partiell Rechnung getragen werden: Denn auch wenn im Vertrag festgeschrieben wird, daß es dem Informanten nach der Erstveröffentlichung für einen gewissen Zeitraum weiterhin untersagt bleibt, sich einem Konkurrenten für Interviews, Fotoaufnahmen etc. zur Verfügung zu stellen,[716] vermag damit nicht verhindert zu werden, daß der *bereits veröffentlichte Stoff* von der Konkurrenz aufgegriffen und wiederverwendet wird. Zu einem anderen Ergebnis würde man nur gelangen, wenn die Publikation der von §§ 22 f. KUG analog geschützten Informationen auch nach ihrer Erstveröffentlichung noch einem Einwilligungsvorbehalt unterläge. Denn dann wäre das exklusivberechtigte Medium weiterhin in der Lage, gegen eine eigenmächtige Veröffentlichung Unterlassungs- und Schadensersatzansprüche aus § 1 UWG bzw. (abgetretene) Bereicherungsansprüche aus § 812 I 1 Alt. 2 BGB geltend zu machen. Das Lebensbildrecht würde dem einzelnen in diesem Fall nicht nur die Entscheidung überlassen, ob und inwieweit seine persönlichen Verhältnisse über die Medien publik gemacht werden dürfen. Ihm würde vielmehr auch noch das Bestimmungsrecht darüber eingeräumt werden, ob und von welchen Publikationsorganen persönlichkeitsbezogene Informationen, die mit seiner Einwilligung bereits von einem Medium der Öffentlichkeit zugänglich wurden, wiederholt werden dürfen. Die §§ 22 f. KUG analog würden dem Informanten somit eine Rechtsposition zuordnen, die – ebenso wie die zur

---

[716] Bei einer derartigen Ausdehnung der Schweigepflicht ist freilich zu beachten, daß die Grenze zum Knebelungsvertrag (§ 138 BGB) nicht überschritten wird.

werbemäßigen Verwertung geeigneten Persönlichkeitsdetails – einer mehrfachen Nutzung zugänglich gemacht werden könnte.[717]

Bei einer derartigen Betrachtungsweise bliebe jedoch wiederum unberücksichtigt, daß das Lebensbildrecht anders als die zur werbemäßige Nutzung geeigneten Persönlichkeitsrechte allein aus ideellen Schutzgesichtspunkten gewährleistet wird. Im Gegensatz etwa zum Namens- oder Bildnisrecht, bei denen eine einmal erteilte Einwilligung des Betroffenen, seinen Namen oder sein Bild für die Bewerbung eines Produktes verwenden zu dürfen, nichts daran ändert, daß eine darüber hinausgehende Nutzung für andere Produkte oder Unternehmen weiterhin seiner Autorisation bedarf, wird bei der – etwa aufgrund (exklusiv-)vertraglicher Bindung erfolgenden – Gestattung eines identifizierenden oder indiskreten Berichts das Abwehrrecht gegen nachfolgende Konkurrenzveröffentlichungen, welche die bereits veröffentlichten Informationen ihrerseits noch einmal wiedergeben, verwirkt.[718] Denn durch sein Verhalten hat der Betroffene gezeigt, daß er eine entsprechende Veröffentlichung gar nicht als eine Verletzung seiner Person empfindet und es ihm deshalb auch gar nicht um das legitime Anliegen des Schutzes seiner ideellen Belange, sondern allein um sein – vom Lebensbildrecht nicht erfaßtes – finanzielles Interesse geht. Es wäre aber geradezu widersprüchlich, wenn ein Informant seine Privat- oder Intimsphäre zunächst über seinen Vertragspartner und gegen Entgelt der Öffentlichkeit zugänglich machte, um sich dann gegen unmittelbar nachfolgende, unautorisierte Berichte mit der Begründung zu wenden, die Publizierung dieser Lebensdetails treffe ihn in seiner Persönlichkeit. Unter persönlichkeitsrechtlichen Gesichtspunkten[719] werden die von §§ 22 f. KUG analog geschützten Informationen damit ab ihrer Erstveröffentlichung gemeinfrei, weshalb auch gegenläufige Abwehransprüche des exklusivberechtigten Mediums insoweit nicht in Betracht kommen.[720]

Weiterhin zu wehren vermag sich das exklusivberechtigte Medium damit lediglich gegen nachfolgende, sich auf den Exklusivbericht oder Drittquellen stützende Konkurrenzberichte, die den falschen Eindruck erwecken, sie beruhten auf einem

---

717 In diesem Sinne *Prantl*, Journalistische Information, S. 154 ff.; ähnlich *Seitz* NJW 2000, 2167 (2168).

718 So auch BVerfG ZUM 2000, 149 (156) - "Caroline von Monaco"; OLG Frankfurt AfP 2000, 185 (187) - "Katharina Witt"; OLG Köln AfP 82, 181 (182 f.) - "Rudi Carell"; *Soehring* AfP 2000, 230 (234); *Koppehele* AfP 81, 337 (338 f.).

719 Eine andere Frage ist freilich, inwieweit das exklusivberechtigte Medium urheberrechtliche Ansprüche gegen die nachfolgenden Berichte geltend zu machen vermag. Dazu bereits oben, § 5.

720 In diese Richtung auch *Soehring* RN 7.57 a.E.; a.A. *Prantl*, Journalistische Information, S. 156.

unmittelbaren oder gar exklusiven Kontakt zu dem Informanten. Die irreführende Etikettierung oder Ankündigung eines Berichts, durch die ein besonderer Anreiz für das Publikum geschaffen wird, stellt eine sittenwidrige Wettbewerbshandlung dar und berechtigt die Mitbewerber, die weitere Veröffentlichung wegen Verstoßes gegen §§ 1, 3 UWG zu untersagen und gegebenenfalls Schadensersatzansprüche geltend zu machen.[721]

Schlußbetrachtung

Die vorliegende Untersuchung hat verdeutlicht, daß bei der Exklusivvermarktung von Lebensgeschichten und anderen persönlichkeitsbezogenen Informationen zahlreiche rechtliche Gesichtspunkte zu beachten sind:

Es hat sich gezeigt, daß die Frage, ob und inwieweit ein Medium vor einer Veröffentlichung von den dargestellten Personen etwaige "Rechte an der eigenen Story" erwerben muß, nur mit Rücksicht auf die gegenläufigen, verfassungsrechtlich protegierten Interessen der konkret betroffenen Persönlichkeiten auf der einen sowie der öffentlichen Gemeininteressen auf der anderen Seite beantwortet werden kann. Die hierfür erforderliche Güter- und Interessenabwägung hat zwar die jeweiligen Besonderheiten des Einzelfalles mit einzubeziehen. Um dem dabei leicht entstehenden Anschein der Beliebigkeit entgegenzuwirken und dem verfassungsrechtlichen Gebot der Vorausberechenbarkeit gerichtlicher Entscheidungen gerecht zu werden, ist es jedoch notwendig, die Abwägung an übergreifenden Leitkriterien zu orientieren, welche die Rechtsunterworfenen auch wirklich in die Lage versetzen, selbst beurteilen zu können, wann eine Publikation einer vorherigen Rechtevereinbarung bedarf. Das von der Rechtsprechung als zentraler Orientierungspunkt herangezogene Kriterium der "Gewichtigkeit" des an einer bestimmten Information bestehenden öffentlichen Interesses vermag diesem Ansinnen nicht gerecht zu werden. Die Orientierung im Spannungsfeld von Persönlichkeitsschutz des einzelnen und konfligierenden Allgemeininteressen muß vielmehr anhand diverser anderer richtungsweisender Koordinaten erfolgen, namentlich den Gesichtspunkten der individuellen Selbstbestimmung und -verantwortung, der Rechtmäßigkeit bzw. Rechtswidrigkeit der Informationsgewinnung sowie der Wahrhaftigkeit und des zeitlichen Abstandes einer identifizierenden öffentlichen

---

721 Österr. OGH Medien und Recht 93, 114 f. - "Exklusivinterview I" (m. zust. Anm. *Korn*); *Bussmann* GRUR 68, 211; *Wenzel* RN5.325 f.

Darstellung. Von weichenstellender Bedeutung ist zudem nicht zuletzt auch die Frage, ob einer Publikation journalistische oder künstlerische Motive zugrunde liegen.

Weiterhin hat sich ergeben, daß die zur medialen Verwertung von Lebensgeschichten und sonstigen persönlichkeitsrechtlich geschützten Informationen geschlossenen Exklusivverträge nur schuldrechtlicher Natur sind. Das Lebensbildrecht ist einer gebundenen Rechtsübertragung in dem Sinne, daß dem vertraglich berechtigten Medium ein dingliches Nutzungsrecht am Lebensbild des Betroffenen eingeräumt würde, nicht zugänglich. Denn im Gegensatz etwa zum Namensrecht, zum Recht an der eigenen Stimme oder zum Recht am äußeren Erscheinungsbild, welche allesamt den Schutz von Persönlichkeitsdetails bezwecken, die auch für eine werbemäßige Nutzung in Betracht kommen, dient das Recht am Lebensbild alleine dem Schutze ideeller Belange. Wo aber emotionale Gesichtspunkte im Mittelpunkt stehen, stellt die Umstrukturierung eines Persönlichkeitsrechts von einem geldwerten Abwehrrecht zu einem positiv verwertbaren, d.h. übertragbaren Vermögensrecht kein erstrebenswertes Ziel dar.

Als Ergebnis festhalten läßt sich auch, daß die Exklusivvermarktung persönlichkeitsbezogener Informationen im Hinblick auf die Sittenwidrigkeitsschranke des § 138 BGB zu weiten Teilen ohne rechtliche Beschränkungen möglich ist. Die insoweit vorgebrachten medienethischen und verfassungsrechtlichen Bedenken vermögen sich größtenteils nicht auf die Wirksamkeit der jeweiligen Rechtsgeschäfte auszuwirken. Ausnahmen ergeben sich lediglich für die Fälle der sog. Informationsunterdrückungsverträge, sofern verhindert werden soll, daß eine Nachricht von hohem Allgemeininteresse an die Öffentlichkeit gelangt, sowie für die Konstellation des sog. "Zeugenkaufs", sofern die in Rede stehenden Verträge vor Verfahrensende geschlossen werden. Medienrechtliche Exlusivverträge sind damit im Ergebnis in aller Regel als rechtswirksam zu bewerten.

Mit Abschluß des Exklusivvertrages und vor Veröffentlichung der vom Vertrag erfaßten Informationen erwirbt das exklusivberechtigte Medium eine insbesondere über die wettbewerbsrechtlichen Vorschriften (§§ 1, 3 UWG) stark abgesicherte Rechtsposition. Es ist gegen jeden Eingriff eines Konkurrenten in seine Exklusivstellung deliktisch geschützt, sei es, daß dieser den Informanten zu einem Vertragsbruch verleitet bzw. auf dessen vertragsbrüchiges Verhalten eingeht, sei es, daß er ohne vorherige Autorisation persönlichkeitsrechtlich geschützte Informationen über den Informanten publiziert und somit die erworbene Marktchance des berechtigten Mediums zunichte macht. Nicht verhindert werden kann mit dem

Abschluß eines Exklusivvertrages allerdings, daß sich die Konkurrenz den zum sachlichen Gegenstand des Vertrages zählenden, aber persönlichkeitsrechtlich ungeschützten Tatsachenstoff aus einer anderen Quelle beschafft und ohne vorherige Absprache mit den Vertragsparteien der Öffentlichkeit zugänglich macht. Mit der Erstveröffentlichung der exklusivgesicherten Informationen erlöscht zudem der zuvor noch bestehende persönlichkeitsrechtliche Einwilligungsvorbehalt, so daß mit dem Exklusivvertrag auch nicht unterbunden werden kann, daß die Konkurrenz den bereits mit Zustimmung der betroffenen Persönlichkeit publik gewordenen Stoff aufgreift und für eine eigene Veröffentlichung (wieder-)verwendet. Die völlige Tabuisierung eines Themas in dem Sinne, daß eine Publikation zum selben Thema durch Dritte als unerlaubt zu werten wäre, kann mit einem Exklusivvertrag damit nicht erreicht werden.

Angesichts der immer weiter um sich greifenden Ökonomisierung des Medienwesens und der daraus resultierenden fortschreitenden Vermarktung persönlicher Lebensdetails steht zu erwarten, daß sich die Rechtspraxis in Zukunft in noch stärkerem Maße mit dem Phänomen des medienrechtlichen Exklusivvertrages auseinanderzusetzen haben wird, als dies bislang bereits der Fall war. Mit der vorliegenden Arbeit verbindet sich dabei die Hoffnung, daß sie zur Erhellung der Problematik beitragen und einige Anregungen für den sachgerechten Ausgleich der sich in diesem Themenbereich ergebenden Interessenkonflikte bieten kann.

Literaturverzeichnis

Alexy, Robert: Theorie der Grundrechte, 1986

Allfeld, Philipp: Rechtsanwälte im Bilde, in: DJZ 1926, S. 1467-1469

Alternativkommentar zum Grundgesetz, Band 1 (Art. 1-37), 2.A. 1989 (zit.: AK-*Bearbeiter*)

Amelung, Kurt / *Tyrell*, Christoph: Zur Behandlung des Rechts am eigenen Bild in der neueren strafrechtlichen Rechtsprechung, in: NJW 1980, S. 1560-1561

Arndt, Adolf: "Vor unser eigenen Tür" – Eine Besprechung der Entscheidung des BGH v. 16.9.1966 zu dieser Fernsehsendung, in: NJW 1967, S. 1845-1847

Arzt, Gunther: Der strafrechtliche Schutz der Intimsphäre, 1970 (zit.: *Arzt*, Intimsphärenschutz)

Baston-Vogt, Marion: Der sachliche Schutzbereich des zivilrechtlichen allgemeinen Persönlichkeitsrechts, 1997 (zit.: *Baston-Vogt*, Der sachliche Schutzbereich)

Baumbach, Adolf / *Hefermehl*, Wolfgang: Wettbewerbsrecht, 22.A. 2001

Baumann, Ulrich: Das Bild des Opfers in der Kriminalitätsberichterstattung der Medien: Ergebnisse einer Untersuchung, 1995

Becker, Peter von: Straftäter und Tatverdächtige in den Massenmedien, 1979

Benda, Ernst: Das Recht auf informationelle Selbstbestimmung und die Rechtsprechung des Bundesverfassungsgerichts zum Datenschutz, in: DuD 1984, S. 86-90

Bettermann, Karl August: Publikationsfreiheit für erschlichene Informationen ?, in: NJW 1981, S. 1065-1069

Beuter, Claudia: Die Kommerzialisierung des Persönlichkeitsrechts, Diss. Konstanz 2000

Beuthien, Volker / *Schmölz*, Anton S.: Persönlichkeitsschutz durch Persönlichkeitsgüterrechte, 1999

Bleckmann, Albert: Verfassungsrang der EMRK ?, in: EuGRZ 1994, S. 149-155

Böckenförde, Wolfgang: Grundrechtstheorie und Grundrechtsinterpretation, in: NJW 1974, S. 1529-1538

Bommert, Hanko / *Weich*, Karl / *Dirksmeier*, Christel: Rezipientenpersönlichkeit und Medienwirkung: Der persönlichkeitsorientierte Ansatz der Medienwirkungsforschung, 1995

Bonner Kommentar zum Grundgesetz, Stand: 95. Lieferung, 2001 (zit.: BK-*Bearbeiter*)

Bornkamm, Joachim: Pressefreiheit und Fairneß des Strafverfahrens, 1980

ders.: Die Berichterstattung über schwebende Strafverfahren und das Persönlichkeitsrecht des Beschuldigten, in: NStZ 1983, S. 102-108

Brandl, Norbert: Rechtsgültigkeit eines Exklusivvertrages – Anmerkung zu OLG München, Urteil v. 20. Dezember 1979, in: AfP 1981, S. 349-351

Braun, Yvonne: Medienberichterstattung über Strafverfahren im deutschen und englischen Recht, 1998
Budde, Constanze: Die Wirtschaftsrelevanz der Menschenwürde, Diss. Münster 1992
Bundesrechtsanwaltskammer: Strafrechtsausschuß – Thesen zur Strafverteidigung, 1992 (zit.: Thesen zur Strafverteidigung)
Bullinger, Martin: Freiheit von Presse, Rundfunk, Film, in: Isensee/Kirchof: Handbuch des Staatsrechts der Bundesrepublik Deutschland VI, 1989, S. 667-737 (zit.: *Bullinger*, HdbStR)
Burkhart, Roland: Wirkungen der Massenkommunikation, 1987
Bussmann, Kurt: Anmerkung zur "Lengede"-Entscheidung des BGH, in: GRUR 1968, S. 211-212
Canaris, Claus-Wilhelm: Grundrechte und Privatrecht, in: AcP 184 (1984), S. 200-246
Dahs, Hans: Handbuch des Strafverteidigers, 6.A. 1999
Damm, Renate: Pressefreiheit und Bildnisschutz, in: Festschrift für Robert Schweizer, 1999, S. 111-122
Dasch, Norbert: Die Einwilligung zum Eingriff in das Recht am eigenen Bild, 1990 (zit.: *Dasch*, Einwilligung)
Dieckmann, Albrecht: Zur Mitwirkung der Lizenzfußballspieler bei der Vergabe von Fernsehrechten, in: UFITA 127 (1995), S. 35-60
Diesbach, Martin: Free-TV oder Pay-TV, 1998
Di Fabio, Udo: Persönlichkeitsrechte im Kraftfeld der Medienwirkung, in: AfP 1999, S. 126-132
Dirschl, Günter: Individualrechtsverletzungen als Wettbewerbsverstöße und erweitertes Klagerecht aus § 13 Abs. 1, 1a UWG, 1985 (zit.: *Dirschl*, Individualrechtsverletzungen)
Dölling, Dieter u.a.(Hrsg.): Kriminalberichterstattung in der Tagespresse: Rechtliche und kriminologische Probleme, 1998
Doepner, Ulf / *Spieth*, Wolf Friedrich: Verfassungsrechtliche Aspekte der sogenannten freien Kurzberichterstattung über öffentliche Veranstaltungen und Ereignisse, in: AfP 1989, S. 420-433
Dörstelmann, Florian: Gewinne aus der Vermarktung von Straftaten durch den Täter und mögliche Gegenmaßnahmen des Gesetzgebers, in: ZRP 1999, S. 421-424
Dreier, Horst (Hrsg.): Grundgesetz - Kommentar, Band 1 (Artikel 1 - 19 GG), 1996 (zit.: Dreier-*Bearbeiter*)
Eberle, Carl - Eugen: Digitale Rundfunkfreiheit – Rundfunk zwischen Couch-Viewing und Online-Nutzung, in: CR 1996, S. 193-198
ders.: Information als Ware ? – Über Scheckbuchjournalismus, Beitrag aus Anlaß des 70. Geburtstages von Günter Herrmann, 2001 (bislang unveröffentlichtes Manuskript)

Ehmann, Horst: Zur Struktur des Allgemeinen Persönlichkeitsrechts, in: JuS 1997, S. 193-203
Eickmeier, Frank / *Eickmeier*, Jens: Die rechtlichen Grenzen des Doku-Dramas, in: ZUM 1998, S. 1-8
Engau, Herwigh: Straftäter und Tatverdächtige als Person der Zeitgeschichte, 1993
Engels, Stefan / *Schulz*, Wolfgang: Das Bildnis aus dem Bereich der Zeitgeschichte, in: AfP 1998, S. 574-583
Eppenstein, Dieter: Die Rolle des Verbrechensopfers in den Medien – Dokumentation des 3. Mainzer Opferforums vom 12./ 13. Oktober 1991, 1991
Erhardt, Elmar: Kunstfreiheit und Strafrecht – Zur Problematik satirischer Ehrverletzungen, 1988
Erman, Walter: Bürgerliches Gesetzbuch – Handkommentar, Band 1: 10.A. 2000.
Fahrenhorst, Irene: Paparazzi: Pressefotos und Privatsphäre – eine kritische Betrachtung der neueren Rechtsprechung des BGH im Lichte der EMRK, in: ZEuP 1998, S. 84-103
Forkel, Hans: Lizenzen an Persönlichkeitsrechten durch gebundene Rechtsübertragung, in: GRUR 1988, S. 491-501
Franke, Dietmar: Die Bildberichterstattung über den Angeklagten und der Öffentlichkeitsgrundsatz im Strafverfahren, 1978 (zit.: *Franke*, Bildberichterstattung und Öffentlichkeitsgrundsatz)
Freitag, Andreas: Die Kommerzialisierung von Darbietung und Persönlichkeit des ausübenden Künstlers, 1993
Fromm, Friedrich Karl /*Nordemann*, Wilhelm: Urheberrecht - Kommentar, 9.A. 1998
Frömming, Jens / *Peters*, Butz: Die Einwilligung im Medienrecht, in: NJW 1996, S. 958-962
Frowein, Jochen Abr. / *Peukert*, Wolfgang: Europäische Menschenrechtskonvention. EMRK - Kommentar, 2.A. 1996
Fuhr, Ernst W.: Exklusivberichterstattung des Rundfunks im Spannungsverhältnis zwischen Privatautonomie, Kartellrecht und Recht auf freie Berichterstattung, in: ZUM 1988, S. 327-323
Gamm, Otto-Friedrich von: Urheberrechtsgesetz. Kommentar, München 1968
Gebhardt, Heiko: Annas Mutter – Die Geschichte der Marianne Bachmeier, die im Gerichtssaal den Mann erschoß, der ihr Kind umgebracht hatte, 1982 (zit.: *Gebhardt*, Annas Mutter)
Geerds, Friedrich: Berichterstattung über Strafsachen, in: FS für Dietrich Oehler, 1985, S. 423-446
Geiser, Thomas: Die Persönlichkeitsverletzung insbesondere durch Kunstwerke, 1990 (zit.: *Geiser*, Persönlichkeitsverletzung durch Kunstwerke)

Geppert, Klaus: Zum "fair trial - Prinzip" nach Art. 6 Abs.1 Satz 1 der Europäischen Menschenrechtskonvention, in: Jura 1992, S. 397-604

Gerhardt, Rudolf: Der Einfluß auf das Strafverfahren aus medialer Sicht, in: Dietrich Oehler: Der Einfluß der Medien auf das Strafverfahren, 1990, S.19-45

ders. / Steffen, Erich: Kleiner Knigge des Presserechts – Wie weit Journalisten zu weit gehen dürfen, 2.A. 1997

Gern, Alfons: Menschenwürde und gute Sitten, in: NJW 1983, S. 1585-1590

Gloy, Wolfgang: Handbuch des Wettbewerbsrechts, 2.A. 1997

Gmür, Mario: Das Medienopfersyndrom (MOS), in: Schweizerische Ärztezeitung 1999, S. 2604-2606

Godbersen, Claus: Kunstfreiheit und Allgemeines Persönlichkeitsrecht, in: SchlHA 1984, S. 33-36

Götting, Horst - Peter: Persönlichkeitsrechte als Vermögensrechte, 1995

Gülbay, Zümrüt: Der Film zur wahren Geschichte – Die rechtlichen Grenzen bei der Verfilmung tatsächlicher Ereignisse, in: Festschrift für Wilhelm Nordemann, 1999, S. 63-74

Guha, Harald Andreas: Der Schutz der absoluten Person der Zeitgeschichte vor indiskreter Wort- und Bildberichterstattung, 1999 (zit.: *Guha*, Der Schutz der absoluten Person der Zeitgeschichte)

Gusy, Christoph: Sittenwidrigkeit im Gewerberecht, in: DVBl. 1982, S. 984-989

Hager, Johannes: Die Mephisto-Entscheidung des Bundesverfassungsgerichts, in: JURA 2000, S. 186-191

Haller, Michael: Das allmähliche Verschwinden des journalistischen Subjekts, in: FS für Manfred Engelschall, 1996, S. 233-241

Hamm, Rainer: Große Strafprozesse und die Macht der Medien, 1997 (zit.: *Hamm*, Große Strafprozesse)

Hanna, Jörg: Anwaltliches Standesrecht im Konflikt mit zivilrechtlichen Ansprüchen des Mandanten, 1988 (zit.: *Hanna*, Standesrecht)

Hartlieb, Horst von: Handbuch des Film-, Fernseh- und Videorechts, 3.A. 1991

Heinze, Meinhard: Medienverwertung zu Lasten des Opfers – Rechtliche Rahmenbedingungen, in: Festschrift für Walter Stree und Johannes Wessels, 1993, S. 951-964

ders.: Das Opferanspruchssicherungsgesetz – OASG, in: JR 1999, S. 133-138

Heldrich, Andreas: Persönlichkeitsschutz und Pressefreiheit, in: Festschrift für Helmut Heinrichs, 1998, S. 319-333

Helle, Jürgen: Besondere Persönlichkeitsrechte im Privatrecht, 1991 (zit.: *Helle*, Besondere Persönlichkeitsrechte)

ders.: Die Einwilligung beim Recht am eigenen Bild. in: AfP 1985, S. 93-101

Herrmann, Günter: Referat zum Thema: Empfiehlt es sich, die Rechte und Pflichten der Medien präziser zu regeln und dabei den Rechtsschutz des einzelnen zu verbessern ?, in: Verhandlungen des 58. DJT, München 1990, S. K8-K56

Herzog, Roman: Kommunikation der Zukunft. Ansprache im Rahmen des Medientreffs am 29.5.1996 in Berlin, in: Journalist 7/ 96, S. 55-57

Hesse, Konrad: Grundzüge des Verfassungsrechts der Bundesrepublik Deutschland, 20.A. 1999 (zit.: *Hesse*, Verfassungsrecht)

Heubel, Horst: Der "fair trial" - Ein Grundsatz des Strafverfahrens ?, 1981

Hillgruber, Christian: Der Schutz des Menschen vor sich selbst, 1992

Hoeren, Thomas: Urheberrechtliche Probleme des Dokumentarfilms, in: GRUR 1992, S. 145-150

Holicki, Sabine: Pressefoto und Pressetext im Wirkungsvergleich, 1992

Hubmann, Heinrich: Das Persönlichkeitsrecht, 1953

ders.: Die Personendarstellung im Film und der Gesetzesentwurf des BJM über den Persönlichkeitsschutz, in: UFITA 26 (1958), S. 19-34

ders.: Grundsätze der Interessenabwägung, in: AcP 155 (1956), S. 86-133

ders.: Der zivilrechtliche Schutz der Persönlichkeit gegen Indiskretion, in: JZ 1957, S. 521-528

Hübner, Heinz u.a.: Das Persönlichkeitsrecht im Spannungsfeld zwischen Informationsauftrag und Menschenwürde, 1989

Huth, Juliane: Persönlichkeitsverletzungen durch psychologische Darstellung und Beurteilung eines Lebens- und Charakterbildes in der Presse, in: AfP 1977, S. 212-214

Ionescu, Andra: Kriminalberichterstattung in der Tagespresse, Diss. Erlangen-Nürnberg 1996

Jacobs, Rainer: Das Verbrechen im Film, in: Freundesgabe für Friedrich Kübler, 1997, S. 307-317

Janisch, Wolfgang: Investigativer Journalismus und Pressefreiheit, 1998

ders.: Art. 5 Abs. 1 GG und die legitime Neugier des Publikums, in: AfP 2000, S. 32-34

Jarass, Hans D. / *Pieroth*, Bodo: Grundgesetz für die Bundesrepublik Deutschland - Kommentar, 5.A. 2000

Kaiser, Ulrike: Rückblick auf ein Mediendrama: Der Diana-Effekt, in: Journalist 10 / 1997, S. 13-19

Kaiser, Günther: Verbrechensopfer und Massenmedien, in: FS zum 50jährigen Bestehen der Schweizerischen Kriminalistischen Gesellschaft, 1992, S. 89-101

Kaufmann, Arthur / *Hassemer*, Winfried: Einführung in die Rechtsphilosophie und Rechtstheorie der Gegenwart, 6.A. 1994

Keller, Hans - Joachim: Zum Verhältnis von Persönlichkeitsschutz und Kunstfreiheit, in: UFITA Bd. 79 (1977), S. 89-97

Kepplinger, Hans Matthias: Nonverbale Kommunikation: Darstellungseffekte, in: Elisabeth Noelle-Neumann u.a.: Publizistik, Massenkommunikation, 7.A. 2000, S. 337-366 (zit.: *Kepplinger*, Darstellungseffekte)

Kerscher, Helmut: Gerichtsberichterstattung und Persönlichkeitsschutz: Eine empirisch - rechtspolitische Studie über Entstehung und Wirkung identifizierender Gerichtsberichterstattung, Diss. Hamburg 1982 (zit.: *Kerscher*, Gerichtsberichterstattung)

ders.: Medienwirkung und Inanspruchnahme der Justiz, in: DRiZ 1983, S. 439-443

Klein, Eckart: Einwirkungen des europäischen Menschenrechtsschutzes auf Meinungsäußerungsfreiheit und Pressefreiheit, in: AfP 1994, S. 9-18

Klein, Stefanie: Der zivilrechtliche Schutz des einzelnen vor Persönlichkeitsverletzungen durch die Sensationspresse, 2000 (zit.: *Klein*, Sensationspresse)

Klippel, Diethelm: Der zivilrechtliche Schutz von Verbänden, in: JZ 1988, S. 625-635

Kohl, Helmut: Die Freiheit des Bildjournalisten und das Persönlichkeitsrecht des Beamten, in: Festschrift für Martin Löffler, 1980, S. 127-142

ders.: Medienwirkung und Medienverantwortung – Das Lebach-Urteil aus zivilrechtlicher Sicht, in: Friedrich Kübler: Medienwirkung und Medienverantwortung, 1975, S. 57-80

Koppehele, Harald: Voraussetzungen des Schmerzensgeldanspruchs bei prominenten Personen des Showgeschäfts – Zugleich eine Anmerkung zum Urteil des OLG Stuttgart vom 22. April 1981 - "Rudi Carell", in: AfP 1981, S. 337-341

Koppensteiner, Hans-Georg / *Kramer*, Ernst A.: Ungerechtfertigte Bereicherung, 2.A. 1988

Koschnick, Wolfgang J.: Standard-Lexikon für Mediaplanung und Mediaforschung in Deutschland, Band 2 (L - Z), 2.A. 1995

Kresse, Hermann / *Heinze*, Matthias: Rundfunk am Morgen des digitalen Zeitalters, in: AfP 1995, S. 574-580

Krneta, Slavica: Kommerzielle Aspekte des Rechts am eigenen Bild, in: GRUR Int. 1996, S. 298-306

Krone, Gunnar: Der Exklusivvertrag im Spannungsfeld zwischen Berichterstattungs- und Vertragsfreiheit, in: AfP 1982, S. 196-203

Krüger, Christof: Verstoß gegen § 1 UWG bei Verletzung fremder Persönlichkeitsrechte ?, in: WRP 1980, S. 251-252

Kruse, Jörn: Wirtschaftliche Wirkungen einer unentgeltlichen Sport-Kurzberichterstattung im Fernsehen, 1991

Kübler, Friedrich: Massenmedien und öffentliche Veranstaltungen, 1978

Kühl, Kristian: Persönlichkeitsschutz des Tatverdächtigen durch die Unschuldsvermutung, in: Festschrift für Heinrich Hubmann, 1985, S. 241-254

Kunczik, Michael: Kriminalitätsopfer in der Zeitungsberichterstattung: Folgen der Berichterstattung aus der Perspektive der Opfer, 1995

Ladeur, Karl-Heinz: Schutz von Prominenz als Eigentum – Zur Kritik der Caroline-Rechtsprechung des Bundesverfassungsgerichts, in: ZUM 2000, S. 879-890

Lampe, Ernst-Joachim: Der Straftäter als "Person der Zeitgeschichte", in: NJW 1973, S. 217-222

Larenz, Karl: Lehrbuch des Schuldrechts, Erster Band, Allgemeiner Teil, 14. A. 1987 (zit.: *Larenz*, SchuldR I)

ders. / *Canaris*, Claus - Wilhelm: Lehrbuch des Schuldrechts, Zweiter Band, 2. Halbband, 13.A. 1994 (zit.: *Larenz/Canaris*, SchuldR II)

ders. / *Canaris*, Claus - Wilhelm: Methodenlehre der Rechtswissenschaft, 3.A.1995 (zit.: *Larenz/Canaris*, Methodenlehre)

ders. / *Wolf*, Manfred: Allgemeiner Teil des Bürgerlichen Rechts, 8.A. 1997 (zit.: *Larenz/Wolf*, BGB AT)

Lerche, Peter: Ausgewählte Fragen der Kunstfreiheit nach deutschem Verfassungsrecht, in: Deutsche Sektion der Internationalen Juristen-Kommission: Kunst und Recht im In- und Ausland, 1994, S. 1-18 (zit.: *Lerche*, Ausgewählte Fragen der Kunstfreiheit)

ders.: Bemerkungen zur ungenehmigten Veröffentlichung widerrechtlicher Aufzeichnungen von Telefongesprächen, in: AfP 1975, S. 822-828

ders.: Die Verwertung rechtswidrig erlangter Informationen durch Presse und Rundfunk, in: AfP 1976, S. 55-63

ders.: Einschränkung der Pressefreiheit durch Richterrecht ?, in: Festschrift für Robert Schweizer, 1999, S. 45-61

ders. / *Ulmer*, Peter: Kurzberichterstattung im Fernsehen, 1989 (zit.: *Lerche/ Ulmer*, Kurzberichterstattung)

Löffler, Martin / *Ricker*, Reinhart: Handbuch des Presserechts, 4.A. 2000

Löffler, Martin (Begr.): Presserecht. Kommentar zu den Landespressegesetzen der BRD, 4.A. 1997

Lohr, Martin: Vertragsstrafen im Arbeitsverhältnis, in: MDR 2000, S. 429-436

Lüscher, Kurt: Jurisprudenz und Soziologie, in: Friedrich Kübler: Medienwirkung und Medienverantwortung, 1975, S. 81-113

Luhmann, Niklas: Die Realität der Massenmedien, 2.A. 1999

Macht, Klaus: Die Zulässigkeit der Veröffentlichung illegal erlangter Informationen, in: AfP 1999, S. 317-325

Mackeprang, Rudolf: Ehrenschutz im Verfassungsstaat, 1990 (zit.: *Mackeprang*, Ehrenschutz)

Magold, Hanns Arno: Personenmerchandising, 1994

Maunz, Theodor / *Dürig*, Günter: Grundgesetz. Kommentar, Stand: 34. Ergänzungslieferung 1998

Medicus, Dieter: Allgemeiner Teil des BGB, 7.A. 1997 (zit.: *Medicus*, BGB AT)

Meissner, Michael: Persönlichkeitsschutz juristischer Personen im deutschen und US-amerikanischen Recht, 1998 (zit.: *Meissner*, Persönlichkeitsschutz juristischer Personen)
Merten, Klaus: Wirkungen von Kommunikation, in: Die Wirklichkeit der Medien, 1994, S. 291-328
Mestmäcker, Ernst-Joachim: Eingriffserwerb und Rechtsverletzung in der ungerechtfertigten Bereicherung, in: JZ 1958, S. 521-526
Meyer - Cording, Ulrich: Das literarische Portrait und die Freiheit der Kunst, in: JZ 1976, S. 737-745
Müller, Ulrich: Die Verletzung des Persönlichkeitsrechts durch Bildnisveröffentlichung: Das Recht am eigenen Bild als untauglicher Versuch einer Konkretisierung des allgemeinen Persönlichkeitsrechts, Diss. Freiburg i. Br. 1985 (zit.: *Müller*, Die Verletzung des aPR)
Münch, Ingo von: Grundrechtsschutz gegen sich selbst ?, in: Festschrift für Hans Peter Ipsen, 1977, S. 113-128
Münchener Kommentar zum BGB, Band 1: Allgemeiner Teil, 3.A. 1993, 4.A. 2001, Band 5: §§ 705-853, 3.A. 1997 (MüKo-*Bearbeiter*)
Neumann - Duesberg, Horst: Anmerkung zu OLGZ Nr. 114, Nr. 116 und Nr. 121 ("Waltraud Prinzessin von Preußen"), in: Erich Schulze: Rechtsprechung zum Urheberrecht VII, Stand: 25. Ergänzungslieferung 1979
ders.: Das "Recht auf Anonymität" in seinen Erscheinungsformen als Recht am eigenen Bild, in: Juristen - Jahrbuch, Band 7 (1966/67)
Noelle-Neumann, Elisabeth: Wirkungen der Massenmedien auf die Meinungsbildung, in: dies. u.a.: Publizistik. Massenkommunikation, 7.A. 2000, S. 518-571
Nordemann, Wilhelm: Anmerkung zu OLGZ Nr. 163 ("Vera Brühne II"), in: Erich Schulze: Rechtsprechung zum Urheberrecht VII, Stand: 25. Ergänzungslieferung 1979
Nothelle, Andreas: Freie Presse und faires Strafverfahren - ein Fall für den Gesetzgeber ?, in: AfP 85, S. 18-22
Osiander, Daniela: Das Recht am eigenen Bild im allgemeinen Persönlichkeitsrecht, 1993 (zit.: *Osiander*, Das Recht am eigenen Bild)
Palandt, Otto: Bürgerliches Gesetzbuch - Kommentar, 59.A. 2000
Papier, Hans-Jürgen: Verfassungsrechtliche Fragen des Rechts auf Kurzberichterstattung, in: Festschrift für Peter Lerche, 1993, S. 675-692
ders.: Rechtsfragen der Rundfunkübertragung öffentlicher Veranstaltungen, in: AfP 1989, S. 510-515
Paschke, Marian: Medienrecht 2.A. 2001
Peglau, Jens: Plädoyer für einen stärkeren strafrechtlichen Persönlichkeitsschutz, in: ZRP 1998, S. 249-251
Peifer, Karl-Nikolaus: Individualität im Zivilrecht, 2001
Peters, Karl: Fehlerquellen im Strafprozeß, Band 2 – Systematische Untersuchungen und Folgerungen, 1972

Peukert, Alexander: Persönlichkeitsbezogene Immaterialgüterrechte ?, in: ZUM 2000, S. 710-721
Pieroth, Bodo / *Schlink*, Bernhard: Grundrechte. Staatsrecht II, 16.A. 2000
Prantl, Heribert: Die journalistische Information zwischen Ausschlußrecht und Gemeinfreiheit, 1983 (zit.: *Prantl*, Journalistische Information)
ders.: Der journalistische Exklusivvertrag über Informationen aus der personalen Sphäre, in: AfP 1984, S. 17-22
Prinz, Matthias / *Peters*, Butz: Medienrecht – Die zivilrechtlichen Ansprüche, 1999
Prinz, Matthias: Geldentschädigung bei Persönlichkeitsrechtsverletzungen durch Medien, in: NJW 1996, S. 953-958
ders.: Der Schutz der Persönlichkeitsrechte vor Verletzungen durch die Medien, in: NJW 1995, S. 817-821
Puttfarcken, Carsten: Zulässigkeit der Veröffentlichung der Barschel-Fotos, in: ZUM 1988, S. 133-135
Quoirin, Marianne: Das Elend spektakulärer Prozesse, in: DRiZ 1997, S. 185-186
dies.: "Prozeßführung" über Medien, in: DRiZ 1995, S. 115
dies.: Stiefkind Gerichtsberichterstattung, in: DRiZ 1995, S. 364
Raiser, Ludwig: Der Stand der Lehre vom subjektiven Recht im Deutschen Zivilrecht, in: JZ 1961, S. 465-473
Ramelow, Michael: Der Lebensbildschutz im Rahmen des allgemeinen Persönlichkeitsrechts, Diss. Hamburg 1963 (zit.: *Ramelow*, Lebensbildschutz)
Rehbinder, Manfred: Urheberrecht, 11.A. 2001
ders.: Rechtssoziologie, 4.A. 2000
ders.: Die öffentliche Aufgabe und rechtliche Verantwortlichkeit der Presse, 1962
ders.: Öffentliche Aufgabe der Presse: Was ist das ?, in: NJW 1963, S. 1387-1389
ders.: Zur Freiheit der Kurzberichterstattung im Rundfunk, in: ZUM 1989, S. 337-343
Rehm, Gebhard M.: Persönlichkeitsschutz Prominenter und Pressefreiheit der Unterhaltungsmedien, in: AfP 1999, S. 416-425
Reupert, Christine: Die Filmfreiheit - Der verfassungsrechtliche Schutz des Films, in: NVwZ 1994, S. 1155-1165
Reuter, Dieter / *Martinek*, Michael: Ungerechtfertigte Bereicherung, 1983
Ricker, Reinhardt / *Becker*, Udo: Grundversorgung kontra Vertragsfreiheit – Anspruch öffentlich-rechtlicher Rundfunkanstalten auf unentgeltliche Kurzberichterstattung über Fußballveranstaltungen, in: ZUM 1988, S. 311-318
Roth, Wulf-Henning: Rechtsfragen der Rundfunkübertragungen öffentlicher Veranstaltungen, in: AfP 1989, S. 515-524
Roxin, Claus: Strafverfahrensrecht, 25.A. 1998
Schaefer, Hans Christoph: Vorverurteilung (am Fall des P. Graf), in: NJW 96, S. 496-497
Schack, Haimo: Urheber- und Urhebervertragsrecht, 2.A. 2001

ders.: Besprechung von Horst-Peter Götting: Persönlichkeitsrechte als Vermögensrechte, in: AcP 195 (1995), S. 594-600
Schertz, Christian: Die Verfilmung tatsächlicher Ereignisse, in: ZUM 1998, S. 757-765
ders.: Merchandising, 1997
Schlechtriem, Peter: Bereicherung aus fremdem Persönlichkeitsrecht, in: Festschrift für Wolfgang Hefermehl, 1976, S. 445-465
Schlink, Bernhard: Abwägung im Verfassungsrecht, 1976
Schmidt, Eberhard: Öffentlichkeit oder Publicity ?, in: Festschrift für Walter Schmidt 1959, S. 338-354
Schmitt Glaeser, Walter: Schutz der Privatsphäre, in: Isensee/Kirchof: Handbuch des Staatsrechts der Bundesrepublik Deutschland VI, 1989, S. 41-107 (zit.: *Schmitt Glaeser* HdbStR)
ders.: Die Meinungsfreiheit in der Rechtsprechung des Bundesverfassungsgerichts, in: AöR 113 (1988), S. 52-100
ders.: Der Fall Günter Wallraff oder die Dogmatisierung der Kritik, in: AfP 1981, S. 314-319
Schneider, Georg: Die Schlüsselliteratur, Bd. 2 – Entschlüsselung deutscher Romane und Dramen, 1952
Scholderer, Frank: "Mörder, die man nie vergißt" – Ein Lehrstück über die Rechtswirklichkeit des Lebach-Urteils, in: ZRP 1991, S. 298-304
Schreiber, Hans-Ludwig: Wie unabhängig ist der Richter ?, in: Festschrift für Hans-Heinrich Jescheck, 1. Halbband 1985, S. 757- 775
Schricker, Gerhard (Hrsg.): Urheberrecht. Kommentar, 2.A. 1999 (zit.: Schricker/ *Bearbeiter*)
ders.: Anmerkung zu BGH, Urteil vom 14.10.1986 ("NENA"), in: EWiR § 22 KUG 1/87, S. 79-80
Schulze, Götz: Das Geschäft mit der Stimme – Zur Sittenwidrigkeit von Verträgen über sog. Telefonsex - BGH NJW 1998, 2895, in: JuS 1999, S. 636-640
Sedelmeier, Klaus: Persönlichkeitsrecht und Bildberichterstattung, in: AfP 1999, S. 450-454
Seitz, Walter: Einmal nackt – immer frei ? – Vom Recht auf Bloßstellung "etwa nach Exklusivverträgen", in: NJW 2000, S. 2167-2168
Sidler, Oliver: Exklusivberichterstattung über Sportveranstaltungen im Rundfunk, 1995 (zit.: *Sidler*, Exklusivberichterstattung über Sportveranstaltungen)
Silverman, Emily: Der Zugriff auf Profite aus der Vermarktung von Straftaten, in: JZ 1998, S. 552-559
Sobel, Lionel S.: The Trials and Tribulations of Producing Docu-Dramas: Tales of Elizabeth Taylor, John DeLorean and Network Program Standards, in: Entertainment Law Reporter No. 3 (August 1983), S. 3-7
Soehring, Jörg: Presserecht, 3.A. 2000

ders.: Presse, Persönlichkeitsrechte und "Vorverurteilungen", in: GRUR 1986, S. 518- 526
ders.: Caroline und ein Ende ? – Anmerkungen zum Urteil des Bundesverfassungsgerichts vom 15. Dezember 1999, in: AfP 2000, S. 230-236
Soehring, Claas-Hendrik: Vorverurteilung durch die Presse, 1999
Speckmann, Gerhard: Wettbewerbsrecht, 3.A. 2000
Stapper, Florian: Presse und Unschuldsvermutung, in: AfP 1996, S. 349-356
Staudingers Kommentar zum BGB, Erstes Buch: Allgemeiner Teil, 13. Bearbeitung 1996
Steffen, Erich: Schranken des Persönlichkeitsschutzes für den "investigativen" Journalismus, in: AfP 1988, S. 117-120
Stein/Jonas: Kommentar zur Zivilprozeßordnung I, 21.A. 1993
Steiner, Dirk: Das Fairneßprinzip im Strafprozeß, 1995
Straßer, Robert: Die Abgrenzung der Laufbilder vom Filmwerk, 1995
Stürner, Rolf: Schutz des Gerichtsverfahrens vor öffentlicher Einflußnahme ?, in: JZ 1978, S. 161-169
ders.: "Fair trial" und öffentliche Meinung, in: JZ 1980, S. 1-7
ders.: Einflußnahme auf schwebende Verfahren, in: Robert Gilles: Effektivität des Rechtsschutzes und verfassungsmäßige Ordnung, 1983, S. 179-215
Tillmanns, Lutz: Mediale Vermarktung von Verbrechen und Grundsätze eines *fair trial*, in: Festschrift für Robert Schweizer, 1999, S. 227-269
ders.: Urteilssponsoring - Gefahr für den fair trial ?, in: ZRP 1999, S. 339-345
Traub, Fritz: Nachahmungstatbestände und Klagebefugnis der Wettbewerber, in: Festschrift für Karlheinz Quack, 1991, S. 119-137
Ullmann, Eike: Persönlichkeitsrechte in Lizenz ?, in: AfP 1999, S. 209-214.
Ulrich, Stefan: Das Recht auf Identität im zivilrechtlichen Persönlichkeitsschutz, 1995 (zit.: *Ulrich*, Das Recht auf Identität)
Unland, André: Die Verfilmung tatsächlicher Ereignisse, 2000 (zit.: *Unland*, Verfilmung)
Urek, Thomas: Grenzen der Zulässigkeit von Exklusivvereinbarungen über die Fernsehberichterstattung, 1991 (zit.: *Urek*, Exklusivvereinbarungen)
Vogel, Andreas: Leichtes Wachstum der Großverlage, in: Media Perspektiven 2000, S. 464-478
Wagner, Joachim: Strafprozeßführung über Medien, 1987
Wahl, Rainer: Kann es die Gesundheit und das Leben kosten, in einem Rechtsstaat sein Recht zu wollen ? – Überlegungen zu Martin Walser: "Finks Krieg", in: NJW 1999, S. 1920-1925
Walter, Christoph M.: Die Vereinbarkeit des sogenannten Reality - Fernsehens mit dem Recht am eigenen Bild, Diss. Bonn 1996 (zit.:*Walter*, Reality-Fernsehen)
Wanckel, Endress: Persönlichkeitsschutz in der Informationsgesellschaft, 1999
Weiler, Edgar: Medienwirkung auf das Strafverfahren, in: ZRP 1995, S. 130-136.

Wellbrock, Rita: Persönlichkeitsschutz und Kommunikationsfreiheit, 1982
Wente, Jürgen K: Das Recht der journalistischen Recherche, 1987 (zit.:*Wente*, Journalistische Recherche)
Wenzel, Karl Egbert: Das Recht der Wort- und Bildberichterstattung: Handbuch des Äußerungsrechts, 4.A. 1994
ders.: Anmerkungen zur Lebach -Entscheidung des Bundesverfassungsgerichts, in: AfP 1973, S. 432-434
Wolf, Gilbert: Der grundrechtliche Schutz der Privatsphäre gegenüber der Presse, Diss. Bayreuth 1989 (zit.: *Wolf*, Der grundrechtliche Schutz der Privatsphäre)
Würtenberger, Thomas: Zeitgeist und Recht, 2.A. 1991
ders.: Satire und Karikatur in der Rechtsprechung, in: NJW 1983, S. 1144-1151
Zentes, Joachim: Grundbegriffe des Marketing, 4.A. 1996
Zimmer, Uwe: Gewissensfragen, in: Journalist 8/2000, S. 42

FSC
www.fsc.org
MIX
Papier | Fördert
gute Waldnutzung
FSC® C083411

Kolibri 360 GmbH
Ferdinand-Jühlke-Straße 7
99095 Erfurt, Deutschland
produktsicherheit@kolibri360.de

Druck:
CPI Druckdienstleistungen GmbH
im Auftrag der
Kolibri 360 GmbH
Ferdinand-Jühlke-Str. 7
99095 Erfurt